은혜로 사는 부부

은혜로 사는 부부

박은혜 · 여선구 지음

규장

추천의 글

프롤로그, 아내
프롤로그, 남편

PART 1 부부, 건강한 가정의 기초석

chapter 1 가정의 시간표   26
chapter 2 건강한 부부, 건강한 가정   68

PART 2 부부, 아는 만큼 견고해지다

chapter 3 내 맘 같지 않은 그 사람   102
chapter 4 사라지지 않는 시간   127
chapter 5 그의 말, 그녀의 말   179
chapter 6 함께 만들어가는 비전   215

차례

PART 3 부부, 가정의 리더를 세우라

chapter 7 알고 시작하는 게 낫다   230
chapter 8 잘 싸워야 잘 산다   239
chapter 9 아버지의 자리를 회복하라   250

에필로그, 남편
에필로그, 아내

부록

추천의 글

"부부는 무엇으로 사는가?" 이 고전적이고 도전적인 질문에 여선구, 박은혜 부부가 《은혜로 사는 부부》로 응답한다. 어쩌다보니 초고를 하늘에서 읽게 되었다. 그이들만의 이야기가 뿜어내는 재미와 의미와 별미가 열 시간 비행을 한 시간인 양 착각하게 했다. 게다가 30년 가까이 한 여인의 남편과 한 아들의 아버지로 살아온 나 자신을 몹시 불편하게 돌아보게 했으니, 참 좋은 책이다. 모든 부부에게 정답을 던져주는 교과서일 순 없겠지만, 자신들만의 명답을 진지하게 추적하는 부부에게는 매우 유익한 참고서일 수 있겠다.

홀로 여행길에 읽어보기를 권한다. 부부로 함께 서기 위해서는 나만의 홀로서기가 선행되어야 하니까. 이 책에서도 그 남자와 그 여자의 목소리가 독립적인 웅변으로, 그러나 조화로운 화학 반응으로 들려온다. 부부로 산다는 것은 서로에게 마냥 기대는 것이 아니라 각자의 질감과 촉감과 정감의 뒷심으로 서로를 떠받쳐주는 것이라는 명백한 사실을, 이 책의 구성 자체가 증언하고 있다. '따로 또 같이' 쉽지 않은 긴 세월을 동행하며, 함께 애써 길어 올린 그이들 삶의 지혜가 할배와 할매라는 면류관으로 빛나고 있으니, 기립박수로 축하하고 싶다.

상담학 박사인 박은혜 권사가 이 책을 쓴다는 것은 당연지사일 테지만, '대한민국 100대 명의'에 이름을 올린 치과의사 여선구 집사가 이런 책에 공동 필자로 끼어드는 것은 아무래도 공정거래법 위반이다. 그러나 그런 편견을 접고 일단 읽어보시라. 식당 개 3년이면 라면을 끓인다고, 마누라 잘 만난 덕분에 그도 이 책으로 가정사역자 전당에 입성하고 있다. 가정상담과 30대 모임 멘토와 고등부 교사로 교회를 섬기는 그이들이 고맙다. 신실한 그리스도인의 영성으로 부부가 함께 쓴 이 책이 고맙다.

부부는 무엇으로 사는가? '화성남'과 '금성녀'가 지구별에서 만나 아름다운 동행을 하려면 어찌 살아야 하는가? '책혜살꾼'(book spoiler)이 되고 싶지 않으니, 에필로그까지 죄다 읽어보고 당신들만의 명답을 찾으시라. 다만 이 책을 한 문장으로 요약할 순 있겠다. "사람은 지칠지라도 하나님의 사랑은 지치지 않는다."

주현신 과천교회 담임목사

한 선남선녀의 부부 됨을 알리는 징이 울리면 인생극장의 막이 조용히 오른다. 믿는 사람들이 성경 위에 손을 포개어 얹고 평생 부부의 도리를 다하며 성실히 살 것을 맹세하면 주례가 이 사실을 하나님과 내객들 앞에 공포한다. 이렇게 시작된 인생극장은 희로애락의 한 마당을 이루다가 때가 이르면 이 땅의 삶을 청산하고 조용히 사라진다. 이것이 인생이다.

내 80여 년 인생극장이 아직 막을 내리지 않고 있는 사이, 다섯 아들은 다 각각 가정을 이루어 열두 손자손녀들을 낳아 잘 기르고 있다. 그중에 둘째 아들의 막내가 일찍 결혼하여 두 증손녀가 예쁘게 자라고 있다.

예순이 되기 전에 손녀 둘을 둔 둘째 아들과 며느리가 함께 부부에 관한 책을 출간하게 되었다며 추천의 글을 부탁해왔다. 그 글을 즐겁게 읽으면서 많은 사실을 새로이 깨닫고 배우게 되었다.

나는 젊은 시절 장로로서 교회 새신자부와 대학부를 번갈아가며 여러 해 섬겼는데, 마침 새신자부를 섬길 때 이 사랑스런 며느릿감을 내가 교회에 등록시켰다는 사실은 금시초문이었다. 보람과 기쁨의 소식이기도 했다. 한편, 말 잘 듣고 공부 잘하던 둘째에게 엄하게 야단친 기억이 도무지 없는데, 그 아들의 어릴 적 추억에는 그렇게 기억되어 있었다는 사실도 나에겐 충격이었다. 자녀에게 마음의 상처를 주지 않고 키운다는 것이 참으로 어렵다는 것을 새삼 느낀다.

나는 '생명의 전화' 자원상담자로 1,300시간을 상담해 감사패까지 받은 바 있다. 그러기에 나 자신이 상담의 이론보다는 상담 경험을 많이 갖고 있다고 나름대로 긍지를 가지고 살아왔다. 그러나 상담 관련의 가정사역학 박사 며느리가 오랜 동안 부부들을 상담한 경험과 학문적 이론을 합쳐 쓴 글을 읽으며 많은 것을 느끼고 배우게 되었다. 또한 아내의 영문 석박사 논문을 도맡아 도와주고 함께 30여 년을 살아오며 익힌 지혜를 모아 쓴 아들의 글을 읽으면서는 현명한 현대 지성의 부부 경영관을 엿볼 수 있었다. 이런 아들 부부를 보며 하나님께 감사드린다.

여운학 장로, 303비전성경암송학교 교장 겸 주강사

우리가 박은혜 박사를 처음 만난 것은 1997년 가을, HOME 상담센터에서 양은순 총장님께 가정 사역을 배우며 내담자 경험을 해야 했을 때였다. 그 때 내 첫 상담자가 되어준 그녀는 늘 열정적이고 환하며 호탕하게 웃는 밝

은 에너지를 갖고 있어서 다른 사람까지 덩달아 기쁘게 했다.

그녀는 우리에겐 박사보다는 '밥사'이다. 사람을 가리지 않고 따뜻하게 뭔가를 먹이고, 아프고 시린 마음들을 열어놓게 하는 마력이 있다. 그것은 주님께 헌신된 마음일 것이다. 그리고 그녀 뒤에는 늘 100% 후원하고 믿어주는 남편, 여선구 원장님이 계신다. 그는 2017년에 '대한민국 100대 명의'에 뽑힐 만큼 유능한 치과의사이자 수년간 고3 학생들을 위해 헌신한 사역자이다.

아내가 가정사역자로 배우고 성장하는 것을 가장 기뻐하는 그는 다른 누구보다도 아내를 최우선으로 여기는 남편이다. 아내와 함께 부부 세미나를 인도하며, 30여 년 부부생활의 빛과 그림자를 진솔하게 나누고 자신을 희화할 줄 아는 멋진 유머를 가진 분이기도 하다.

우리 부부가 오랜 시간 두 분을 곁에서 지켜보며 그 즐거움을 함께 나눌 수 있었기에, 이제 그 세미나와 두 분의 결혼생활의 진수가 책으로 엮여져 나오게 된 것에 가정 사역의 동역자 부부로서 너무나 기쁘고 감사하다.

이종민 GP건설 대표, **윤선자** IRI국제 이마고 부부치료사 **부부**

나는 1999년 하나님의 인도하심이라 믿고 총신대 선교대학원에서 공부를 시작했지만 등록금을 마련하지 못해 어려움을 겪고 있었다. 이를 아신 박은혜 선생님이 등록금에 보태라며 하얀 봉투를 내미셨다. 누군가로부터 도움 받는 것이 매우 부담스러웠지만 수줍게 내민 선생님의 손이 순간 하나님의 손처럼 느껴져 왈칵 눈물을 쏟으며 덥석 받았다. 아마도 우리 관계의 끈은 이때부터였던 것 같다.

이후에도 내가 녹록치 않은 삶에 지쳐 힘들어할 때마다 선생님은 시간과 마음을 내어주며 위로하고 지지해주셨다. 이렇듯 선생님은 자신이 가진 것들을 하나님의 은혜로 여기며 다른 이들에게 기꺼이 내어주시는 분이다. 그리고 이번에는 자신이 30여 년간 꾸려온 아내로서의 삶과 20여 년간 진실하고 성실한 상담가로서 살아온 삶을 책에 담아 이 땅에서 꾸역꾸역 부부로 살고 있는 이들과 나누려 한다. 그들도 행복한 부부로 살아가라고.

시골에서 제대로 된 책 한 권 없는 빈농의 딸로 태어난 그녀는 서울대학교를 두 번이나 졸업한 도시 남자를 만나 그의 아낌없는 사랑과 배려와 도움으로 상담자의 길로 들어섰다. 설사 세련되고 화려한 문장은 아닐지라도 진솔한 그녀의 삶을 녹여낸 이 책에 나는 자랑스럽게 박수를 보낸다. 나는 그녀가 어떤 몸짓으로 강의에 임하고, 마음이 아파 찾아온 이들을 어떻게 대하는지 알기에, 문장과 문장 사이에 그녀의 성실과 애정과 열정적 삶이 분명 배어 있다고 믿는다.

김현옥 청소년 사역자

세상만사에는 서로 간에 인연이란 게 있다고 합니다. 그중에서도 가장 중요한 인연은 만남의 인연일 것입니다. 박은혜 박사와 여선구 원장은 결혼을 통해 제 아내의 동생이자 동서로서 그 인연이 닿게 되었지요. 우리가 세상을 살아가면서 좋은 일이 생길 수도 있고 때론 좋지 않은 일이 있을 때도 있지만 정말 한결같은 사람들이 있다면 바로 이들 부부를 떠올릴 수 있습니다. 처음과 끝이 변함없이, 힘들거나 피곤하면 짜증이라도 낼 법한데 그런 내색도 없이 그저 묵묵히, 우직하게, 돌밭을 쟁기질하는 황소같이 앞으로 나아가기만 하는 그런 부부.

박은혜 박사가 23세에 결혼하겠다고 선포했을 때는 '아직 철도 들지 않은 나이에 어떻게 살려고 그러는 걸까?' 하는 생각에 내심 걱정이 많았던 게 사실입니다. 그렇지만 그런 걱정은 한낱 기우에 지나지 않았음을, 얼마 지나지 않아 둘이 알콩달콩 깨를 볶아가며 열정적으로 살아가는 모습을 보면서 알게 되었지요. 둘의 만남은 정말이지 철저하게 하나님의 계획 속에서 이루어진 것 같습니다. 이성적 합리성을 가진 신랑과 감성적이고 정에 많이 이끌리며 배려심 깊은 성격의 신부가 서로의 차이를 보강해주는 역할을 함으로 정말 멋지게 승리한 가정을 이루는 모습을 보여주었던 것이지요.

특별히 박은혜 박사는 현대 사회의 무너져 가는 많은 가정들을 보며 "사랑이 이긴다"라는 모토 아래 가정 사역에 대한 푸른 열정을 가지고 배움의 영역을 멀리 미국으로까지 넓혀가면서 참으로 치열하고 우직하게 공부하고 단련하는 과정들을 거쳐왔습니다. 그 많은 역경을 꿋꿋하게 이겨내고 홀로 자신의 길을 묵묵히 걸어와 가정사역학 박사가 되어 우리 앞에 선 그녀가 자랑스럽고 그런 그녀에게 힘찬 박수를 보냅니다.

이제 책 출간을 앞두고 박은혜 박사와 여선구 원장이 살아온 인생 여정에 다시금 찬사를 보내고, 이들 내외의 삶 전체가 배어 있는 《은혜로 사는 부부》 출간을 축하드리며, 이 책이 많은 독자들에게 삶의 이정표가 되길 바랍니다.

이상봉, 박은자 아내의 둘째 언니 부부

프롤로그, 아내

그들은 행복하게 결혼했습니다,
그리고…

7월의 신부

1985년 7월의 어느 토요일, 서울 돈암동의 한 작은 미용실에 앉아 있는 어린 신부의 마음은 매우 복잡했다.

'화장은 예쁘게 될까? 결혼식은 잘 진행될까? 그보다 시골에 계신 부모님은 시간 맞춰 잘 올라오실까? 아니 신랑은 오고 있나?'

그런 마음으로 미용사에게 얼굴과 머리를 맡기고 있는데, 곧 반가운 소리가 들렸다.

"일찍 왔네~. 와! 예쁘다."

신랑은 특유의 미소를 지으며 떨고 있는 그녀에게 다가와 손을 잡아주었다. 그제야 그녀는 안도의 숨을 쉴 수 있었다.

결혼식 시간이 거의 다 되어 신부가 결혼식장으로 가기 위해 택시를 기다리고 있을 때, 시골에서 올라오신 어머니가 황급히 미용실로 들어

오셨다. 신부의 마음에 기쁨과 감격이 차올랐다.

'아, 내 결혼식을 위해 가족이 왔구나.'

신부 23세, 신랑 26세. 둘 다 어리고 결혼할 조건이 하나도 갖추어지지 않았지만 양가 부모님을 설득해 결혼을 하게 되었다. 7월의 신부는 그렇게 한 남자의 아내가 되었다. 그리고 이 글을 쓰고 있는 지금, 32년의 세월을 그와 함께 보내고 있는 중이다.

가슴 설렌 결혼식, 그 이후

나는 하루하루 최선을 다해 살았다. 너무 어린 나이였고 결혼생활에 대해 무지했기에 행복한 순간도 많았지만 당황스럽고 힘든 일들도 참 많았다. 내 열심과 최선의 결과가 최악일 때의 비참함이란 이루 말할 수가 없었다. 부부로 하나 됨을 경험하며 행복하게 살아낸다는 것은 결코 쉽지 않았다.

아이들이 태어난 후 아이들을 키우면서 좀 더 좋은 부모가 되고 아름다운 가정을 만들어가고 싶다는 열망이 간절하던 때, 남편으로부터 한 권의 책을 선물받았다. 양은순 박사의 《사랑과 행복에의 초대》라는 책이었다. 이 책을 읽으면서 그동안 내 마음속에 움츠리고 있던 열망과 비전들이 하나하나 살아나기 시작했다.

성경은 결혼한 부부에 대한 말씀을 다음과 같이 확장하고 있다.

이러므로 남자가 부모를 떠나
그의 아내와 합하여 둘이 한 몸을 이룰지로다 창 2:24

이러므로 사람이 그 부모를 떠나서
그 둘이 한 몸이 될지니라
이러한즉 이제 둘이 아니요 한 몸이니
그러므로 하나님이 짝지어주신 것을
사람이 나누지 못할지니라 하시더라 막 10:7-9

그러므로 사람이 부모를 떠나
그의 아내와 합하여 그 둘이 한 육체가 될지니
이 비밀이 크도다
내가 그리스도와 교회에 대하여 말하노라 엡 5:31, 32

하나님은 아담과 하와가 결혼해서 한 가정을 이루는 시점에 중요한 명령을 주셨다. 남자가 '부모를 떠나' 그의 아내와 합하여 둘이 한 몸이 되라고 말이다. 아담과 하와에게는 부모가 없었다. 그럼에도 이 말씀을 하신 이유가 무엇일까? 또 예수님은 이 말씀에 하나님이 짝지어주신 것을 사람이 나누지 못한다는 말씀을 더하셨다.

오늘날에는 이 말씀이 오히려 올무가 되어 형식만 부부인 채로 살아가는 안타까운 부부들이 많다. 가정 사역 현장에 있으면서 이혼의 위기에 있거나 이혼하는 부부들을 많이 만나게 된다. 그러면서 알게 된 사실은 이혼할 때 마음이 즐거운 사람은 한 명도 없다는 것이다.

이혼하는 부부들은 자신을 위해 이혼하지만, 그들의 마음에는 돌이키지 못할 아픔의 상처들이 많이 남는다. 그래서 예수께서 "하나님이 짝지어주신 것을 사람이 나누지 못한다"라고 하신 말씀은 율법적이라기보다는 우리의 모든 것을 아시는 그분이 우리를 너무도 사랑하시기에 결혼하면 헤어지지 말고 아름답게 잘 살라고 권면하신 것이라고 나는 생각한다.

모든 것의 시작과 끝을 주관하시는 하나님께서 인류 최초의 가정을 향해 하신 명령이 오늘날의 부부에게도 얼마나 소중한 지혜의 말씀으로 주어진 것인지 날마다 깨닫는다. 사도 바울도 "부부가 한 몸이 되는 것에 대한 비밀이 크다"라며 그리스도와 교회에 대한 것까지 연결하고 있다. 소중한 비밀은 아무에게나 드러내지 않는 법이다. 그러기에 열심히 찾는 자에게만 주어지는 하나님의 크신 비밀의 보물인 것이다. 부부에 대한 성경 말씀을 이 땅에 살면서 얼마나 성취하고 살 수 있을까? 모든 부부가 소중하고 귀한 이 비밀을 갖기 위해 수고하며, 둘이 하나 되는 이 여정을 꼭 함께하길 간절히 기도한다.

어떤 인생도 평범하지 않다

이 책은 내 결혼생활 32년에 대한 고백이다. 그러면서 그동안 가정과 상담에 대한 공부의 열매인 내 박사논문에 나온 '부부 관계 향상을 위한 통합적 프로그램'의 내용들을 담았다. 또한 부부들이 이 책을 읽어가면서 자신과 서로를 편안하게 알아가고 이야기를 나눌 수 있도록 구성했다. 이를 위해서 하나님의 말씀을 기본 중심으로 하면서도 사람들의 마음과 관계의 역동성을 좀 더 쉽게 이해하도록 돕기 위해 그동안 배운 심리학 이론들 중 효과가 뛰어난 것들을 활용했다.

또 사역의 현장에서 만난 분들의 간증을 실었는데, 이것은 어느 한 개인이나 부부만의 특별한 간증이 아니라 보편적으로 나오는 갈등에 관한 것들로, 책을 접하는 이들에게 도움이 되리라 판단했기 때문이다. 그러나 간증을 나누어주신 분들의 사생활을 보호하고자 약간의 편집이 이루어졌음을 알리며, 독자들의 이해를 바란다.

내게 상담을 받으러 오거나 교육을 받는 많은 분들이 말한다.

"선생님, 저는 왜 다른 사람들처럼 평범하게 살 수 없는 걸까요? 특별히 많은 욕심을 내는 것이 아니라 그저 평범하게 살고 싶은 작은 소망이 있을 뿐인데 말이죠."

혹 당신도 그런가? 그렇다면, 이 말에 담긴 깊은 뜻을 알 필요가 있다. 평범하게 산다는 것이 사실 얼마나 큰 노력의 열매인지를 말이다. 그리고 겉으로 평범하게 보일지라도 실상은 어떤 인생도 평범하지 않으며, 그 나름대로 특별하면서도 삶의 다양한 굴곡이 있다는 것을 아는 안목이 필요하다. 다른 사람과 막연하게 비교하면서 힘들어하지 말고, 나에게 주어진 귀한 삶과 가정을 위해 사랑의 수고를 아끼지 않았으면 좋겠다. 그 수고의 발걸음에 도움이 되고 싶다. 함께 그 발걸음을 떼어보자.

박은혜

프롤로그, **남편**

결혼 30년 길을 지탱해준 능력, 예수 그리스도

첫인상에 반하다

내 결혼은 운명이었고, 잃어버린 반쪽과의 만남이었다. 아내와의 첫 만남은 교회에서 중고등부 교사로 봉사하다가 얻은 기회였다. 유난히 웃음이 해맑고, 얼굴이 달덩이같이 예쁘고, 내 말을 잘 들어주는 모습에 반했다. 성격적으로 나와는 많이 다른 아내, 그래서 평생 사랑할 수 있었나 보다.

나는 매사에 기분파이다. 책임감은 강하지만 기분이 즐겁고 보람을 느끼지 못하면 이내 그만둔다. 아내는 반대이다. 묵묵히, 꾸준하게, 기분과 관계없이 일을 처리한다. 나는 매사에 합리적이고 과학적인 지식을 바탕으로 움직이지만, 아내는 감성적이고 인정(人情)적이다. 그런 걸 보면 결혼은 서로가 자신에게 지독히도 없고 다른 점에 이끌려서 하는 것 같다. 아내의 사랑스럽고 인정 많고 신앙적으로 바른 생활

태도는 내게 큰 매력으로 다가왔다.

아내를 처음 본 순간 겉으로는 아무렇지도 않은 듯 태연하게 행동했지만 내심 충격을 받았다. 내 눈에 세상에서 가장 예쁘고 순진해서 내 말이라면 거짓말이라도 믿어줄 것 같은 인상에 반해서 뒤도 옆도 돌아보지 않고 결혼을 결심했다.

살아보니 일부는 맞고 일부는 판단착오였다. 순진하고 신앙심 있고 여성스러움을 가진 것은 맞았지만, 순종적으로 남편에게 무조건 따르리라고 생각한 것은 나만의 착각이었다. 이래서 사람들이 서로 속아서 결혼했다고 느끼나 보다.

그러나 결혼생활을 한 지 30년이 훌쩍 넘고 보니 하나님이 사랑하는 아내와 만나게 하신 것에 깊은 사랑의 인도하심이 있었음을 깨닫는다. 아마 내 성격대로만 인생을 살았더라면 가족 관계는 많이 메말랐을 것이다. 아내의 사교성과 넓은 포용성은 남편으로서의 내 리더십을 더욱 빛나게 해주었다. 그래서 몹시 고맙다.

결혼 전 3년과 결혼 후 5년, 아내를 처음 만난 후 8년간은 갈등도 많았지만 내 인생에 있어서 아내와 함께한 가장 행복했던 시절이다(이후로는 아내보다는 자녀를 키우는 즐거움과 직업에 푹 빠져 살았다. 지금은 손녀들을 생각할 때 최고의 행복감을 느낀다). 하지만 나와 아내에게 가장 큰 영향력을 끼친 부분은 하나님을 믿는 신앙이었다. 인생의 고비마다 함께 하나님께 기도하고 나아갔던 결과, 기가 막힌 웅덩이와 깊은 수렁에서 건져내주시는 그분의 손길을 경험했다. 그 경험은 지금도 늘 새롭고 변함이 없다. 알고 보면 우리의 결혼생활을 지탱해준 가장 큰 힘은 예수 그리스도의 보혈의 능력에 있었음을 고백한다.

잘나가는 아내의 남편으로 살아가기

언제부턴가 내 소개말이 바뀌었다. 이전에는 '규장출판사의 여운학 장로님의 둘째 아들' 혹은 '《페이퍼학습법》의 저자'로 소개받았다. 청소년 강사로, 턱교정 전문가로도 알려져 있던 나는 이렇게 소개되는 말에 나름 만족하고 있었다. 그러던 내가 이제는 '상담전문가 박은혜 박사의 남편'으로 종종 소개된다. 변해가는 소개말이 아직 어색하다.

이전에는 내가 강의할 때 아내가 다소곳이 앉아서 듣는 것을 은근히 즐겨왔는데, 아내의 상담학 강의를 듣고 앉았노라면 초대받지 않은 손님처럼 난처하고 어색함을 숨길 수가 없다.

더욱이 참기 힘든 이유는 따로 있다. 아내가 강의 때마다 누구 이야기를 하겠는가? 강의실에 앉은 사람 중에는 부부 관계가 어려워서 숨이 막혀 찾아온 분들도 있을 것이다. 그런데 강의 중에 강사가 자기 남편 자랑을 한다면 누가 공감을 하겠는가? 그래서 곱기만 하던 아내의 입에서 나를 향한 거친 쓴소리가 쏟아질 때면 자리를 뜨고 싶은 내적 갈등과 싸워야 한다.

'다음부터는 이런 자리에 다시 앉지 않으리라. 나는 강의할 때 아내 자랑만 하는데, 저 사람은 왜 저러나?'

누군가 말했다.

"여자의 변신은 무죄이다."

또 누군가는 이렇게 말했다.

"여자는 결혼 후 남자가 변하길 바라지만 남자는 변하지 않는다. 남자는 결혼해도 여자가 변하지 않기를 바라지만 여자는 변한다."

결혼할 때 내가 아내 될 사람에게 바랐던 것은 예쁘고 착한 여인이었다. 물론 나와 같은 신앙을 가지고 있어야 했지만 무엇보다도 내게 순종적인 여인상을 꿈꾸며 배우자를 찾았다. 기도도 많이 했고, 내가 원하는 배우자를 만나게 되었다고 생각했다.

처음에는 내가 훌륭한 아내를 찾아낸 것으로 알고 자랑스러워했다. 그러나 아내가 어린 시절부터 날마다 배우자를 놓고 기도하며 꾸준하게 하나님의 말씀을 묵상해온 것을 알고는 사건의 진실을 파악했다. 내가 아내를 고른 것이 아니라 아내의 기도에 이끌려 결혼한 것이다. 아내의 기도 제목은 거의 내 모습이었는데, 아내는 키와 외모에 대해서는 빠뜨렸다고 가끔 우스갯소리를 하기도 한다. 어쨌든 기도의 힘은 강하다.

아내는 깊은 산골, 기찻길 옆에서 태어났다. 제대로 된 책 한 권 없는 가난한 집에서 태어나 어렵게 공부했다. 기를 쓰고 서울로 올라와서 겨우 졸업한 것이 2년제 전문대학이었으니, 외적으로 볼 때는 여러모로 남편인 내가 우위였다.

그러나 사내아이 둘을 낳고 함께 살아오면서 내가 착각 속에 살고 있었다는 사실을 중년이 되어서야 깨달았다. 첫인상 그대로 순박하고 예쁜 시골 처녀를 데려왔다고 생각했는데, 아이 둘 낳고 살다보니 아내 안에 숨겨져 있던 강한 내면의 모습이 점점 드러나며 더 이상 내가 가정의 군주로 살아가기 힘들어졌다.

아이들이 어릴 때부터 아내는 가정상담 공부를 시작했고, 방송통신대에서 시작해 총신대를 거쳐 대학원을 졸업했다. 미국에 같이 유학할 때에는 보스턴 대학에서 신학대학원 STM 석사학위과정까지 마쳤다. 유학 초반, 영어가 중학교 수준이었던 아내를 위해 같이 원서를 보고 해석하고 번역하고 논문 통계를 맡아 성실하게 키워준 사람은 나였다. 그리고 아내가 캘리포니아 HIS 대학원에서 가정사역학(Family Ministry) 철학박사학위(Ph.D)를 받기까지 많은 지원을 아끼지 않았다. 그런데 이제는 밀어준 남편을 아주 대놓고 가르친다.

그래도 후회는 없다. 사랑하는 아내는 하나님의 인도하심으로 나에게 다가왔고, 나 역시 하나님께 이끌리어 여기까지 왔다. 이삭과 리브가는 하나님의 인도하심 아래서 결혼해 하나님의 가정을 이루었지만, 역사적인 사건은 그 이후부터 시작되었다. 어렵게 낳은 자식이 에서와 야곱이었고, 그들은 태중에서부터 다투었다. 아무리 보아도 하나님의 인도하심을 따라 수 만리 떨어진 고향까지 어렵사리 찾아가서 이룬 아브라함의 족보에 어울리지 않는 상황이다. 그러나 하나님은 그러한 부족한 사람들을 통해 자신의 족보를 이어가도록 하셨다.

부부 책 발간 앞에서

지금 아내에게서는 처음 내가 반했던 시골 처녀의 순박한 모습이 많이 사라지고 억센 두 아들을 씩씩하게 키워낸 전사(戰士) 같은 모습이 남아 있다. 이제 내 마음대로 무조건 따라주는 시절은 지나갔지만 여전히 사랑스런 아내의 모습에 감사한다. 그 아내와 함께, 새로 가정을 시작하며 힘들어하는 젊은 가정들을 위한 상담사역을 할 수 있어서 행복하다.

여성들이 힘을 받고 있는 현대 사회에서 남성의 입장을 변호하고 자신감을 갖도록 돕는 일이 내 몫이다. 내 아내를 보아도 알겠지만 여성들은 많은 부분 스스로 운명을 개척하고 도전한다. 오히려 현대의 젊은이 사역에 있어서도 부부 관계에 수동적이고 소극적인 남성들에게 하나님이 주신 아버지의 소명을 일깨워주는 일은 부부사역자로서 보람이 크다.

사랑하는 아내와 함께 주께 받은 가정사역자로서의 소명을 재발견하게 됨에 감사하고, 동시에 우리의 나눔을 통해 상처받은 사람들에게 하나님의 깊은 치유가 있기를 소원한다.

여선구

이러므로 남자가 부모를 떠나 그의 아내와 합하여 둘이 한 몸을 이룰지로다

PART 1

부부,
건강한 가정의
기초석

chapter 1
가정의 시간표

결혼할 때 사람들은 어떤 마음일까? 어떤 준비를 할까? 내 경우 생각지도 못하게 일찍 결혼했기에 결혼을 위해 많은 것을 준비하지 못한 채 새색시가 되었다. 그래서 사랑하는 사람과 함께 산다는 행복감도 있었지만 현실에서는 많은 것이 복잡했고 마음에는 불안함과 초조함이 있었다. 아내로서 무엇을 해야 좋을지 몰라 막연하기만 했다.

우리 신혼집으로 첫 집들이를 온 이들은 교회 청년들이었다. 나는 정성껏 음식을 준비했지만 그들은 내 음식에 많이 실망한 것 같았다. 급기야 몇 명의 청년들은 남편을 위로했다.

"형, 앞으로 어떻게 얻어 먹냐?"

"와우~ 배추가 상에서 살아나네."

학교를 졸업하고 사회 초년생으로 생활한 지 얼마 안 되어 결혼한 나는 그때까지 음식다운 음식을 해본 적이 없었던 것이다. 그렇지만 나에게는 하나님께서 부부가 한 몸이 되라고 하신 귀한 비밀에 대한 열망이 있었기에, 정말 하나님께서 원하시는 현숙한 아내가 되고자 많이 기도하며 노력했다. 신혼 때 거의 날마다 묵상했던 말씀은 잠언

31장에 나오는 현숙한 아내에 대한 것이었다. 이 말씀이 때로는 버겁게 느껴지기도 했지만, 결혼생활을 잘하고 싶은 마음에 얼마나 간절하게 구하며 하루하루를 살아냈는지…. 지금도 간직하고 있는 경건 노트에는 그때의 기록들이 생생하게 담겨 있다. 어느덧 많은 세월이 흘렀지만 지금도 여전히 현숙한 아내의 길을 가려고 노력하는 나는 수고의 소중한 열매들을 맛보며 감사의 마음을 가진다.

부부에 대해 글을 쓰고자 결심하고 계속 신음하며 주님 앞에서 지혜를 구하고 있던 어느 날, 아침 말씀 묵상시간에 다시 잠언 31장의 현숙한 아내에 대해 묵상하는 시간을 갖게 되었다. 그날 성령께서 내 온 마음에 감동을 주셨다.

지나온 삶을 돌아볼 때 그 길이 얼마나 수고의 길이고 긴 여정인지 알기에, 그 길에 절대적인 하나님의 불쌍히 여기심과 은혜가 있어야만 함께 걸어갈 수 있음을 안다. 이 글을 읽는 모든 아담과 하와에게 같은 은혜가 임하길 간절히 바란다.

인생의 시작은 결혼에서부터

하나님께서 태초에 가정을 세우시며, 그 가정의 남편과 아내인 아담과 하와에게 명령하신 말씀이 있다. "이러므로 남자가 부모를 떠나 그의 아내와 합하여 둘이 한 몸을 이룰지로다"(창 2:24). 이 말씀은 태초의 가정에서부터 오늘날까지, 그리고 앞으로 새로 이루어질 가정의 부부들에게 결혼과 가족의 기본 개념이 된다. 성경을 보면 인류 최초의 사람은 아기가 아니라 성인이었고, 결혼을 시작으로 그 인생이 펼

처졌음을 알게 된다. 나는 이를 주목해 보았고, 가족치료적 관점에서 인생의 시작을 결혼으로 보는 가족생활주기에 초점을 맞추고자 한다. 진정한 성인으로서 인생을 주도적으로 살게 되는 것이 결혼을 통해 부부가 함께 시작하는 지점이라는 의미의 깊이를 음미해보길 바란다.

미션 파서블

가족생활에 대한 주기는 학자마다 조금씩 다르게 분류하는데, 여기에서는 에릭슨(Milton Erickson)의 '가족생활주기 6단계'를 적용해 한국인의 가족생활주기를 살펴보고 싶다. 그가 나눈 '가족생활주기 6단계'는 결혼 전기 및 구애기, 결혼 적응기 및 결혼 초기, 자녀 아동기 및 자녀 양육기, 자녀 청소년기와 부모 중년기, 자녀 독립기, 노년기이다.[1]

우리는 울트라 포스트모더니즘 시대를 살아가고 있기에 가정에 대한 가치관도 정말 다양하다. 하지만 건강한 가정생활을 위해서는 우리를 창조하신 하나님의 뜻에 맞게, 결혼한 부부가 부모를 떠나 성인으로서의 삶을 스스로 살아내는 경험을 하면서 결혼의 소중함을 알아가는 일이 무엇보다 중요하다. 그리고 결혼으로 시작되는 가족생활 주기의 모든 과정을 바르게 알 필요가 있다. 그래야 부부가 중심이 되어 한 가정을 새롭게 창조하는 수고를 멋지게 시작할 수 있다.

개인이나 가정에서 큰 변화가 일어나게 되면 그것을 잘 감당하기 위해 의식적으로나 무의식적으로 스트레스를 받기 마련이다. 결혼은 인생에서 가장 중요하고 큰 변화이기에 결혼으로 인해 생기는 다양한 경험들에 당황하지 않고 이를 지혜롭게 잘 헤쳐 나가기 위해 가족생활주기에 대한 주기별 미션을 바르게 이해하는 시간을 가지는 것이 좋다.

우리나라는 오랫동안 유교적 문화권 아래 있었기 때문에 가족 관계에서도 부모 중심의 수직적인 관계가 뿌리 깊게 자리잡고 있었다. 그러다 경제 발전으로 많은 것들이 한꺼번에 변화하면서 근래에 이르러 자녀 중심의 가족체계가 늘어나게 되었고, 이로 인해 더 많은 혼란을 겪고 있다.

인구의 증가 비율에서도 커다란 변화가 있었다. 너무도 살기 어려웠던 시절인 1955-1963년(베이비부머 시대)에 출생한 분들은 한국 전쟁을 겪지는 않았지만 한국의 가난과 어려움을 몸소 체험하면서도 그것을 극복하고자 무던히 애쓰셨던 분들이다. 각자가 많은 것들을 이룬 시기이기도 하다. 이분들이 젊었을 때만 해도 '자수성가'라는 말이 통했다. 부모님의 도움이 없어도 열심히 일하면 집도 살 수 있었고, 자녀에게도 많은 지원을 할 수 있었다.

그러나 오늘날의 30-40대, 더 나아가 20대들에게는 부모님의 도움 없이 자립하는 일이 너무나 힘든 시대가 되어버렸다. 그래서 결혼한 젊은 부부들이 부모를 떠나기가 더 어려운지도 모르겠다. 그럼에도 불구하고 결혼으로 새로 이루어진 가족이 안정적으로 잘 살아내기 위해서는 각 단계별로 이루어야 할 미션들이 있다. 이 미션들을 이해하고 그것을 잘 수행하게 되면 가족이 안정될 뿐 아니라 건강한 그리스도인으로서의 삶을 잘 살아내고 사회에도 긍정적인 영향을 끼칠 수 있다. 그렇다면 가족의 생활주기별 미션이 무엇인지에 대해 구체적으로 살펴보자.

가족생활주기별 미션

1기 결혼 전기 또는 구애기 삶의 독립과 배우자의 선택이 일어나는 시기

결혼할 수 있는 성인 자녀가 부모님과 원가족을 떠나 자신의 가족을 이루기 전까지의 기간을 말한다. 부모로부터 경제적, 생활습관의 패턴 등 많은 것이 독립되어야 하는 시기로, 부모는 성인이 된 자녀를 성인으로 대접해주고 인생에서의 중요한 문제를 결정할 때 자녀 본인이 스스로 선택하여 결정하고 책임지도록 해야 한다. 특히 배우자를 선택함에 있어서 부모가 어떤 조건을 가지고 과도하게 개입해서는 안 된다. 그렇게 되면 결혼한 후에도 자녀가 부모로부터 독립하지 못하고 부모에게 계속 의존하는 캥거루족이 되거나, 자녀가 결혼한 후에도 부모가 그 가정을 돌보는 헬리콥터 부모가 될 수 있다.

성인이 된 자녀가 자기와 한평생을 함께할 배우자를 찾기 위해 건전한 이성교제를 할 수 있는 기회를 갖는 것은 매우 귀한 경험이다. 배우자를 스스로 찾아 자신이 선택한 배우자에 대한 책임, 그리고 결혼하면 이루고 싶은 가정생활에 대한 꿈을 갖게 해야 한다. 결혼 적령기의 청년들을 상담하다 보면 이성을 사귀는 것에 대한 두려움도 많고, 또 현재 이성을 사귀고 있어도 결혼으로는 연결하지 못하고 자기 확신이 없어 부모의 눈치나 사회적 현상에 흔들리는 경우를 보게 된다.

크리스천 청년들이 꼭 해야 하는 것은 배우자를 위한 기도이다. 삶에서 일어나는 일들에 대해 기도하는 청년들도 배우자를 놓고 구체적이고 지속적으로 기도하는 경우는 많지 않은 것 같다. 마음속에서는

정말로 원하지만 겉으로는 아닌 것처럼 다른 사람들에게 말하는 사람들이 있다. 특히 청소년들이나 청년들 중에는 결혼하지 않고 혼자 살겠다는 사람들이 있는데, 이런 말들이 사실은 자신의 아픔을 숨기기 위한 대처방식의 한 표현일 수 있다.

내 경우도 그랬다. 어릴 때부터 피부병을 심하게 앓았던 나는 아버지에게 "너는 시집가기는 틀렸다. 시집갈 생각하지 말고 혼자서 살아라"라는 말씀을 많이 들었다. 나도 겉으로는 그것을 인정하며 다른 사람들에게 결혼하지 않고 혼자 살겠다며 이야기하곤 했다. 그러나 인간의 가장 보편적인 열망 가운데 하나는 하나님이 주신 자신의 짝을 찾는 것이다. 나도 그것을 뼛속 깊이 갈망하고 있었다.

배우자를 위한 기도를 언제부터 시작했는지는 잘 기억나지 않지만, 사춘기가 시작되고 이성에 대한 눈을 뜨면서부터는 내 짝을 찾고 싶은 열망이 내면에서 식지 않는 것을 알았다. 그래서 다른 사람들에게 말하지는 않았지만 날마다 배우자를 위한 기도를 빼놓지 않았다.

"하나님, 저를 불쌍히 여겨주셔서 저를 있는 그대로 사랑하고 제 피부병을 고칠 수 있는 사람을 배우자로 만나게 해주세요."

하나님께서는 신음에 가까운 한 소녀의 단순한 기도에 풍성한 방법으로 응답해주셨다.

사람들이 결혼에 대해 부정적인 생각을 갖게 되는 이유는 자신이 경험한 그동안의 삶에서 오는 여러 가지 상처와 많이 연결된다. 특히 부모가 행복한 결혼생활을 하지 못하고 늘 갈등 속에서 힘들어 하는 모습을 본 자녀들은 결혼에 대해 더 회의적일 수 있다.

결혼에 대해 부정적인 마음이 있는 청년이라면 자신의 모습을 예수님 앞에 있는 그대로 내려놓고 자신의 내면적 상처에 대해 직면하여 적극적으로 회복의 길로 나아가기 바란다. 혼자서 마음 아파하지 말고 하나님께 간절히 기도하면서 자신을 잘 도와줄 수 있는 전문가를 만나 도움을 받으며 치유의 시간을 갖는 것이 이 시기에 꼭 필요하다.

그렇지 못하면 결혼을 하든 안하든 성인으로서의 삶이 건강하지 못해 왜곡될 수 있고, 결혼을 하더라도 배우자와의 관계에서 더 큰 갈등과 아픔으로 번질 수 있기 때문이다.

/**우리 이야기** / 만남에서 결혼까지

대학을 다니기 위해 시골에서 서울로 올라온 내게 세상은 매우 커 보였고, 나는 너무 작고 초라하게 느껴져 항상 위축되고 불안한 상태로 하루하루를 살아내고 있었다. 주변에 많은 교회가 있었지만 어느 교회를 가야할지 몰랐고, 기대를 갖고 찾아간 교회들 몇 곳은 오히려 내 마음을 더 힘들게 했다. 그런 와중에도 날마다 이른 아침에 일어나 하나님께 기도하고 말씀을 읽었는데, 그것은 내가 믿음이 좋아서라기보다는 죽을 것 같은 현실에서 살아남기 위한 몸부림에 더 가까웠던 것 같다.

어느 주일 아침에도 갈등을 하다가 한 교회로 향했다. 언덕에 있는 그 교회를 멀리서 바라보니 문이 활짝 열려 있었고, 많은 사람들이 그리로 향하고 있었다. 교회 입구에서 마음의 긴장감을 진정시키며 쭈뼛거리고 있는데 너무나 멋지고 환하게 미소 짓는 중년의 한 어른이 다가와서 "우리 교회 처음인가봐요?" 하며 반갑게 맞아주셨다. 그분은 이 교회의 새신자반을 담당하는 장로님이셨다. 훗날 시아버님이 되실 분이라고는, 그땐 상상도 못했다.

그분의 안내로 새신자반에 등록하고 소정의 교육을 받은 후 대학부 회원이 되었고, 중등부 교사로도 봉사하게 되었다. 먼 타향살이로 지쳐 있던 나는 그곳에서 신앙생활하면서 좋은 선후배들과 친구들을 만나 교제하며 마음의 건강을 많이 회복했고, 성경공부를 통해 신앙 또한 말씀에 뿌리를 내려갔다. 아침마다 일어나 말씀을 보고 기도하던 내 습관이 경건의 시간(Quiet Time)임을 확인하면서 좀 더 체계적이고 깊이 있는 시간으로 연결되었고, 내 삶의 가장 소중한 시간이 되었다. 그 시간을 기록한 노트들이 지금까지 30권이 넘었고, 이는 내 보물로 간직되어 있다.

그러다 대학부에서 성경을 체계적으로 훈련하는 프로그램인 일대일 양육과정이 생겨서 훈련을 받기 시작했다. 멋진 남자 선배들도 많았건만, 눈이 크고 아저씨 같은 분이 리더라는 것이 마음에 들지 않았지만 성실하게 양육의 과정을 따랐다. 1년의 훈련 과정에서 그 리더는 열심히 제자를 양육했고, 제자인 나는 어느덧 그 리더를 존경하게 되었다. 그 리더는 따뜻하고 유머가 있고 무엇보다 아는 것이 많은 사람이었다. 덕분에 그동안 내가 갖고 있었던 남성에 대한 좋지 않은 선입견(아버지의 모습이 반영되었기 때문인데, 남자들은 다분히 폭력적이고 무식하며 자기 마음대로라는 생각이 있었다)이 많이 치유되는 경험도 했다. 나는 어느덧 서울생활에 익숙해졌고 교회에서도

도 즐겁게 생활해나갔다. 그렇게 학교를 졸업하고 종로에 있는 한 회사에 취직하게 되었다.

입사한 지 얼마 되지 않아 열심히 일을 배우던 어느 날, 근무 중에 왼쪽에서 한 사람이 나를 쳐다보고 있는 것이 느껴졌다. '직원 중 한 사람이겠지' 하며 신경 쓰지 않고 일을 하는데 이 사람이 가지 않고 계속 서 있는 것이었다. 무슨 일인가 싶어 고개를 들고 바라보는 순간, 매우 놀랍고 반가운 사람의 얼굴을 볼 수 있었다. 일대일 양육자 리더인 그 선배였던 것이다. 그가 환하게 웃으며 말했다.

"일 열심히 하네요. 아버지 심부름으로 이 건물에 왔다가 들렀어요. 퇴근 몇 시에 해요? 요 앞 서점에서 기다릴 테니 퇴근하고 만나요."

그렇게 해서 우리의 만남과 사랑의 데이트는 시작되었다. 우리는 하루도 빠짐없이 만났고, 많은 이야기들을 하며 서로에게 빠져들었다. 지금처럼 핸드폰이 있는 시절도 아니었고 교통이 좋은 것도 아니었지만 만나서 막차를 타기까지의 시간이 너무 짧게 느껴졌다. 사랑이 깊어질수록 한편으로는 마음이 괴로웠다. 내 피부병에 대해 말할 용기가 나지 않았기 때문이다. 사랑하는 사람이기에 스킨십을 하고 싶은 마음도 있었지만 내 수치스러운 부분을 들킬까봐 몸을 움츠릴 수밖에 없었다.

어느 날, 한 찻집에서 사랑하는 님은 환하게 웃으며 아주 간단하게 말했다.

"우리 결혼하자, 함께 살자."

언젠가는 들을 거라고 기대했던 말이지만, 순간 마음이 멈추는 것 같은 긴장감과 불안감이 올라왔다.

'드디어 올 것이 왔구나. 어쩌면 이 행복한 시간을 더 갖지 못하겠구나!'

아무 말도 못하는 나를 사랑하는 님은 이상하다는 듯이 커다란 눈으로 빤히 쳐다보고만 있었다. 잠시 뒤에 나는 아주 작고 심각하게 말했다.

"사실 나는 결혼할 수 없어요. 나는 얼굴만 빼고 온몸에 피부병이 심해요. 어릴 때부터 그랬어요."

내 말이 채 끝나기도 전에 그는 호탕하게 말했다.

"하하하~ 나는 눈이 나빠 잘 안보여서 괜찮아. 그것 때문에 갑자기 심각해진 거야?"

그는 특유의 유머로 어색한 분위기를 반전시켰고, 우리는 부부가 되었다. 우리 부부의 만남에서부터 사랑을 키워 결혼하게 되고, 서로의 비전을 나누며 살아가고 있는 모든 과정에서 하나님의 섬세하신 은혜가 풍성하게 이루어지고 있음을 날마다 더욱 느낀다.

2기 결혼 적응기 또는 결혼 초기

부부가 하나 되기 위해 가장 많은 시간을 함께 보내야 하는 시기

오늘날 결혼에 대한 사회 전체의 잘못된 가치관 중 하나가 결혼은 모든 것이 준비된 다음에 해야 하고, 결혼을 하면 현재의 자기 위치가 상승되거나 배우자에게 대접을 받아야 한다고 생각하는 것이다.

그러나 결혼은 씨를 뿌리는 농부의 심정으로 해야 한다. 내가 새로

운 가정을 위해 배우자와 함께 어떤 수고를 하고 어떤 열매를 맺고 싶은지에 대한 희생의 마음이 기본적으로 있어야 하는 것이다.

막 결혼한 신혼부부는 결혼에 대한 이해와 적응이 부족해 부부가 함께 좌충우돌하며 갈등을 일으키는데 이것은 너무나 자연스러운 일이다. 아무리 사랑해서 만났고 좋은 조건을 갖고 결혼한 부부라 해도 예외는 아니다.

이럴 때 부모님은 결혼한 자녀가 자기의 가정을 건강하게 이룰 수 있도록 옆에서 지지해주고 바라봐주어야 하다. 결혼한 자녀의 신혼기 때 엉성함이 안타까워 챙겨주고 간섭하다 보면 새롭게 출발하는 가정은 결혼을 시작으로 둘이 하나 되는 창조적 걸작품이 되는 것이 아니라, 사공이 아주 많은 이상한 모습의 가정이 되어 오히려 더 혼란스러울 수밖에 없다.

부모로부터 독립한 후 부부가 함께 살면서 다양한 일상의 일들에서 서로 부딪치고 조율하다 보면 연합하는 묘미를 알게 되고, 서로에게 맞추기 위해 자기의 모난 성격이나 이기적인 욕심을 버려야 하는 아픔도 겪게 된다. 그러나 이 아픔은 진주를 키우는 조개의 아픔과 같이 소중한 것이다.

또한 둘이 하나가 되기 위해서는 무엇보다 함께하는 시간이 많아야 한다. 이 부분에 대해서는 '결혼한 당사자들이 알아서 하겠지' 하며 무관심하게 방치하는 것이 아니라, 사회적으로도 신혼부부들이 서로에게 집중하고 새로운 가정에 우선순위를 두며 노력하는 분위기가 당연하도록 만들어주는 건강한 공동체로서의 역할을 해야 한다. 성경에서도 결혼한 신혼부부에 대한 배려의 말씀이 있다.

"사람이 새로이 아내를 맞이하였으면 그를 군대로 내보내지 말 것이요 아무 직무도 그에게 맡기지 말 것이며 그는 일 년 동안 한가하게 집에 있으면서 그가 맞이한 아내를 즐겁게 할지니라"(신 24:5).

결혼식만 멋지게 올리고 함께하는 시간이 적어 서로에게 적응할 기회를 갖지 못하면 새롭게 시작한 부부는 긍정적인 경험보다는 부정적인 경험을 더 많이 하게 되고, 결혼에 대해 가졌던 아름다운 기대와 열망은 환상에 불과하다는 좌절감을 맛보게 된다. 그러면 어려움이 생겼을 때 쉽게 포기하게 된다.

이 시기에는 부모를 떠나는 동시에 부부가 하나 되기 위해 새로운 것들을 함께 경험해야 한다. 그래야만 둘만의 연합이 견고해지고, 앞으로 생길 많은 풍파에도 잘 견딜 수 있는 것이다.

한번은 결혼한 지 얼마 되지 않은 한 신혼부부가 상담을 해왔다. 아내는 남편이 매일 늦게 귀가하니 자기는 결혼한 의미를 모르겠다고 했다. 오히려 결혼 전보다 더 외롭고 화가 난다는 것이다. 남편은 얼굴 보기가 힘들고, 잘 알지도 못하는(?) 시부모님은 계속 잔소리를 하는 상황이니, 그 아내의 마음이 충분히 이해가 되었다.

반면 남편도 억울하고 할 말이 많았다. 자기가 가정을 위해 밤늦게까지 일하는 것을 아내가 이해해주지 않기 때문이다. 남편의 경우 회사가 늦게 끝나는 것도 있지만 인맥을 잘 쌓기 위해 거의 날마다 술을 먹고 들어온다고 했다. 자기 회사의 다른 사람들도 결혼했다고 해서 집에 일찍 들어가는 것이 자연스럽지 않다는 것이다.

신혼부부에 대한 배려를 사회가 함께해야 하는 이유가 여기에 있다. 가정에 충실한 사람을 오히려 찌질하다고 여기는 건강하지 못한 사회 풍토는 하루속히 개선되어야 한다. 비단 이 부부뿐만 아니라 서로를 알기도 전에 갈등만 많아진 부부들이 회복을 위한 시간을 함께 갖지 못하고 갈등을 가진 채 시간을 흘려보내다 결국은 이혼으로 가는 경우가 많다.

행복한 가정을 원한다면 그에 맞는 노력을 해야 하는 것이 너무도 자연스러운 일인데, 어찌된 일인지 결혼식을 위해서는 오래 고민하면서 서로에 대해 알아가고 새로운 계획을 세우는 일에는 시간을 내지 못한다. 부모로부터 독립하면서 새로운 가정을 어떻게 이끌 것인지에 대해 구체적으로 나누며 서로의 가치관과 습관, 성격 등을 알아가는 바로 이 시기는 결혼의 기초석을 쌓는 중요한 타이밍이다.

/ **우리 이야기** / 신혼기의 좌충우돌

우리 부부는 서로 사랑해서 결혼한 경우이지만 결혼하는 과정이 순탄하지만은 않았다. 남편의 가정은 아버님이 장로님, 어머님이 권사님이셨고, 장성한 다섯 아들들은 모두 두 살 터울로 같은 교회 대학부와 청년부에 다니고 있었다. 누가 봐도 부러움을 살 만한 경건한 가정이었고, 시부모님 또한 학식이 높은 분들이었다. 그래서 교회 안에서 다섯 형제들은 인기가 많았고, 둘째 아들이던 남편에게도 좋은 마음으로 다가가는 자매들이 몇 있는 것을 나도 알고 있었다. 남편이 나와의 결혼을 결심하고 부모님께 알렸을 때, 시부모님은 반대하셨다. 나는 그 교회에 출석한 지 2년밖에 되지 않았고, 나를 아는 분들도 거의 없었던 터라 시부모님들도 당황하실 수밖에 없었던 것이다.

이 문제는 단지 남편 가정에만 있었던 것이 아니다. 나 또한 사랑하는 사람이 있어 결혼하겠다고 하니 부모님과 형제들이 말했다.

"서울대에 다니고 잘사는 집 아들이 뭐가 아쉬워 너랑 결혼하겠니? 너는 가난하고, 전문대밖에 안 나왔고, 무엇보다 너는 피부병이 심한데…. 분명 속고 있는 것이거나 그렇지 않다면 무엇인가 남자 쪽에 흠이 있는 거야. 정신 차려!"

감사하게도 이 문제는 그리 오래 끌지 않고 해결되었다.

얼마 전 시아버님으로부터 우리 결혼을 앞두고 있었던 마음 짠한 에피소드를 하나 듣게 되었다. 그때 시아버님은 안국동에 있는 회사에서 일하고 계셨는데, 시골에서 막 올라온 한 중년 부부가 찾아왔다고 했다. 첫 모습에서 살림살이가 매우 어려워 보이는 그 부부는 바로 우리 부모님이셨다. 딸이 고등학교를 졸업하고 대학을 가기 위해 집을 떠난 지 3년 만에 결혼하겠다고 하니 기가 막히고, 딸이 잘못되면 어쩌나 하는 마음에 시아버님을 찾아오신 것이다.

그때 시아버님은 순박한 시골 분들의 자녀 사랑에 대한 진한 마음과 그 눈빛이 매우 인상적이었다고 하셨다. 그래서 아버님은 "걱정하지 마세요. 우리 이상한 사람 아니고, 우리 아들이 댁의 따님을 너무 사랑해서 결혼하고 싶어 하는 거예요. 아이들 잘 살 거예요" 하며 안심을 시키셨다고 한다.

당시 시아버님이 새롭게 시작한 회사(규장문화사)는 경제적 사정이 매우 안 좋았고, 우리 집 또한 딸을 결혼시킬 만한 여력은 없는 상태였다. 그렇지만 남편은 부모님들께 결혼식만 시켜달라고 부탁했고, 우리는 함께 신앙생활하던 성일교회에서 하나님과 사람들 앞에서 조촐하지만 아름다운 결혼식을 올렸다. 신혼살림도 새롭게 준비하지 않고 남편이 하숙하던 방의 물건과 내가 자취하던 방의 물건들을 합쳤다. 14인치 흑백TV, 1인용 책상, 반쪽짜리 옷장, 책들이 전부였다.

우리 부부의 신혼생활을 한마디로 요약하면 '열심히 사랑했고, 열심히 싸웠노라'였다. 사랑하는 사람과 함께하니 마음껏 사랑할 수 있어서 좋았고, 든든한 내 편이 있으니 불안했던 마음이 많이 평안해지고 안정감을 찾았다. 그러나 신혼기 3년 정도는 거의 매일 사소한 일로 싸웠던 기억이 있다. 가장 힘들었던 부분은 서로의 생활 습관이 맞지 않음에서 오는 갈등이었다. 데이트 할 때는 신앙 좋고 유머 많은 남편의 모습에 사랑하는 마음보다 존경하는 마음이 더 컸는데, 함께 생활해보니 늘 느긋하게 누워서 쉬는 것이 먼저인 남편의 행동을 이해할 수 없었다.

남편은 대학에서 자연과학을 졸업하고 치의예과 2학년에 편입학한 상황에서 결혼했다. 그러니 남편은 공부하고, 나는 직장생활을 해야 했다. 이른 아침에 함께 집을 나갔다가 각자의 생활전선에서 열심히 살고 저녁에 함께 만나 집으로 돌아오는 길에는 둘 다 에너지가 거의 고갈된 상태였지만, 나는 집에 오면 일단 부엌으로 가 저녁을 준비했다. 그러면서 내가 식사를 준비하는 동안 남편은 청소나 빨래 등을 도와줄 것이라 기대했지만 남편은 일단 누웠다. 그 시간이 내가 생각했던 것보다 항상 더 길었던 것 같다. 남편이 누워 있는 것을 보며 저녁을 하다 보면 슬금슬금 화가 올라와 남편에게 짜증을 냈고, 그것이 부부 싸움으로 연결되기 일쑤였다. 서로가 다름을 인정하지 못하고 비난하고 힘들어하던 시기였다.

신혼기 때 나는 하나님께서 "한 몸 이룬 부부가 되라"라는 말씀을 제대로 이해하지 못해서 남편과 경쟁 구도를 이루는 잘못된 신념으로 오랫동안 힘들었다. 나는 남편이 이솝우화 〈토끼와 거북이〉에 나오는 토끼처럼 여겨졌고, 나는 거북이처럼 여겨졌다. 그래서 '결국은 거북이가 이길 것'이라는 말을 해 철없이 남편의 마음을 아프게 한 적이 있었다. 또 〈개미와 배짱이〉 이야기에서는 내가 개미고 남편은 배짱이 같았다. 남편은 기타를 들고 당시 기독교인들의 사랑을 많이 받았던 송명희 시인의 시에 곡을 붙여 나에게 가르쳐주곤 했는데, 몸이 힘들고 태산같이 많은 일 앞에서 여유가 없었던 내게는 즐거운 시간이 아니라 짜증스럽고 한심한 생각만 들었다.

성격적으로도 나는 외향적이면서 계획적이고 행동이 빠른 반면 남편은 내향적이면서 생각이 많고 자유로운 사람이다. 신혼기 때는 이런 성향과 기질적인 차이를 이해하지 못해 내 왜곡된 가치 판단으로 남편을 많이 힘들게 했고, 남편 또한 너무도 단순하고 앞만 보고 가는 것 같은 아내가 답답하게 느껴졌을 것이다.

그렇지만 우리는 늘 함께 다녔고, 사랑의 교제도 많이 나누었다. 남편은 결혼 전에 친했던 친구들과의 관계를 끊고 아내에게 집중하며 사랑해주었고, 나 또한 남편과 가정을 위해 최선을 다하며 살았다. 또 어떻게 하면 주님이 원하시는 현숙한 여인이 될 수 있을까 고민하며 잠언 31장에 나오는 말씀을 날마다 묵상하며 적용하려고 했다.

부부는 신혼기 때 사랑의 추억을 많이 쌓아야 한다. 즉 정서적 통장이 풍성해야 부부가 위기를 맞을 때 유용하게 쓸 수 있다. 우리 부부는 신혼기 때 경제적으로 많이 힘들었지만 그런 것에 별 두려움 없이 잘 견뎠고, 워낙 없이 시작하다보니 살면서 함께 준비할 게 참 많았다. 결혼하고 나서 받은 첫 번째 보너스로 남편의 책상을 사기 위해 사당동 가구거리를 하루 종일 돌아다니며 우리에게 맞는 물건을 고르면서 싸우기도 하고 참기도 하면서 원하는 것을 사 함께 웃으며 돌아왔던 일은 지금도 생생하다.

아침은 당연히 굶는 것을 선택했고, 남편은 학교에서 나는 직장에서 점심을 해결했다. 집으로 들어오는 길에는 천 원으로 저녁거리를 사기 위해 슈퍼마켓에 들러 의견을 나누곤 했다. 당시에는 집에 전화를 놓는데 많은 돈이 들었던 지라 당연히 전화는 없었다. 또 흑백TV는 TV수신료를 받지 않는 제도가 있었는데, 우리는 작은 흑백TV를 보았던 터라 수신료 받으러 온 사람이 '요즘도 흑백을 보는 사람이 있느냐'라며 안방까지 들어와 확인한 적도 있었다.

결혼 초기의 크고 작은 아름다운 추억들은 결혼생활에서 겪게 되는 태풍과 가뭄에도 잘 견딜 수 있는 힘을 주어 얼마나 소중한지 모른다. 요즘 젊은이들은 너무 많은 것을 가지고 결혼하고, 편안하고 풍성한 것이 곧 행복이라는 잘못된 문화 속에 살고 있는데 진정한 행복에 대해 신중하게 고민하고 찾을 수 있으면 좋겠다. 우리 부부의 신혼기는 좌충우돌의 시기였지만, 우리 부부가 하나 되는 비밀의 기초를 다지는 매우 다양한 경험을 하는 소중한 시기였다.

3기 자녀 아동기 또는 자녀 양육기 부부가 부모가 되는 시기

자녀가 생기면 부부의 관계는 다양해지고 부부의 지위에서 부모 지위로 변하며 어린 자녀를 돌봐야 하는 시기가 된다. 막 태어난 신생아는 스스로 할 수 있는 것이 아무것도 없기에 초년생 부모에게는 매우 힘든 시기다. 새로운 생명에 대해 모든 것이 낯설고 익숙하지 않으니 부부는 공동작전을 잘 짜서 자녀를 양육해야 한다. 자녀의 나이에 맞는 적절한 양육방법을 익혀 사랑과 훈계를 균형 있게 사용해야 하며 어머니, 아버지로서의 역할을 잘 해야 한다.

이 시기에도 잊지 말아야 할 것은 가정의 중심은 자녀가 아니라 '부부'여야 한다는 것이다. 자녀에게 가장 좋은 양육방법은 부모가 서로 존중하며 행복하게 사는 모습을 보여주는 것이다. 자녀는 부모의 거울로, 부모의 삶을 보고 따라가기 때문이다.

오늘날에는 대부분의 부부가 맞벌이를 하기 때문에 아이들을 양육할 때 부모님의 도움을 받을 수 있다면 참으로 감사한 일이다. 그렇지만 이런 경우도 마냥 좋을 수만은 없다. 가정의 중심은 부부여야 하는데 아이들의 양육을 도와준다는 이유로 부모님이 너무 많이 관여하다 보면 건강한 경계선이 무너지고 부부 사이에 문제가 생기기도 한

다. 자녀들을 잘 키우기 위해 부모로서 주위의 자원을 적절히 잘 사용하는 것은 좋지만 자기의 의무를 게을리하거나 너무 많은 부분을 의존하면 건강한 가정에 금이 가는 것이다. 자기의 자녀는 자기가 잘 키우겠다는 헌신된 부모의 마음으로 부부가 서로 협력해야 한다.

자녀의 양육에 대해 서로 다른 관점을 가지고 있는 부부 사이에는 갈등이 일어날 수 있다. 자녀를 양육할 때 각자 자기의 어린 시절 원가족에서의 관계 경험이 매우 중요하게 작용하기에 결국 서로의 가치관의 충돌하면서 자녀 양육에서 양보하지 못하고 갈등을 빚게 되는 것이다. 이럴 때도 자기 것만 주장하는 것이 아니라 자녀의 특성에 맞는 양육방법을 찾도록 노력해야 하고, 이 과정에서 서로를 존중하며 의견을 나누어야 한다. 부부는 부모가 되면서 자녀가 자라는 만큼 함께 성장하는 경험을 하게 되는데, 이 시기에 자녀의 눈높이에 맞춰 다양한 경험, 새로운 모험을 많이 하면 좋겠다.

어린 자녀에게 나이에 적합한 물리적, 심리적 공간을 제공하면서 함께 자녀 양육과 가사에 노력을 기울이다보면 어느덧 십수 년이 흘러 결혼 중반기로 접어들게 된다. 어찌 보면 이 시기가 가장 무난하게 자녀들과 즐길 수 있는 시간일지도 모른다. 그렇게 아이들이 청소년기로 접어들 즈음이 되면, 부부는 많이 닮았다는 소리를 듣게 된다.

/**우리 이야기** / 사랑이 불러오는 갈등

【유아기】 하나님께서는 결혼 5년차에 큰아들을 선물로 주셨고, 연달아 둘째 아들을 선물로 주셔서 얼마나 감사했는지 모른다. 큰아들

을 품에 안고는 "그가 너로 인하여 기쁨을 이기지 못하시며 너를 잠잠히 사랑하시며 너로 말미암아 즐거이 부르며 기뻐하시리라"라는 스바냐 3장 17절 말씀의 노래를 쉬지 않고 부르며 하나님의 깊은 사랑을 경험했다. 세상의 그 어떤 행복도 자녀를 낳아 품안에서 양육하는 것을 대신할 수는 없었다.

남편에게도 큰아들의 태어남은 나 못지않은 환희였고 기쁨이었다. 큰아들이 태어났을 때 남편이 본과 4학년 졸업반이었는데, 초보 엄마였던 나는 혼자 아이를 목욕시키기가 어려워서 남편이 학원에서 학생들을 가르치고 들어오는 시간까지 기다렸다가 늦은 시간에 함께 목욕을 시켰다. 일 년 정도 거의 매일 그렇게 했던 것 같은데, 아무리 피곤해도 아이를 보면 활짝 웃는 남편의 모습에 얼마나 행복했는지 모른다.

감사하게도 아이들은 잘 자라주었고, 남편이 졸업 후 개업하면서 경제적으로도 여유가 생겼다. 두 아들을 양육하는 감동을 육아일기에 고스란히 담으며 엄마로서의 감격을 마음껏 즐겼던 시절이다.

【자녀 아동기】 우리 부부의 가장 큰 갈등은 자녀 양육에서 드러났다. 신혼 때는 티격태격하면서도 부부가 서로 다르다는 것에 대해 어느 정도 수용하며 살 수 있었는데, 자녀가 태어나니 자녀를 향한 뜨거운 사랑과 자녀를 하나님의 뜻 안에서 잘 양육해야 한다는 대 사명 앞에서는 더 양보하기가 힘들었던 것이다. 두 아들은 성격이 많이 달랐다. 큰아들은 말이 없으면서 고집이 세고 자기 하고 싶은 대로 하

려는 경향이 커 우리 부부가 감당하기 버거웠고, 아버지에게 야단도 자주 맞았다. 반면 둘째 아들은 순종적이면서 다정하고 사랑스러워 우리 부부에게 많은 즐거움을 주었다. 자녀들이 자라고 유아기 때와 다르게 구체적인 훈육과 교육이 필요한 시점이 되자 우리 부부가 가지고 있던 교육적 가치관의 차이가 크게 드러나며 갈등을 일으키기 시작했다. 어떻게 보면 이 부분은 부부 각자가 경험한 원가족의 영향이 현재 가족과 충돌하는 시기의 출발이었던 것이다.

【원가족 탐색】남편은 아들만 다섯인 가정의 둘째로 태어났고, 서울에서 생활했으며, 신실한 기독교인이면서 많은 교육을 받으신 부모님이 있는 중산층 가정에서 자랐다. 아버님은 출판업에서 평생 일하신 분으로 매우 박식하시고 신앙심도 깊으셨다. 어머니 또한 명문여대 국문과를 나오신 분으로 평생 자신의 마음을 시로 표현한 시인이시다. 5형제는 모두 두 살 터울로 반듯한 모범생들이었고, 부모님께 순종하며 형제를 우애했다. 딸이 없고 아들만 있는 가족답게 심플하며 이성적인 관계적 분위기였다고 한다.

결혼생활 30년이 넘도록 시부모님 댁에서 하룻밤도 잔 적이 없다. 서로가 가까이 사는 것도 한 이유가 되겠지만 며느리들에게 어떤 것도 요구하지 않으시고 각자가 알아서 잘 살기를 바라시는 시어머니의 마음 때문이다. 명절 때에도 다섯 명의 며느리들이 각자 잘하는 음식 한두 가지씩 해서 집집마다 돌아가며 만난다. 시댁이나 친정에서 엄청난 일들을 해야 하는 친구들은 이 부분을 제일 부러워한다.

한편 아내인 나는 시골의 작은 마을에서 소작 농사를 짓는 부모님의 6남매 중 넷째로 태어났고, 매우 가난한 어린 시절을 보냈다. 집에 돈이라는 것은 씨가 말라 어머니는 자주 이웃집에 돈을 빌리러 가셨는데, 나는 그 모습이 너무도 싫었다. 방이 두 개뿐인 작은 집에 8명의 가족이 엉겨 붙어 살았는데, 햇빛도 잘 들지 않아 겨울만 되면 추운 집에서 나와 길 건너 양지바른 곳에 앉아 '나중에 돈을 많이 벌면 햇볕이 잘 드는 이곳에 그림 같은 집을 짓겠다'라며 언니들과 미래를 꿈꾸기도 했다.

북한이 고향인 아버지는 십 대 때 부모님을 여의고 혼자 남한으로 넘어오신 분으로, 무섭고 폭력성이 심해 자녀들을 매로 다스리셨다. 어머니는 6남매의 맏딸이면서 정이 많고 신앙심이 깊어 우리 6남매를 믿음으로 키우려고 노력하셨다. 아버지는 신앙생활을 하는 어머니를 많이 핍박하셨지만 아이들이 커가자 교회에 나가 신앙생활할 것을 권하셨다. 내 어린 시절의 기억에는 언제나 앞뒤가 온통 산으로 둘러싸인 작은 마을이 있다. 그곳에서 가족이나 사람들에게 이름 없는 잡초같이 별 관심을 받지 못하면서도 힘겹게 살아내려고 애썼던 것 같다.

이처럼 우리 부부의 성장 배경은 매우 달랐고, 그 못지않게 성격도 달라 신혼 초에도 갈등이 많았지만 아이들을 양육하면서는 더 큰 차이를 보여 갈등이 자주 있었다. 서로의 다름을 인정해주지 못하고 자기 것만 주장하다가 아이들에게 혼란과 상처를 주기도 했다. 남편은 자기 일은 자기가 스스로 하는 것이라며 아들들을 엄하게 교육한 반면, 나는 우리 어머니가 따뜻한 분이었음에도 불구하고 너무 가난하여 돌봄을 제대로 받지 못한 것에 대한 아픔 때문에 두 아들들에게 내가 받지 못한 사랑과 물질을 풍성히 주려고 최선을 다했다. 그리고 내가 남편에게 못마땅하게 여기는 생활습관들을 아이들이 본받지 않게 하기 위해 계획을 세워 아이들의 생활습관을 잡아주려고 노력했다.

4기 자녀 청소년기와 부모 중년기
아찔한 사춘기와 방황하는 사추기가 충돌하는 시기

부모에게 가장 힘들 수 있는 이 시기는 청소년 자녀를 둔 부모라면 누구나 겪어야 하는 시간이기도 하다. 오늘날의 청소년들은 어느 시대보다 혼란한 시대를 살며, 극심한 경쟁 속에서 앞날에 대한 불안으로 자아를 확립하는 데 어려움을 겪고 있다. 사춘기를 맞은 자녀는 자기 마음을 자기도 몰라 날뛰고, 부모는 이런 자녀가 이해되지 않아 더 구속하게 된다. 그러다 본의 아니게 아주 큰 갈등을 겪게 되고, 돌이키지 못할 위험에 처하기도 한다.

이 시기에 부모들은 좀 더 담대해지고 여유를 가져야 한다. 청소년 자녀가 자아정체성을 확립하고 책임감을 가지도록 가족의 구조와 조직을 변화시켜야 하는 단계에 있는 것이다. 청소년 자녀가 가족의 체계 안에서 자유롭게 자신을 성장시킬 수 있도록 가족의 경계선을 유연하게 조정하고 탄력성을 가져야 한다. 청소년 자녀를 둔 부모에게 부탁하고 싶은 몇 가지가 있다.

첫째, 청소년 자녀가 이 시기를 잘 지나기를 기다려주어야 한다. 청소년기는 시작과 끝이 분명히 있는 시기로, 삶의 한 단계라는 점을 이해하고 인내해야 한다. 최고의 명약은 시간이라는 것을 잊지 말자.

둘째, 청소년 자녀와 자녀의 행동을 분리하여 생각하고, 어긋난 행동에 대해서는 야단을 치지만 부모가 자녀를 사랑하고 있다는 것을 알 수 있도록 해야 한다. 상담을 하다 보면 간혹 자녀 자체와 자녀가 하는 행동을 분리하여 생각하지 못해서 자녀에게 씻지 못할 상처를 주는 경우가 있다. 이 시기에는 부모의 지혜로운 말 한마디가 자녀에게 큰 힘이 된다는 것을 잊어서는 안 된다.

셋째, 부모의 유연성이 절대적으로 필요한 시기이다. 자녀와의 관계에서 일정한 규칙을 세워 자녀를 양육하는 것은 매우 중요한 일이다. 그럼에도 불구하고 청소년기의 자녀가 있는 분들은 자녀와 타협할 수 있는 유연성을 가져야 한다. 이것은 가정의 좋은 규칙을 방임적으로 해제하라는 뜻이 아니라, 좀 더 넓은 경계선 안에서 청소년 자녀가 자기를 잘 표현할 수 있는 기회를 주라는 것이다.

넷째, 비교는 금물이다. 친구나 이웃집의 자녀와 비교하지 말고 자녀를 있는 그대로 용납하고 사랑해야 한다. 부모의 무조건적인 사랑은 자녀가 힘든 청소년기를 보낼지라도 결국에는 바른 성인으로 돌아오게 하는 힘이 된다.

다섯째, 청소년기의 자녀가 혹시 희망이 없어보여도 절대로 자녀의 실패를 예고하지 말아야 한다. 그럴 때일수록 자녀에게 긍정적인 말을 해주고 용기를 주어야 한다. 자녀들은 믿는 만큼 자란다는 것을 잊지 말자.

여섯째, 청소년기의 자녀와 긴장 상황에 놓였을 때 부모로서 자녀에게 권위를 세우려고 하는 일은 피해야 한다. 물불을 가리지 않는 청소년기의 자녀는 시한폭탄과 같아서 자칫 큰 사고를 일으킬 수 있다. 가끔 청소년기의 자녀와 싸우다가 자녀에게 맞았다고 절망적으로 말하는 부모들이 있다. 청소년들은 이런 위급하고 긴장된 상태에 유연하게 대처할 수 있는 능력이 없다. 부모로서의 권위를 세우는 것보다 더 큰 위기가 오지 않도록 긴장을 풀 수 있는 능력을 먼저 발휘하시기 바란다.

또한 자녀가 청소년기에 들어서면 부모도 시간적으로 어느 정도 자유로워진다. 이때 부부가 따로 놀지 말고 부부가 함께 서로의 관계를 다시 한번 점검하여 회복의 기회를 만든다면 중년기의 방황도 잘 극복할 수 있을 것이다.

/**우리 이야기** / 지독한 성장통

【**미국 유학 시절**】 나에게는 간절하게 이루고 싶은 구체적인 꿈이 있었다. 그것은 온 가족이 미국으로 유학을 가서 남편과 아이들이 명문대를 나와 주님의 일을 잘 감당하며 주님께 영광 돌리는 삶을 사는 것이었다. 이것은 내 오랜 소망이면서 내가 하나님께 순종하는 확실한 길이라고 믿었다.

매우 계획적이고 실천하는 성격을 지닌 나는 남편이 벌어온 돈의 많은 부분을 저축해서 최소한 남편이 미국에서 공부하고 자리 잡을 때까지의 예상 금액을 모았고, 아이들을 양육할 때도 시간표를 짜서 아이들이 영적, 지적, 신체적, 예술적 능력을 골고루 습득할 수 있도록 노력했다.

월드컵 열기가 한창이던 2002년 여름, 우리 가족은 흥분의 마음을 한가득 안고 미국의 보스턴으로 유학을 떠날 수 있었다. 그때 우리 부부는 40대 초반이었고, 아이들은 청소년기에 막 접어든 시기인 중1, 초5였다.

꿈을 안고 도착한 교육도시 보스턴에서 하나님의 인도하심으로 아이들을 교육하기 좋은 환경에 자리 잡을 수 있었고, 함께 신앙생활을 할 수 있는 공동체인 이민교회를 만나 새로운 생활에 적응하며 즐거운 일과 어려운 일을 다양하게 경험할 수 있었다. 그러나 가정적으로는 즐거웠던 한국에서와는 매우 다른 모습으로 흘러갔다.

남편은 한국에서의 지위와 부를 뒤로 하고 아내에게 이끌려와 가족을 책임지며 많은 일들을 앞장서서 해야 했기에 긴장감이 많았다. 그래서 그 긴장감을 풀고자 학교를 마치고 집에 오면 운동을 하러 밖으로 나갔는데, 나는 당시만 해도 그런 남편의 모습을 이해하지 못했다. 너무도 귀한 시간을 허비하는 것만 같았고, 꿈을 향해 나가는 모습이 아닌 것처럼 보였다. 시간이 지나면서 부부 갈등은 좀 더 노골적이 되었고, 두 사람 사이의 긴장은 풀리지 않았지만 그것을 무시하고 각자가 추구하는 것을 얻기 위해 애쓰고 또 애썼다.

아이들도 새로운 환경에 적응하면서 많은 부분 힘들었을 텐데 나는 아이들이 힘들다는 것을 이해하기보다 좀 더 기능적인 것을 요구하며 아이들을 성공시키겠다는 마음으로 유연성 없이 내 계획대로 밀고 나갔다. 남편의 엄한 교육방법도 청소년 시기에 미국 이민 생활에 적응하던 아이들의 상황에는 적절하지 못했기에 자녀들과 긴장감과 갈등을 낳았다.

【훈련과 고통의 기러기 가족 시절】 그런 와중에도 세월은 흘러 유학 생활이 4년을 넘어가면서 남편은 학위를 마치게 되었고, 아이들도 미국생활을 만끽할 정도로 적응해서 무탈하게 청소년기를 보내고 있었다. 그러는 동안 감사하게도 나에게도 공부의 기회가 생겨 정신없이 학업과 집안일을 병행하고 있었다.

이런 상황에서 남편은 자기가 졸업했으니 미국에서의 모든 생활을 정리하고 다시 귀국하자고 강하게 권면했고, 나는 큰아들이 고2인 상황에서 절대로 돌아갈 수 없다고 버텼다. 남편은 내가 기대했던 것과 달리 미국에서 자리 잡으려 하지 않고 가족을 남겨두고 혼자 귀국했다. 그렇게 우리는 2년 동안의 기러기 생활을 시작하게 되었다.

두 아들을 양육하며 가장 힘들었던 시기가 바로 이때였다. 고2였던 큰아들이 그동안 아버지의 엄한 교육으로부터 억압당하고 눌림 받았던 것을 터트리기 시작하는데 감당할 수 없을 정도였다. 매서운 눈에는 화가 잔뜩 들어 있었고, 동생을 쥐 잡듯 하며 수시로 화를 냈다. 야단이라도 치면 "아빠는 내게 어떻게 했는데!" 하며 대들었다. 큰아들은 서서히 학업을 멀리하며 오락에 시간을 보냈고, 아빠가 두고 간 차를 자기 것처럼 타고 다니며 밤에 나가는 날이 많아졌다. 갈수록 감당하기 힘든 행동들을 했다. 이런 아들의 모습에 대해 한국에서 혼자 힘들게 생활하는 남편에게는 한마디도 할 수가 없었다. 내가 남편의 말에 순종하지 못하고 내 욕심대로 했던 것에 대한 죗값을 받는 것 같았기 때문이다.

어느 주일날 아침에도 교회에 가고자 준비하고 있는데 형제 사이에 전쟁이 일어났다. 처음에는 장난치는 것 같은 소리가 나더니 어느덧 폭풍이 치고 지뢰가 터지고 있었다. 그 모습에 기가 질린 나는 어떻게 해야 좋을지 몰라 두 아들 사이에 무릎을 꿇고 앉아 사정없이 빌었다.

"아들들아, 제발 이러지 마라."

눈물로 호소하며 위기는 넘겼지만 몸과 마음이 떨려 도저히 교회에 갈 수가 없어 몇 시간을 침대에 엎드려 통곡했던 기억이 있다.

혼자서 감당하기에 지쳐 어느 날 남편에게 전화를 했다. 그리고 그동안 얼마나 힘들었는지, 아이들의 몇 가지 상황을 이야기하며 심각하게 고민을 나누었다. 우리는 큰아들의 더 큰 탈선을 막기 위한 한 방법으로 남편의 차를 교회에 기증하기로 했다. 큰아들은 자기가 마음껏 타고 다니던 차가 하루아침에 없어진 것을 알고는 자기에게 한마디도 없이 자기 차(?)를 없앴다며 몇 달 동안 난리를 쳤지만 그것이 그 상황에서는 최선이었다. 그렇게 2년을 보내고 큰아들은 내가 원하는 아이비리그 대학에는 가지 못했지만, 보스턴 대학에 들어갈 수 있었다.

그때 남편이 둘째 아들을 데리고 한국으로 들어오라고 다시 강권했다. 2년 동안 힘겹게 기러기 생활을 했지만 더 이상은 도저히 할 수 없고, 이러다가 하나님이 주신 가정이 해체될 것 같은 위기감을 느낀다는 것이었다. 사실 나도 더 이상 버틸 자신이 없었다. 큰아들보다 공부도 잘하고 순종적이던 둘째 아들이 고등학생이 되면서 서서히 형이 하던 행동들을 따라하는 것 같아 감당하기가 매우 힘들었고 혼란스러웠다. 그래서 대학에 입학한 큰아들을 보스턴에 남겨두고 고2가 된 둘째 아들을 데리고 귀국했다. 유학생활 6년 만이었다.

2년 동안의 기러기 가족 시절은 우리 부부에게 위기감을 안겼고, 다시 합쳤을 때도 억울하고 힘든 부분에 대해 위로받고 싶어 했을 뿐 서로의 힘들었던 일들에 대해서는 이해할 수 있는 힘이 약했다. 그러면서도 다시 하나가 되는 여정을 가야 했기에 배운 것들을 열심히 가정에서 실천했고, 조금씩 회복의 곡선을 타게 되었다.

둘째 아들의 진로가 걱정되었는데, 감사하게도 아이는 한국에서의 새로운 학교생활을 즐거워했고, 원하는 대학에 가기 위해 최선을 다했다. 그리고 하나님의 은혜로 미국의 원하던 대학에 합격했다. 큰아들은 대학에 가서도 공부에는 별 흥미가 없어 한 시간에 100불이 넘는 수업을 빼먹고 시간당 7-8불짜리 알바를 했다. 그러더니 대학교 2학년을 마치고 한국에 있는 대학으로 편입했다. 이렇게 두 아들이 청소년기를 넘어서는 동안 우리 부부도 어느덧 중년의 나이로 깊게 들어가고 있었다.

5기 자녀 독립기 자녀가 독립해 나가고 부부 둘만 남는 시기

자녀가 대학 진학이나 결혼 등의 이유로 부모의 품에서 떠나 독립된 사람으로서 자율성을 확립하는 이 시기를 거치며 가정에는 부부만 남게 된다. 그리고 부부는 새로운 가정을 갖는 자녀로 인해 생기는 새로운 가족구성원이 가족체계에 출입하는 것에 적응해야 한다. 이때 출가한 자녀에게 지나치게 헬리콥터 부모 역할을 하거나 과도하게 부모의 권리를 주장해 자녀의 부부 사이에 끼어들면 안 된다. 상담의 현장에서 시댁 또는 친정 가족 때문에 부부 문제가 더 커져 결국에는 돌이키기 힘든 결과에 이르는 사례들을 보면 참 안타깝다.

이 시기의 부부는 그동안 자녀에게 초점 맞추던 마음을 다시 서로에게로 향해 서로 좋은 친구가 되어 노년을 아름답게 준비해야 한다.

그런데 현실적으로는 이 시기의 부부 이혼율이 갈수록 늘어나고 있다. 그동안 부부가 서로 하나가 되지 못하고, 살면서 생기는 다양한 갈등들을 건강하게 풀지 못한 채 자녀들만 바라보며 살다가 그들이 독립하고 부부만 남으면 더 이상 함께 사는 의미를 찾지 못하게 되는 것이다.

한 부부가 중년기 부부를 위한 집단상담 시간에 관계를 회복하려고 힘겹게 노력하던 모습을 지금도 잊을 수가 없다. 결혼한 지 30년이 훨씬 넘은 이들은 그동안의 수고로 많은 것을 갖고 있었다. 경제적으로 넉넉하고 자녀들도 다 자리를 잡아 주변의 부러움을 받았다. 그러나 부부 사이의 보이지 않는 담은 시간이 갈수록 높아져만 갔다.

젊었을 때 남편은 사회생활하면서 가정의 경제를 책임지려고 최선

을 다했고, 아내는 자녀들을 잘 키우려고 최선을 다했다. 세월이 흘러 두 부부가 최선을 다한 부분에서는 열매를 얻을 수 있었지만 둘 사이에는 높은 담만 남아 눈만 마주쳐도 으르렁거리며 싸우고 산다고 했다. 체면상 이혼은 할 수 없지만 더 이상 참을 힘도 없어 전문가의 도움을 받고자 부부 집단상담 프로그램에 참석한 것이다.

두 사람이 서로에게 바라는 것은 너무나 소박하고 돈도 들지 않는 것이었다. 남편은 아내가 아침에 일어나서 자기에게 웃으며 "잘 잤어요?" 하고 안부인사를 해주길 바랐고, 아내는 산책할 때 남편이 혼자 빠르게 걷지 않고 자기의 손을 잡고 보조를 맞춰 걸어주길 원했다. 어떤 이들은 '뭐 그런 것을 가지고?' 하며 수긍하지 못할 수도 있다.

그러나 내가 정말로 배우자에게 원하는 것이 무엇인지를 잘 생각해 보라. 정말 말로 하기 치사할 정도의 사소한 일들이 많음을 깨닫게 될 것이다. 사역을 하면서 경험하는 것은 중년기를 맞는 부부들의 소망 중 공통점은 친구같이 서로 편안하게 받아주고 보살펴주면서 노년기를 함께 가는 것이었다.

자녀가 대학에 들어가면 서서히 그 자녀를 독립시키는 일을 시작하는 것이 좋다. 20세가 되면 이제 성인이기 때문에 자기 스스로 하는 일들이 많아져야 한다. 부모의 경제 사정이 좋지 못해 도움을 받지 못하는 자녀들은 이 시기에 자기 용돈을 벌거나 학비를 융자해 공부하는 경우도 있다. 그런 환경에 있는 것을 사회에서는 '흙수저'라고 이야기하지만 부모로부터 건강하게 독립하려면 일상생활뿐 아니라 물질적인 부분에서도 조금씩 분리해 나갈 필요가 있다. 그래야 나이가 들면서 멋진 성인으로 살아갈 수 있다.

이때 부모는 자녀가 잘 독립하도록 도와주는 한편 자신들의 노후를 위해서도 구체적인 계획을 세워야 한다. 예전 우리나라 부모들은 젊을 때 자녀를 위해 모든 것을 희생하고 나이가 들면 자녀에게 의존해서 살았다. 그러나 지금의 세대는 그렇지 않다. 자녀들과 좀 더 합리적으로 이야기하면서 자녀도 독립을 잘해 멋진 성인으로 자리 잡고, 부모도 자기의 중년 이후 인생 후반기 삶을 새롭게 시작할 준비를 해야 한다.

/ **우리 이야기** / 갈수록 태산, 아이들의 독립기

【부부 황금기(?)】 결혼한 지 32년이 넘어가고 있는 우리 부부도 지금 이 시기에 해당된다. 최근에 큰아들을 분가시킨 우리는 중년기를 풍성하게 보내기 위해 서로에 대한 호기심을 새롭게 가지려고 다양하게 노력하고 있다.

부모들이 착각하는 것이 있는데, 자녀가 대학에 들어가면 부모로서의 큰일을 마쳤다는 안도감을 갖는 것이다. 우리 부부도 그랬다. 그런데 그 시기를 지나고 보니 대학에 들어가는 것보다 더 큰일들이 줄줄이 우리 앞에 놓여 있었다.

두 아들은 미국에서 청소년 시절을 보내고 대학을 다녔기에 유학생들만의 독특한 문화에 빠져 있었다. 유학생들은 여름방학 때 한국에 나오면 밤 문화를 즐기곤 했는데 우리 아이들도 밤에 나가면 새벽에 들어오기가 일쑤였다. 아이들의 이런 모습을 나도 보기 힘들

었지만 모범생으로 평생 살아온 남편은 정말 견디기 어려워했다. 그래서 아이들에게 심하게 야단을 치며 제재를 가했지만 별 효과가 없었다. 남편은 성격이 예민해서 아이들이 집에 들어오지 않으면 잠을 못자고 거실 쇼파에서 뒤척이다 아이들이 집으로 귀가한 후에야 비로소 잠자리에 들기를 반복했다.

【반전, 둘째 아들】 2011년 6월 25일 새벽이었다. 불금을 보낸다며 나간 아이들을 기다리다 포기한 나는 남편과 함께 누워 한 달이 넘게 사역하느라 하루도 제대로 쉬지 못했던 피곤함을 풀고자 긴장을 놓고 단잠을 자고 있었다. 깊은 잠 속에 빠져 있을 때 남편의 핸드폰 벨이 울렸다. 잠결에 전화를 받은 남편은 곧 끊어버리더니 한숨을 쉬었다. 그제서야 정신을 차린 나는 "여보, 무슨 일이야? 다시 전화해봐요."라고 권했고, 다시 전화를 건 남편의 목소리엔 긴장감이 흘렀다. "거기 어디니? 그래? 제일 가까운 대학병원 응급실로 빨리 데리고 가라."
둘째 아들이 술 먹고 시비가 붙어 폭행을 당했는데 심상치 않은 상태인 것 같았다. 정신없이 세브란스 병원 응급실로 향했다. 아들은 얼굴을 다쳤는데 턱뼈가 다 부서졌고, 치아도 하나 빠진 상태로 피를 흘리며 반 혼수상태로 누워 있었다. 얼굴 턱뼈가 양쪽 다 나간 아들은 얼굴이 붓기 시작했고, 호흡기가 막히면 안 되었기에 여러 가지 기계들을 달고 보호자가 48시간 동안 얼음주머니를 대주며 생체 신호의 변화를 확인해야 한다고 했다. 응급실에도 중환자용 자리가 따로 있다는 것을 그때 처음 알았다.

위기 때면 오히려 침착하게 일을 처리하는 남편은 차분하게 응급실 담당의사와 상의하며 나와 아들을 안심시켰고, 지방에 사는 작은언니가 이 소식을 듣고 병원으로 달려와 아들의 생사가 오가는 힘든 시간을 밤새 함께 지켜주었다. 그때 내 감정은 절망에 가까운 분노였고, 아들이 너무도 미워 쳐다보기도 싫고 눈물만 났다. 어쩌면 부모 말을 그렇게 안 듣다 이 지경까지 되었는지, 기가 막혔다.

감사하게도 위기를 잘 넘긴 둘째 아들은 수술을 하고 회복되어 일주일 후에 퇴원할 수 있었지만, 정신없던 그 상황에서 우리는 아들 친구들에게서 더 충격적인 말을 들었다. 둘째 아들이 술만 마시면 지나가는 아무에게나 시비를 건다는 것이었다. 그동안 친구들이 그런 행동을 말리느라 고생했는데 사고 당일에는 친구들이 채 말리기도 전에 어떤 사람에게 시비를 걸었고, 그 사람이 방어하느라고 아들을 한 대 쳤는데 너무 세게 치는 바람에 그 지경이 된 것이었다.

우리는 고등학교 때까지 너무도 사랑스럽게 우리 곁에서 자라주었던 둘째 아들의 행동을 이해하고 받아들여야 했는데, 무엇을 어떻게 수용해야 하는지 혼란스럽기만 했다.

【할머니가 되다】 그 큰 일을 겪고 난 다음 해 겨울, 상당히 추웠던 것으로 기억한다. 성탄절 아침에 교회에 가려고 바쁘게 준비를 하는데 미국에 있던 둘째 아들에게서 전화가 걸려왔다. 평상시에 전화를 잘 안 하는 아들에게서 전화가 오면 반가움보다는 걱정이 앞섰던 시기라 마

음이 쿵 하는데, 아들은 술을 한 잔 마신 듯 "어머니~ 사랑해요~, 어머니~ 사랑해요~"하며 애교를 떠는 것이었다. 나는 "아들~ 왜? 메리 크리스마스. 엄마 교회 가려고 하니까 빨리 이야기 해"하며 엄마의 급함을 알렸다. 그래도 한참을 횡설수설하더니 "엄마, 내 여자 친구가 임신했어요"하며 폭탄 발언을 하는 것이었다.

순간 기가 막혀 무슨 말을 해야 할지 몰라 일단 전화를 끊고 교회로 향했다. 무슨 정신이었는지 지금도 기억이 없다. 둘째 아들은 배 속의 아이를 어떻게 할 것인지 우리 부부가 결정해달라고 했다.

'뭐? 일은 자기들이 저질러놓고 우리보고 결정을 하라니?'

너무도 어처구니없는 상황에서 우리는 기도할 수밖에 없었고, 남편은 결단을 내렸다.

"하나님이 주신 생명을 어떻게 인간이 죽일 수 있나? 아이를 출산하고 난 후에 결혼식을 올리도록 하자."

이렇게 해서 우리는 뜻하지 않게 일찍 할아버지, 할머니가 되었고, 둘째 아들은 23세에 예쁜 딸을 가진 아빠가 되었다.

둘째 아들의 상황을 있는 그대로 받아들이기는 쉽지 않았다. 아들의 여자 친구가 임신했다는 말을 듣는 순간, 사실 제일 먼저 내 체면이 걱정되었다.

'내가 가정사역자인데 아들이 사고를 쳤다고? 나는 앞으로 사역을 할 수 있을까? 다른 사람들이 알면 뭐라고 할까? 그동안 자녀 교육에 대해 그렇게 열심을 냈는데 그 결과가 겨우 이런 것이란 말인가?'

내가 이런 바리새인 같은 고민에 빠져 있을 때 남편이 옆에서 정확하게 일침을 놓았다.

"당신의 체면이 뭐가 그리 중요하냐? 하나님이 주신 생명이 제일 중요하지! 지금 상황이 창피하고 받아들이기 힘들면 앞으로 사역하지 마. 사역할 자격도 없어."

나는 하나님의 지혜를 구하며 겸손하게 그분 앞에 무릎을 꿇을 수밖에 없었다. 나는 아이들이 태어나면서부터 아이들의 배우자를 놓고 기도해왔고, 그 조건은 '현숙한 여인' 단 하나였다. 그런데 이 상황은 도저히 기도의 응답이라고는 믿기가 어려웠고, 마치 하나님께 버림받은 것과 같은 고통을 통과하며 현실적인 일들을 지혜롭게 처리해나가야 했다. 나는 너무도 생소하지만 아들이 사랑하는 여인을 며느리로 받아들여야 했기에 그 다음 해 5월, 친척들을 초대한 자리에서 배가 많이 나온 며느리를 소개하며 '새 가족 환영예배'를 풍성하게 드렸다.

하나님께서 둘째 아들 부부에게 연달아 딸을 또 주셔서 아들은 20대 중반에 두 딸을 둔 아버지가 되었다. 준비가 안 된 상태에서 결혼하고 부모가 된 둘째 아들 부부는 현재 많은 갈등과 성장통을 겪고 있고, 우리는 그들이 건강한 가정을 이루도록 곁에서 지켜보며 힘을 쏟고 있다.

【큰아들의 대학 졸업장】 중학교 1학년 때 미국으로 건너가 대학교 2학년까지 8년 동안 유학 생활을 한 큰아들은 한국으로 귀국하면서

감사하게도 명문대 3학년으로 편입할 수 있었다. 이 과정에서도 세밀한 하나님의 인도하심을 경험했지만, 여전히 공부에 별 흥미를 느끼지 못하던 큰아들은 3학년을 마치더니 휴학을 해버렸다. 자기에게 대학 졸업장은 아무 의미가 없다는 것이었다. 그러면서 자기는 돈을 벌어 독립할 테니 더 이상 학교 이야기는 하지 말라는 폭탄선언을 하며 우리 부부의 애간장을 녹였다.

고집이 센 큰아들은 대학교를 들어가면서부터 랩을 시작했고, 우리가 보기에는 취미생활인 것 같은 그 일에 들어가는 재정을 마련하고자 작은 회사에 들어가 버는 돈의 대부분을 노래 만드는 데 썼다. 큰아들은 학교를 그만두고 회사생활을 하면서 술을 많이 먹어 거구의 체격이 더 커졌다. 큰아들의 건강이 걱정되었지만 정작 본인은 자신의 건강이나 부모의 마음에 별 신경을 쓰지 않는 것 같았다.

보다 못해 어느 날에는 큰아들에게 간절히 부탁했다.

"아들, 미국 유학 생활 8년에 고등학교 졸업장만 있으면 말이 되겠니? 제발 대학교 졸업은 하자."

그렇지만 큰아들의 확고한 생각은 변함이 없었고, 부모인 우리는 기도할 수밖에 없었다. 그런데 사회생활을 2년 정도 하던 어느 날 큰아들이 말했다.

"엄마, 대학교는 졸업해야겠어요. 영어 좀 잘하는 것은 별것 아니더라고요. 그래봐야 사회에서는 고등학교 졸업생 대접만 받더라고요."

그래서 복학을 했다. 그럼에도 학교에 안 가는 날이 많았고, 졸업을 위해 해야 하는 기본적인 과정도 안 하는 것 같아 초조한 마음을 내려놓을 수가 없었다. 졸업이 가까운 즈음, 마음이 너무도 불안해 학교에 전화를 걸었다.

"혹시 우리 아들이 이번 학기에 졸업을 할 수 있는지 알고 싶어요. 아들은 졸업할 수 있다고 하는데 도저히 마음이 놓이지 않아서요." 전화를 받은 학교 직원은 원칙적으로는 알려줄 수 없다고 했는데 내 목소리가 하도 간곡하게 느껴졌는지 몇 가지 확인을 하고는 "아드님이 이번에 졸업을 하네요. 축하드려요"라고 말해주었다. 너무 기뻤다. 그리고 그 기쁨을 누리고 싶어 큰아들에게 "외할머니 모시고 네 졸업식 갈 거야"라고 했더니 "무슨 쓸데없는 소리예요? 졸업식에 안 가요. 신청도 안 했어요" 하며 엄마의 기대를 단칼에 묵사발로 만들어 버렸다. 자식을 위해 많은 공을 들이지만 번번이 크고 작은 쓴 맛을 봐야 하는 아픔은 모든 부모들의 운명인가 보다.

어느 날 아침에 일어나보니 빨간색 졸업장이 식탁 위에 올려져 있었다. 감사의 눈물이 핑 돌았다. 남편은 "하나님이 당신이 불쌍해서 큰아들에게 대학교 졸업장을 주신 것 같다"라고 한다.

6기 노년기 지나온 발자취가 아름다운 시기

노년은 인생을 마감하는 시기이다. 부부가 이 시기에 서로의 인생을 뒤돌아봤을 때 한평생 함께 잘 살아냈다는 위로의 마음과 편안함이 있으면 좋겠다. 억울함이나 화나는 감정이 많은 사람들은 그들의 인생에서 아직도 해결되지 않은 아픔이 남아 있을 수 있다. 이러한 부정적인 감정들은 시간이 지난다고 회복되는 것이 아니기에 그것을 풀어낼 수 있는 긍정적인 해결책을 찾아야 한다. 혹시 사랑하는 가족이나 가까운 사람들과의 관계에서 여전히 풀리지 않는 갈등이 있다면 이 시기에는 반드시 그러한 갈등 관계를 회복하는, 용서하고 용서받는 시간을 가져야만 한다. 그러면서 자신의 지나온 모든 삶을 통합적으로 재해석해서 마음 편하게 이 세상과 이별할 수 있는 준비를 해야 하는 것이다.

또한 이 시기는 배우자를 먼저 하늘나라로 보내는 시기이기도 하다. 사랑하는 사람을 상실함에 대한 슬픔을 최소화하며 그동안 살았던 이 땅에서의 삶을 정리하면서 자녀들에게 좋은 가문이나 습관을 전수하고 뒤로 물러나는 역할의 변화를 수용하면 좋겠다.

사람들의 수명이 길어지면서 우리는 백세 시대를 살고 있다. 이런 때에 노년기가 되어서도 건강하게 산다는 것은 큰 축복이다. 수명은 길어졌지만 많은 분들이 원하지 않는 질병에 걸려 힘든 노년기를 보내고 있는데, 노년이 되더라도 자신의 건강을 위해 노력하면서 좀 더 정신이 살아 있을 때 사랑하는 가족과 아름다운 이별의 과정을 순차적으로 해나가면 좋겠다.

인생의 노년기를 풍성하게 살고 계신 김형석 교수는 백 세의 나이를 바라보면서도 청춘 같은 마음으로 지내며 노년기 삶의 좋은 모델을 보여주고 있다. 참으로 멋진 분이시다. 우리 부부의 양가 부모님들은 감사하게도 80대 중반의 삶을 잘 살고 계신다. 연세가 많으셔서 크고 작은 질병들을 갖고 있지만 자녀들과 후손들에게 아름다운 노년기를 보여주셔서 얼마나 감사한지 모른다.

혹시 이 시기에 있는 부모님들 중 아직 구원의 확신을 갖지 못한 분이 계시다면 천국에 대한 소망을 지속적으로 전할 필요가 있다. 내 친정아버지는 원래 어머니가 교회에 가는 것조차 싫어하셨던 분이다. 뒤늦게 교회를 다니며 신앙훈련을 받으셨지만 천국에 대한 확신은 갖지 못하셨다. 그래서 "아버지, 지금 돌아가시면 예수님 품으로 갈 수 있어요?" 하고 물으면 "나는 죄가 너무 많아서 힘들 것 같다"라고 말씀하시곤 했다. 그럴 때마다 나는 절망하지 않고 아버지가 알아듣기 쉽게 다시 복음에 대해 이야기했다.

"아버지가 지은 죄나 내가 지은 죄가 하나님 보시기에는 다 똑같아요. 그리고 예수님의 십자가는 그 어떤 죄도 다 용서하실 수 있어요."

아버지가 예수님 안에서 안식할 수 있다는 확신을 갖게 되는 데는 시간이 많이 걸렸고 단계도 있었다. "어떨 때는 천국에 갈 수 있을 것 같고, 어떨 때는 못 갈 것 같아" 하시던 분이 어느 날부터는 "나는 지금 죽어도 천국에 갈 수 있어"라고 하셨다. 요즘의 아버지는 이런 말씀으로 딸에게 위로를 주신다.

"누구나 다 가는 길인데 나도 가야지. 나는 지금 마음의 준비가 다 되었어. 예수님 품에 안길 테니 걱정하지 마라."

건강이 많이 안 좋으신 아버지를 만나고 돌아올 때면 나는 아버지 얼굴을 만지며 "아버지, 혹시 이 땅에서 마지막으로 보게 되더라도 섭섭하게 생각하지 말아요. 천국에 가 계시면 저도 따라 갈게요" 하며 인사한다.

노년의 친정어머니는 지금도 억울함을 갖고 계신다. 지난날의 삶에서 하나님의 은혜를 많이 체험했지만 남편으로부터 받은 상처가 아직 치유되지 않은 채 남아 있고, 또 자녀들에 대한 기대치가 이루어지지 않은 것에 대한 아픔이 있다. 특히 어머니는 자기의 감정이나 생각을 말로 풀곤 하시는데, 그런 어머니를 대할 때면 나도 모르게 짜증을 내기도 했다. 그러나 지금은 어머니가 하는 말에 대해 깊이 공감하고, 그 아픔이 치유되길 기도하며 노력한다. 어머니는 가끔 "은혜야, 나 상담 받을 것 있어. 나 상담 좀 해주라"라고 하시며 당신의 힘든 마음을 털어놓으신다. 그러면 나는 "우리 어머니 또 뭐가 힘드신가? 우리 맛있는 거 먹으면서 이야기해요" 하고 어머니의 힘든 이야기를 들으며 어머니의 불안한 마음이 평안해지도록 돕는다.

터널에는 반드시 출구가 있다

가정사역의 현장에서 경험하게 되는 문제들 중 큰 주제는 부부 관계나 자녀들에 대한 것이다. 부부의 건강하지 못한 관계 경험이 자녀에게도 영향을 미치는 경우가 많지만, 인생에는 정답이 없듯 각 가정마다 사정과 형편이 다르기에 그 원인과 결과를 다 논할 수는 없다. 그럼에도 불구하고 인생의 굽이굽이마다 겪게 되는 어려움들에 당황하지 않고, 그 가운데서 하나님의 세밀한 음성을 들으며 나아가는 것이 중요하다.

나는 가정사역자이지만 자녀들을 키우면서 많은 어려움을 겪었다. 하지만 덕분에 자녀 때문에 힘들어 하는 부모들의 마음에 더 잘 공감할 수 있고, 청소년기를 힘들게 보내는 친구들도 더 보듬을 수 있어 감사할 뿐이다.

모범생이던 아들이 고3이 되더니 갑자기 학교를 그만두어 놀란 어머니, 친구들에게 왕따를 당해 학교에 가기 힘들어 하고 시들해지는 중학생 딸을 보며 애통하는 어머니, 군대까지 갔다온 아들이 돌연 은둔형 외톨이가 되어 집 안에만 있는 모습을 수년 동안 바라보며 힘들어 하는 부모, 공부에는 관심이 없고 오직 오락만을 일삼는 청소년 아들을 둔 부모, 아무 의욕도 없이 하루하루를 시간 죽이기로 보내는 어린 딸을 바라보는 어머니, 자살 시도나 자해를 습관적으로 하는 자녀의 부모….

사랑하는 자녀들이 자라면서 부모의 기대와는 정반대의 행동들을 할 때 부모로서는 당황스럽고 어떻게 해야 할지 몰라 힘들어 한다. 그렇지만 아무리 힘든 상황이라도 부부가 한마음이 되어 자녀를 향한 사랑의 마음을 놓지 않고 하나님께 간구하며, 필요하면 전문가의 도움도 받아 어두운 터널을 끝까지 잘 빠져나오길 간절히 바란다.

chapter 2

건강한 부부, 건강한 가정

부부가 갈등을 줄이고 건강한 관계를 유지하며 행복한 부부로 살기 위해서는 서로에 대해 용납하고 이해하는 마음이 절대적으로 필요하다. 사람의 마음은 매우 복잡하기에 겉으로 드러난 모습만 보고 판단하게 되면 오히려 오해와 갈등이 생길 수밖에 없다.

한 사람을 있는 그대로 받아들이고 지속적으로 좋은 관계를 맺기 위해서는 그 사람에 대한 통합적이고 다양한 부분에서의 이해가 필요하다. 우선 그 사람이 타고난 고유의 기질과 성향을 아는 것이 중요하다. 이것은 세월이 흘러도 변하지 않는 부분으로, 남자와 여자로 태어나는 성별에서부터 그 사람의 혈액형이 무엇인지와 같이 태어날 때부터 갖게 되면서 죽을 때까지 변하지 않는 고유성을 말한다. 성격에도 이런 부분이 있다. 그럼에도 배우자의 타고난 성격이나 기질에 대한 이해가 부족해 자기와 다른 것에 대해 매우 당황해하며 기를 쓰고 자기처럼 만들려고 노력하다가 지쳐버리는 부부들이 많다.

또한 사람에 대한 바른 이해를 갖기 위해서는 그 사람이 자란 어린 시절 원가족에서의 부모님을 중심으로 한 가족과의 관계 경험, 그 시절 사회 공동체의 문화와 환경에 대한 여건 등이 무엇인지를 알아야 한다. 다른 사람과 좋은 관계를 맺고자 하면 많은 투자를 하고 공을 들여야 한다. 시간을 내서 만나야 하고, 서로에 대해 알아가는 다양한 경험도 해야 한다. 하물며 너무도 사랑해 부부의 인연을 맺고 사는 부부 관계에서 서로를 있는 그대로 이해하려는 노력은 꾸준하게 지속되어야 하는 매우 중요한 일이 아니겠는가?

왜냐하면 부부는 둘이지만 한 가정을 이루고 하나가 되고자 끊임없이 사랑하며 삶에서 가장 소중한 보석을 함께 만들어가기 때문이다. 부부가 서로에 대해 알아가는 것은 그 어떤 일보다 우선 되어야 하며, 이러한 바른 노력은 반드시 좋은 열매를 맺는다.

나는 누구인가(Who am I)?

부부가 서로를 이해하고 건강한 관계를 유지하며 성장시키기 위해서는 어떻게 해야 할까? 배우자를 이해하기 위해서는 먼저 자신이 누구인지를 바르게 알아야 한다. 자신에 대한 바른 이해가 바로 다른 사람을 이해하는 기본이 되기 때문이다.[2]

부부 상담의 현장에서 내담자들을 만나 그들의 이야기를 듣다 보면 배우자에 대한 바르지 못한 이해나 오해가 많은 반면 자기에 대한 이해나 통찰은 부족하여 상담의 중요한 치유 과정에 못 들어가는 사람들이 있다. 이런 사람들은 모든 문제의 원인을 배우자에게 전가시키고 배우자가 바뀌어야 한다고 주장하기 때문에, 부부 갈등을 회복하고 건강한 관계를 갖기 위한 해결 방법을 찾기가 쉽지 않다.

사람이 자기에 대한 바른 이해를 갖기 위해서는 자신의 성격과 가치관, 삶의 규칙, 신념 등을 이해하면서 그로부터 형성된 장점과 단점을 통합적으로 잘 알고 있어야 한다. 자기에 대해 통합적으로 잘 이해한 사람들, 즉 자기를 있는 그대로 수용하는 사람들은 마음의 여유가 생기고 자신에 대해 긍정적 자존감을 갖게 되기 때문에 자신의 결혼생활에 대해서도 성실하게 임할 수 있으며 배우자에 대해서도 편안하게 다가갈 수 있다. 강조하면, 자기에 대한 바른 이해로 진정한 참 자기(real Self)를 가진 사람은 두려움이나 불안, 갈등의 상황이나 새로운 상황에서도 놀라지 않고 잘 이기며, 창조적인 방법으로 위기를 극복하고, 성장하면서 자기의 삶 자체에 대해 생명력을 부여하며 의미를 갖게 된다. 반대로 자기에 대한 이해가 부족하고 외부적으로만 반응하는 거짓 자아(false Self)를 많이 사용하는 사람은 자기가 건강하지 못하기 때문에 외부 조건에 예민하게 반응하며, 주도적인 삶을 살지 못하고 수동적인 삶을 살게 되고, 힘든 일이 생기면 다른 사람을 탓하는 경우가 많다.

결혼으로 만난 부부일지라도 부부 각자가 참 자기(real Self)에 대해 건강한 자기를 가질 수 있을 때, 둘만의 세계에서 생기는 새로운 갈등이나 문제들에 놀라거나 도망가지 않고 창조적인 방법으로 잘 극복하고 성장하는 부부가 될 수 있다.[3]

나에 대해 바르게 이해하고 사랑하는 배우자가 어떤 사람인가를 알기 위해서는 꾸준히 노력해야 한다. 결혼한 부부가 연합하여 둘이 한 몸을 이루기 위해 바르게 수고하고 노력할 때 서로의 다름을 알아가고 서로의 아픔을 치유하며 성숙해질 수 있고, 건강하고 만족도가 높은 행복한 결혼생활을 할 수 있다.

부부 유형

부부 전문가들은 부부의 유형을 보통 세 가지로 본다.

첫째, 평행선 부부이다. 이는 겉으로는 부부이지만 실제로는 남남과 같은 부부 관계이다. 여러 가지 이유로 이혼은 하지 못하지만 서로에 대해 냉랭한 부부 관계를 유지한다. 사실 이런 부부들이 가장 안타깝다.

둘째, 사람인(人)자 부부 유형이다. 듣기 좋은 말로 잉꼬부부라고도 하지만 실제로는 서로가 건강하지 못해 내면이 엉겨 붙어 있는 관계이다. 이들은 좋을 때는 마냥 좋다가도 어려운 일이나 갈등이 생기면 부부가 함께 그 문제에 빠져 헤어나오지 못하고 신세를 한탄한다든지, 배우자를 잘못 만나 이렇게 되었다고 원망한다. 자신의 내면에 초점을 맞추기보다는 상대방의 눈치를 많이 보거나 원망하기 때문에 건강한 부부 관계를 유지하기가 힘들다.

셋째, H자형 부부이다. 우리가 함께 이루어야 할 부부 유형으로, 어려운 인생길을 손잡고 가는 부부, 친밀하면서도 적당한 거리를 확보한 부부 관계이다. 이들은 부부 각자가 건강한 자아를 가지고 있고 독립적이면서도 함께할 수 있는 능력을 지녔다. 부부 중 한 명이 어려움을 당했을 때 도와줄 수 있고, 가정에 어려움이 생기면 함께 극복할 방법을 찾으며, 사람과 어려움에 대해 분화할 줄 안다.

그대들이 같이 있음에 공간이 있게 하라
하늘의 바람이
그대들 사이로 춤출 수 있도록
서로 사랑하라
그러나 사랑으로 얽어 매지는 마라
그보다도 그것으로
너의 혼과 혼의 두 언덕 사이에
뛰노는 바다 같게 하라
서로 서로의 잔을 채워주어라
그러나 한 잔에서 같이 마시지 마라
서로서로 제 떡을 주어라
그러나 한 조각에서 같이 먹진 마라
노래하고 같이 춤추고 즐기라
그러나 서로서로 혼자 있게 해주어라
마치 거문고 줄들이 하나의 음악을 울릴지라도
줄은 서로 따로따로 이듯이
서로서로 가슴을 주어라
그러나 서로를 가슴속에 묶어 두지는 마라
오직 큰 생명의 손길만이 너희의 가슴을 간직할 수 있다
함께 서 있으라
그러나 너무 가까지 서 있지는 마라
성전의 기둥은 서로 떨어져 서는 것이요

참나무와 삼나무는 서로의 그늘 속에서는 자랄 수 없다
_ 그대들이 같이 있음에 공간이 있게 하라(결혼에 대하여), 칼릴 지브란

부부는 한 팀이다. 경기장에서 같은 팀은 서로 팀워크가 잘 맞아야 하는 것처럼 부부도 인생길을 가면서 같은 방향을 보고 한 팀으로 서로 인정해주고 도와주어야 한다. H자형 부부가 되기 위한 건강한 부부 관계의 기본적인 마음가짐에 대해 알아보자.

1. 믿음(Faith)과 신뢰(Trust)

"우리 부부의 결혼이 최선의 만남이라는 믿음과 신뢰가 필요해요."

부부 사이에 가장 기본이 되고 중요한 것은 비록 갈등이 있어도 두 사람의 만남과 결혼이 가장 적절한 결정이었다는 믿음(Faith)과 신뢰(Trust)를 갖는 것이다. 이것은 자신이 선택한 것에 대한 스스로의 믿음이며, 배우자에 대한 신뢰이고, 더 나아가 하나님에 대한 믿음으로 연결된다. 즉 하나님이 짝지어주신 것을 믿는 믿음이 기본이 되며 자신과 배우자를 신뢰하는 것이 바탕이 되어야 한다.

남녀 간의 만남은 참으로 다양하다. 한눈에 반해 열렬하게 사랑에 빠져 결혼한 부부도 있고, 다른 사람의 소개나 중매로 만나 부부가 된 경우도 있다. 또한 오랜 기간 친구로 지내다가 연인이 되어 결혼한 부부도 있고, 소개로 만난 지 한 달 만에 결혼하는 부부도 있다.

성경에도 다양한 만남과 결혼이 있다. 열렬하게 사랑에 빠져 결혼한 커플의 모델은 야곱과 라헬이다. 야곱은 라헬을 사랑하는 마음이

커 7년을 며칠같이 여기며 라헬의 아버지 라반을 섬겼다(창 29:20). 반대로 한 번도 만나지 못한 채 아버지의 뜻에 순종하여 처음 본 여인 리브가와 결혼한 이삭도 있다(창 24장).

부부 상담을 하다 보면 만남 자체부터 잘못되었다고 이야기하는 사람들이 많다. 한 중년 여성은 남편을 소개로 만났는데, 만난 지 한 달 만에 결혼해 서로에 대해 너무 몰라서 결혼생활 내내 힘들었다고 했다. 반대로 어떤 젊은 여성은 남편과 결혼 전에 7년이나 연애를 해서 결혼생활이 무난할 거라고 생각했는데 오히려 오래 연애한 것이 잘못이었다고 하소연한다.

만남의 기간뿐만 아니라 만남의 장소에 대해서도 많이들 호소한다. 한 중년 여성은 상담실에 앉아서도 상담사와 눈을 마주치지 못하고 힘없이 허공을 바라보며 남편과 25년간 결혼생활을 해왔지만 둘의 처음 만남의 장소가 부적절한 곳이었기 때문에 결혼생활이 행복할 수 없었다고 했다. 그래서 늘 서로를 의심하고 불신하는 마음이 커 견딜 수가 없는 것이었다.

그러나 한 남자와 한 여자가 부부의 인연이 된 것은 우연히 된 것이 아니라 성경에서 말씀하셨듯이 하나님이 짝지어 주셨다는 인도하심을 믿으며, 우리 부부를 향하신 주님의 선하신 뜻을 깊이 묵상해보라(막 10:7-9 참고).

또한 수많은 사람 중에 왜 지금의 배우자를 만나게 되었는지, 내 내면의 여러 가지 가치관과 심리적 끌림이 무엇이었는지를 잘 인지하여 받아들이고, 자신과 배우자에 대한 신뢰를 회복하는 시간을 갖는

게 중요하다.

우리는 교회에서 만났다. 많은 크리스천 청년들이 교회에서 배우자를 만나는 것을 바람직하게 생각하는데, 우리는 감사하게도 같은 교회에서 만나 사랑을 키우고 결혼하게 되었다. 우리는 외모가 많이 닮아 결혼할 때 주례 목사님께서 경상도 말로 "둘은 보리 문둥이 배필이다"라며 하객들에게 웃음을 선사하시기도 했다.

또한 신앙이 같고 많은 부분 비슷하게 공유해서 무난하게 서로에 대한 사랑과 신뢰를 바탕으로 결혼할 수 있었지만 결혼 후 생활은 서로를 이해하지 못해 힘들었던 적이 많았다. 신혼 때부터 지금까지의 결혼생활에서 매우 심각하고 더 이상 지탱할 힘이 없을 것 같은 때도 있었다. 하지만 지나고 생각해보니 이것은 자연스러운 부부의 결혼생활의 모습이었고, 또한 하나님 안에서 부부가 한 몸을 이루어 비밀스럽고 소중한 보물을 찾기 위한 수고의 여정이었다.

혹시 지금 배우자와의 만남 자체부터가 잘못되었다고 생각하는가? 그렇다면 조용히 나 자신의 마음을 하나님 앞에서 들여다보라. 그리고 결혼하게 된 동기와 결단했던 당시의 순수한 열정과 뜨거운 마음을 다시 찾기 바란다.

내 인생에서 가장 중요한 그 결정은 내가 한 것이고, 내가 믿는 하나님이 인도해주신 것이다. 부부에게 잘못된 만남이 있었던 것이 아니라 결혼생활을 잘하기 위해 노력하는 부분에서 방향성을 잘못 잡았거나 부족했던 것은 아니었을까 생각해보라.

2. 유연성(flexibility)과 개방성(openness)

"사고를 유연하게 개방하여 배우자를 넓은 마음으로 이해해요."

갓 결혼한 부부들은 배우자에 대한 기대감이 높다. 일상생활에서 일어나는 작은 일에서부터 인생 전체를 놓고 큰 결정을 해야 할 때도 서로에 대해 기대를 가진다. 그러나 배우자를 향한 기대감은 많은 부분 결혼 초기에 채워지지 않고 부부갈등이나 아픔으로 남는 경험을 하게 된다.

이럴 때 보통의 경우 배우자에 대해 '내 남편(아내)은 내가 원하는 것을 해주지 않을 거야', '더 이상 치사하게 말하지 말고 그냥 내가 하자', '그 사람은 원래 그래. 나랑은 도저히 안 맞는다니까' 하며 쉽게 판단해버리고 배우자를 깊게 알려고 노력하지 않는다. 그렇게 기대감들을 서서히 마음속 깊이 파묻어 두고 아무렇지도 않은 척하며 사는데 익숙해진다. 부부가 이렇게 사는 것에 익숙해진 상태로 시간이 지나면 신혼기 때 가졌던 신선한 기대감들이 서서히 사라지며 얼굴에서도 기쁨과 안정감이 사라지게 된다.

이럴 때 중요하게 개발되어야 하는 것이 내 마음의 유연성과 배우자를 좀 더 편하게 볼 수 있는 개방성이다. 자신에 대한 탐구를 계속하다 보면 자신이 얼마나 경직되어 있고 자기 틀이 강한지 알게 된다. 특히 우리나라 문화는 유연성에 매우 취약하고 개방적이기보다는 폐쇄적인 부분이 많다. 그렇기 때문에 부부 사이에서도 서로를 있는 그대로 바라봐주기가 힘들 수 있다.

그러나 부부는 벌거벗었음에도 부끄럽지 않은 친밀한 관계여야 하기에 서로에 대한 유연성과 개방성이 좀 더 세밀하게 개발되고 그 실력이 결혼생활에서 자연스럽게 묻어 나와야만 한다. 유연성에 대해서는 고무줄을 연상하면 이해가 쉽다. 짱짱한 고무줄은 유연성과 탄력성이 매우 좋다. 그래서 내가 원하는 만큼 늘일 수도 있고 원래 상태로의 복원력도 빠르고 쉽다. 자기의 모습을 잃지 않으면서도 상황에 맞게 잘 사용되어지는 짱짱한 고무줄은, 그래서 유익하게 사용할 수 있는 것이다. 반대로 너무 딱딱한 고무줄은 보기에는 그럴 듯하지만 제 역할을 하기 힘들고, 너무 힘이 없는 고무줄은 쉽게 끊어져 쓸모가 없다.

또한 개방성은 유연성과 함께 좀 더 폭넓은 마음을 갖게 해준다. 다른 사람을 편견 없이, 있는 그대로 받아들이고자 하는 개방성은 함께하는 사람을 편안하게 해주는 매력이 있다. 유연성과 개방성은 아래의 개별성과 함께할 때 더 빛나게 된다.

3. 개별성(character)과 존중성(esteem)

"우리는 서로 달라요. 그래서 더 매력적이고 풍성한 삶을 공유할 수 있어요."

남녀가 끌리는 이유 중 하나는 나와 다른 부분이 있기 때문이다. 남자가 여자에게 끌리고 여자가 남자에게 끌리는 것이 자연스러운 현상인 것이다. 그러나 결혼한 부부들은 이렇게 다른 점 때문에 실제적인 가정생활에서 많은 고통을 당한다. 부부들이 이혼하는 이유 중 첫 번째가 성격 차이이다.

부부는 서로 차이점이 있음을 인정하고, 서로의 차이점이 잘못된 것이 아니라 서로 다르다는 개별성을 존중하고 인식을 새롭게 해야 한다. 서로의 타고난 성향은 무엇이며, 서로 좋아하는 것은 무엇인지, 서로의 강점과 연약한 부분은 무엇인지를 잘 탐색해 서로 보완하여 돕는 배필로서의 역할을 잘하면 그 부부는 정말 풍성한 결혼생활을 할 수 있는 것이다. 부부가 서로의 개별성을 존중하는 마음은 부부가 하나 될 수 있는 소중한 자원이다. 다음의 글은 짧지만 부부들에게 많은 것을 생각하게 한다.

소와 사자가 있었습니다.
둘은 죽도록 사랑했습니다.
둘은 결혼해 살게 되었습니다.
둘은 최선을 다하기로 약속했습니다.
소는 최선을 다해 맛있는 풀을
날마다 사자에게 대접했습니다.
사자는 싫었지만 참았습니다.
사자도 최선을 다해 맛있는 살코기를
날마다 소에게 대접했습니다.
소도 괴로웠지만 참았습니다.
참을성에는 한계가 있었습니다.
둘은 마주앉아 얘기합니다.
문제를 잘못 풀어놓으면 큰 사건이 되고 맙니다.

소와 사자는 다툽니다.
끝내 헤어지고 맙니다.
헤어지며 서로에게 한 말,
"난 최선을 다했어"였습니다.
소가 소의 눈으로만 세상을 보고,
사자가 사자의 눈으로만 세상을 보면,
그들의 세상은 혼자 사는 무인도입니다.
소의 세상, 사자의 세상일 뿐입니다.
나 위주로 생각하는 최선,
상대를 못 보는 최선,
그 최선은 최선일수록 최악을 낳고 맙니다.
_ 상대에 대한 조그만 배려, 〈이솝우화〉 중에서

4. 준비성(preparation)과 안정성(stableness)
"우리는 경제적 안정과 정서적 통장이 풍성하도록 노력해요."
결혼한 부부에게 있어서 경제적 안정은 매우 중요하다. 위기 상황을 대비해 저축을 하는 것은 험난한 인생 여정에서 할 수 있는 현명한 준비이다. 부부가 신뢰하는 마음으로 경제적인 면에서 비밀이 없이 서로의 수입에 대해 공유하고 계획을 짜서 생활하는 것은 특히 신혼기에 좀 더 신경을 써야 하는 부분이고, 서로의 소비 패턴에 대해 조율하는 가운데 꼭 명심해야 할 것은 버는 것보다 쓰는 것이 많으면 안 된다는 점이다.

요즘 부부들은 둘 다 직장생활을 하는 경우가 많아 각자 편리한 대로 물질을 관리하는데, 이것은 부부의 하나 됨에 큰 걸림돌이 될 수 있다. 부부가 하나임을 신뢰하며 서로가 투명하게 하여 결혼생활에서 필요한 장기적인 목표를 함께 세우고 미래를 준비하는 노력을 꾸준히 하면 좋겠다.

또한 사람들의 마음은 물질로만 살 수 없기에 부부는 평범한 일상생활에서 서로가 자신에게 가장 소중한 존재라는 것을 느낄 수 있도록 배우자의 정서적 통장에도 많은 것을 예금하도록 노력해야 한다. 유치하게도 부부는 작은 정성에 크게 감동받기도 하고, 별것 아닌 것 같고 하찮게 여겨지는 작은 일로 큰 금이 가기도 한다.

평상시에 서로의 정서적 통장이 풍부하게 쌓여 있으면 부부의 위기 때 아주 유용하게 쓰인다. 따뜻한 말 한마디나 서로의 필요를 즐거운 마음으로 채워줄 때 부부의 정서적 통장은 차곡차곡 쌓일 수 있다. 서로를 위하는 마음이 작은 것에서부터 배우자가 느낄 수 있도록 실천되면 부부는 서로를 생각할 때 '역시 내 편!'이라는 안정감을 누리게 되며, 결혼생활이 지속될수록 깊은 사랑을 경험하여 위기가 와도 지혜롭게 극복하여 부부가 하나 되는 비밀을 이루어가게 된다.

결혼 4년차의 한 부부가 이혼의 위기에 처해서 상담실을 찾아왔다. 아내가 이혼하고자 하는 주된 이유는 남편과 지금까지 살면서 함께했던 좋은 추억이 하나도 없다는 것이었다. 좋은 추억은 고사하고 오히려 아내로서 또는 며느리로서 해야 할 의무만 산더미처럼 쌓여 있어서 결혼생활이 자기에게는 너무도 큰 짐이었다며 이혼하겠다고 했다.

이 부부를 상담하면서 참으로 안타까웠던 것은 이 부부는 30세가 넘어 결혼을 했지만 결혼 후 남편으로서 또는 아내로서 배우자에게 어떻게 해주어야 하는지를 전혀 알지 못하고 살았던 것이다. 결혼생활을 잘하기 위해 자기가 무엇을 해야 하는지에 대해 전혀 준비가 되어 있지 못했고, 서로의 정서적 통장을 어떻게 채워야 하는지 몰랐던 것이다. 결혼을 해서 부부가 되었지만 살면서 겪게 되는 갈등이나 위기가 닥쳤을 때 서로에 대해 안정감을 느끼지 못하고 정서적 통장이 고갈된 상태였기 때문에 빼서 쓸 아무런 자원이 없었던 것이다. 상담을 통해 이 부부는 결혼에 대한 기본적인 것부터 하나하나 배워가면서 지금은 위기를 잘 극복하려고 노력하며 정서적 통장을 채우며 살고 있다.

/ 우리 이야기 / 작은 일에서 채워지는 준비성과 안정성

우리는 신혼기 때 경제적으로 참 어렵게 살았다. 남편이 치대 예과 2학년일 때 결혼한 우리 부부의 신혼살림은 남편이 하숙할 때 쓰던 물건과 아내가 자취할 때 쓰던 물건들이 전부였다. 그럼에도 불구하고 그 시절에 우리 부부의 정서적 통장은 풍성했다. 서로에 대한 이해가 부족해 싸우기도 많이 했지만 서로를 위하는 마음이 컸다. 남편의 마음은 늘 아내에게 있었고, 아내 또한 남편의 필요를 채우는 것을 즐거워했다.

지금도 생각하면 빙그레 웃음이 나오고 마음이 훈훈했던 경험들이 많이 있는데, 그중에 먹는 것과 관련된 예를 나누겠다. 우리는 새

벽같이 일어나 함께 아침밥을 거른 채 서로의 일터인 학교로, 직장으로 출근했다. 사실 아침밥은 안 먹은 것이 아니고 못 먹었다고 하는 표현이 더 맞다. 그리고 나는 점심을 회사 식당에서 먹을 수 있었지만 남편은 학교 근처 분식집에서 사먹어야 했는데, 오전 11시경이 되면 남편은 나에게 전화를 걸어 "나 오늘 냉면 먹고 싶은데 먹어도 돼?" 하고 묻는 날이 많았다. 그러면 나는 "아침도 안 먹었는데 그냥 밥을 먹지요" 하고 내 의견을 말했다.

아내는 남편의 건강이 걱정되어 밥을 먹기 원했지만 남편은 냉면 값이 백 원 정도 비싼 것이 아까워 아내가 밥을 먹기를 바란다고 생각해서 섭섭하게 느낄 때가 있었다. 그래서 어떤 날은 이 부분을 놓고 다투기도 했는데, 그때 서로 대화하지 않고 그냥 자기 나름대로 배우자를 판단했다면 큰 오해를 가질 뻔했다. 우리는 이런 사소한 것들도 함께 나누었기에 오해하지 않고 서로에 대해 더 애틋한 마음을 가질 수 있었다.

그리고 저녁에 함께 귀가하면서 그날 쓸 수 있는 천 원을 가지고 수퍼마켓에 들어가 저녁 거리를 고르는 일은 단조로웠지만 우리에게 큰 즐거움 중 하나였다. 많은 물건들 중에서 우리가 살 수 있는 것은 하루에 단 한 가지 품목이었다. 계란 두 알, 두부, 콩나물, 인스턴트 스프 등 그날그날 저녁거리를 고르며 깔깔거리고 웃고, 비싼 것을 들었다 놨다 하며 유머도 즐겼다.

또 여름이면 남편이 좋아하는 수박을 사곤 했는데, 가장 싼 수박이 오백 원짜리여서 그것 하나 사고 나면 부식거리는 더 적어질 수밖에 없었다. 작은 수박이지만 반을 뚝 잘라 숟가락으로 퍼먹는 남편의 모습은 그야말로 천진난만한 아이의 모습 그대로였다. 우리 부부가 경제적으로 여유가 생기면서 생긴 버릇 중 하나가 남편이 가장 큰 수박을 사서 마음껏 먹는 것이었다. 그러면서 작은 수박 먹던 시절 이야기를 하며 웃곤 했다. 이런 작은 추억들이 우리 부부를 좀 더 아름답고 단단하게 하나로 만들어 가는 일들이었음에 미소 짓게 된다.

5. 연약성(weakness)과 돌봄성(care)

"배우자가 아프고 마음이 연약할 때는 잘 돌봐주어야 해요."

결혼을 해야 하는 큰 목적 중 하나가 서로 연약하고 부족하기 때문에 돌봄을 받고 돌봐주는 관계가 되어야 하는 것이다. 부부는 서로가 완벽하지 않음을 인정하고, 서로가 연약하기에 배우자의 연약함을 공격하거나 비난하기보다는 감싸주고 용납해주며 기다리는 훈련이 필요하다. 배우자의 칭찬 한마디는 상대 배우자를 살맛나게 하고, 그가 가지고 있는 달란트를 마음껏 사용할 수 있는 힘을 갖게 한다. 반대로 배우자의 비난은 상대 배우자를 위축되게 하고 관계까지 멀어지게 한다. 즉, 부부는 서로 돕는 배필이 되어야 하는 것이다.

결혼의 조건 중에서 건강을 중요하게 따지지만 당사자인 내가 건강이 안 좋을 수도 있고 배우자의 몸이 약할 수도 있다. 또한 건강한 사람과 결혼했다손 치더라도 살면서 배우자 한쪽이 아프게 되는 경우는 흔하다. 이럴 때 서로에 대한 부부의 돌봄은 더 세밀하게 이루어져야 한다. 사람이 몸이 약하면 마음까지 약해지기 때문에 배우자가 몸이 아플 때는 평소보다 더 세심하게 배려하고 돌봐야 하는 것이다. 만약 아내나 남편이 몸살이 나서 끙끙거리고 있을 때 퉁명스럽게 "병원에 가봐" 한다면 그것은 돌봐주는 것이 아니다. 시간을 내서 병원에 함께 가던가 약을 사다 주고 필요한 것을 채워주어야 하는 것이다. 너무도 당연한 이야기이지만 이런 당연한 것을 자연스럽게 하는 부부는 생각보다 많지 않다.

부부는 육체의 연약함도 서로 돌봐주어야 하지만 마음이 상했을 때도 서로 그 마음을 헤아려주어야 한다. 남편이 직장에서 마음이 많이 상해 집에 들어왔다면 아내는 남편의 상한 마음이 풀어질 수 있도록 돌봐주어야 한다.

부부가 서로 돌봐준다는 것은 부부가 서로에게 부모 역할을 한다는 의미이기도 하다. 심리학자 에릭 번(Eric Berne)은 한 사람의 마음에는 세 가지 자아 상태가 있다고 한다. 다른 사람을 돌봐주거나 훈계하는 부모 자아 상태(Parent), 현실적인 삶을 자기의 지위나 상황에 맞게 하는 어른 자아 상태(Adult), 누구의 간섭도 받고 싶지 않고 자유롭게 마음대로 하던가 어른의 말에 순종하려는 어린이 자아 상태(Child)가 그것이다. 내면이 건강한 사람은 이 세 가지 자아를 상황에 맞게 잘 쓰는 사람이라고 한다. 즉 사람은 아무리 나이가 먹어도 마음속에는 어린아이같이 돌봄을 받고 싶어 하는 마음이 있고 연약한 부분이 있기 때문에, 이런 부분을 부부가 서로 잘 살펴서 돌봐줄 수 있다면 그 부부의 서로에 대한 친밀감은 풍성해질 것이다.

사람의 몸과 마음은 신기하게도 함께 움직인다. 세상살이에서 오는 다양한 스트레스와 힘든 것들이 있지만, 부부가 서로의 연약한 부분을 돌보고 힘을 줄 때 가정은 정말 쉼과 안식을 할 수 있는 곳이 되고 연약했던 부분도 치유가 된다.

한 중년 여성은 결혼 후 남편과 함께 열심히 살았다. 자녀를 낳고 가족과 함께 행복한 삶을 꿈꾸던 이 여성은 어느 날 불의의 사고를 당해 몸을 자유롭게 쓸 수 없는 상황이 되었다. 중도장애를 입은 것이다. 책임감이 강하고 착한 남편은 아내를 위해 자신이 할 수 있는 최선을 다하며 가족을 위해 희생하며 살았다. 아내 입장에서는 그것이 너무 고마웠지만 어찌된 일인지 남편은 아내에게 마음을 줄 줄 몰랐다. 아내를 위해 많은 일을 하면서도 아내에게 따뜻한 말 한마디나 다정한 눈빛을 하지는 못한다.

아내 입장에서는 남편에게 미안함이 가득하고 자기가 가족에게 아무 쓸모없는 것처럼 느껴져 하루하루 사는 것이 너무도 고통스러웠고, 더 이상 견딜 수 없게 되자 상담사를 찾아왔다. 그녀와 함께 상담을 하면서 마음이 많이 아팠다.

사랑하는 부부끼리 "고맙다", "미안하다"는 등 사랑의 언어를 하는 것이 왜 이렇게 어렵게 느껴지는지 안타깝기만 했다. 그녀는 속으로는 수없이 남편에게 고맙다는 말을 한다고 한다. 그런데 아무 표정 없이 묵묵하게 일만 하는 남편을 바라보면 숨이 막히고 금방이라도 질식할 것 같아 오히려 화를 내고 남편을 비난한다고 한다.

부부가 서로의 연약함을 돌보고, 친밀한 관계를 계속 유지하며, 수고한 것에 대한 좋은 열매를 얻으려면 자기 마음의 진실을 표현할 줄 알아야 하고, 실제적으로도 배우자가 필요한 것을 채워주어야 한다. 이 중 한 가지에만 집중한다면 그 노력은 오히려 갈등의 요소가 될 수 있다. 편안하게 서로가 서로에게 마음과 수고를 줄 수도 있고 받을 수도 있다면 얼마나 좋을까? 현재 내가 배우자에게 하는 노력이 어느 한쪽에 치우쳐 있다면 용기를 내어 부족한 부분을 보완해보자.

/ **우리 이야기** / 연약함을 사랑하다

우리 부부가 결혼 전 데이트할 시절에 남편은 함께 걷다가도 나를 잠깐만 기다리라고 하고서는 어디론가 쏜살같이 달려갔다가 한참 후에 오곤 했다. 결혼 후에 알게 된 사실이지만 남편은 장이 약해 약간만 이상한 음식을 먹거나 신경을 쓰면 바로 화장실을 가야 했다. 남편은 이런 연약한 부분을 데이트하는 동안에는 차마 말할 수 없었던 것이다.

결혼하고 보니 남편은 생각보다 몸이 많이 약한 사람이었다. 그래서 시부모님은 며느리를 볼 때마다 남편의 건강을 잘 챙기는지 확인하곤 하셨다. 나는 남편의 건강을 위해 여러 가지 신경을 썼고, 꾸준하게 돌봐준 덕분에 남편은 많이 건강해졌다.

내게도 결혼 전 남편에게 말하지 못했던 연약한 부분이 있었다. 왼쪽 허리와 골반 부분이 늘 불편하고 아팠던 것이다. 낮에는 일하면서 잊고 지내다가도 밤에 잠을 자려고 하면 아픈 곳 때문에 편안하게 잠을 이룰 수가 없었다. 그래서 늘 남편에게 안마를 부탁했고, 남편은 그런 아내의 부탁을 거절하지 않고 기꺼이 아내가 잠들 때까지 날마다 사랑의 수고를 해주었다. 또한 어려서부터 매우 안 좋던 내 피부는 늘 진물이 났고 헐어 있어 가려웠다. 다행스러운 것은 얼굴 부분은 깨끗해서 가족만 알고 다른 사람들은 말하지 않으면 몰랐다. 어려서는 그냥 숙명처럼 받아들였던 것 같은데 사춘기가 되면서는 내게 가장 큰 수치가 되었다. 여름에 짧은 교복을 입기가 힘들었고, 대중목욕탕 가는 것은 엄두도 못냈다. 부모님은 딸의 피부병을 어떻게 해서든 고치고 싶어 하셨지만 시골이라 의학의 도움을 별로 받지 못했고, 이 사람 저 사람 말을 듣고 별의별 일을 다 했던 경험이 있다.

한번은 어머니가 빙초산을 바르면 낫는다는 말을 듣고서 독한 빙초산을 배 한쪽에 발랐는데, 순간 살이 타들어가는 듯 통증이 너무 심해 팔딱팔딱 뛰며 난리가 났었다. 빙초산을 바른 배는 손바닥만한 크기로 몇 년이 지나도록 나를 많이 힘들게 했던 기억이 있다. 또 한번은 한센병 환자들이 먹는 약을 먹으면 어떤 피부병도 다 낫는다는 소문을 듣고 큰언니와 함께 약을 사러 먼 길을 다녀온 적이 있다. 그곳은 사방에 철망이 쳐져 있었고 출입에도 한계가 있어 그곳에서 일하는 분의 목소리만 듣고 약을 두 달 치 정도 받아 성실히 먹었지만 소용이 없었다.

피부병으로 인한 많은 고통은 청소년기 시절 내 자존감에도 나쁜 영향을 미쳐 늘 자신을 초라하고 못난 존재로 인식하며 살았다. 그리고 하나님께도 버림받은 사람 같은 느낌을 지울 수 없었다. 이런 내가 남편을 만나 사랑하게 되었고, 남편은 내 피부병을 수용하며 결혼까지 하게 되었던 것이다.

결혼 후 남편은 내가 보기에도 징그러운 내 피부에 약도 발라주고 피부에 좋다는 알로에나 자연식 요법들을 공부해 지극정성으로 돌봐줬다. 시간이 지나면서 내 피부는 서서히 좋아졌고, 어느 순간부터는 내가 피부병이 있었는지 잊을 정도가 되었다. 지금은 자연스럽게 대중목욕탕도 갈 수 있다. 남편의 끊임없는 사랑의 돌봄으로 내 연약한 질병인 피부병이 치유되었다! 세월이 흐르면서 가끔 잊을 때도 있지만 남편의 순수하고 한결같은 사랑을 마음속에 새기며 예수님에 대한 첫사랑도 잊지 않으려고 노력한다.

6. 공유성(shareability)과 책임성(responsibility)

"부부에게는 함께하는 공유성이 필요하고 서로에 대한 책임을 감당할 수 있어야 해요."

한 가정을 이룬 신혼부부가 새롭게 자기들만의 아름다운 가정을 이루기 위해서는 둘이 공유하는 다양한 것들을 창조해서 실천해야 한다. 그동안 혼자 있으면서 익숙했던 생활 패턴들을 조금씩 배우자와 맞춰가야 하는 것이다. 이 과정은 결코 쉽지 않아 신혼기 때는 사소한 다툼이 많이 일어난다.

하지만 이를 두려워하거나 피하지 말고 지혜롭게 잘 대처하면서 부부만의 멋진 공유성과 각자의 책임성을 조화롭게 이루어가야 한다. 사회적으로도 결혼한 신혼 부부에게 이런 분위기를 장려하여 도와주는 것이 마땅하다고 생각한다. 현재 우리나라의 경우 육아, 양육에 포커스가 맞춰져 있어 육아를 위한 휴직에는 관대하지만, 부부가 건강한 관계를 맺도록 돕는 일에는 관심이 없는 것 같다. 결혼했음에도 불구하고 생활 패턴이 변하지 않고 결혼 전에 만났던 친구들 모임이나 동아리 모임에 우선순위를 두며 생활하는 부부들이 많고, 사회적으로도 이 부분에 대해서는 배려하지 못하고 있어 신혼 부부들에게 위기를 조장하기도 한다.

한 신혼 부부가 이런 부분에서 많이 갈등하다가 상담을 왔었다. 이 부부의 경우, 아내는 남편과 아기자기한 시간을 갖기 원해 직장이 끝나면 곧바로 집으로 돌아가 집안일을 해놓고 남편을 기다렸는데, 남편은 사회생활에 온 정성을 쏟으며 날마다 늦게 귀가했다. 아내는 남편에게 일주일에 두 번 정도는 일찍 귀가하여 아내인 자기와 함께 시간 보내줄 것을 수없이 권했지만, 남편은 자기가 늦게까지 일하거나 퇴근 후에 상사들 만나고 동아리 모임을 하는 것은 승진하기 위한 것이고, 그것이 곧 가정을 위하는 것이라며 반박했다. 몇 번의 부부 상담을 받아도 너무도 다른 서로의 가치관이 해결점을 보지 못하자 아내는 이런 상태로는 결혼생활을 계속하고 싶지 않다며 상담 받는 것도 거부하고 이혼 의사를 밝혔다.

요즘 젊은 사람들은 부부가 맞벌이하는 경우가 많아 집안일이나 자녀 양육을 아내나 남편 혼자 맡아서 할 수 있는 구조가 아니다. 이럴 때 부부가 잘 연합하여 공유할 수 있는 시간을 갖고 부부 각자에게 맡겨진 일들을 책임지면서 가정에서 해야 할 일들도 구체적으로 합

의해서 지켜나가야 한다.

경제적인 부분도 서로가 분명하게 알고 비밀이 없으면 좋겠다. 맞벌이 시대의 젊은 부부들 중에 자신의 수입을 배우자에게 밝히지 않은 채 일정액의 생활비만 내는 경우가 있는데, 이것은 부부가 하나 되기 위해 공유하는 부분에서 아주 큰 부분을 잃고 있는 것이다. 서로가 하나 되기 위해서는 실제적 삶에 필요한 경제적 부분에서도 분명하게 해야 부부가 장기적 계획을 세워 집을 사거나 자녀를 양육하고 교육하는 데 드는 비용을 상의할 수 있고 좀 더 책임감을 갖게 된다.

최근에 미국을 방문했을 때 결혼한 지 3년 되는 친구 딸의 집을 찾았다. 그 젊은 부부가 지혜롭고 유연성 있게 자기들이 갖고 있는 장점을 잘 살려 서로 공유하고 책임지는 삶을 사는 것을 보고 신선한 도전을 받았다. 두 부부 사이에는 20개월 정도 된 딸이 있었고, 둘 다 직장에 다니고 있어서 아이를 양육하는 것이나 가정 일을 하는 것에서 힘든 부분이 많아 결혼 초에는 많은 갈등이 있었다고 한다. 그러나 지금은 서로 조율하여 부부가 갖고 있는 성격적인 특성이나 장점을 잘 살려서 효율적으로 생활하니 서로에 대한 신뢰나 시간적 여유가 훨씬 많고 안정감을 느낀다고 했다.

예를 들어 남편은 초저녁잠이 많고 일찍 일어나는 사람이기에 아침 준비나 아이를 돌보는 일을 하면서도 자기가 좋아하는 운동을 할 수 있고, 아내는 밤늦게 자고 늦게 일어나는 스타일이라 밤에 집안일을 하면서 혼자만의 쉼의 시간을 갖는데 그 시간이 참 좋다고 했다. 그러면서도 둘만의 친밀함을 풍성하게 갖기 위해 작은 시간들을 활용하며 주말에는 서로가 원하는 것을 해주기 위해 노력한다. 부부는 환하게 웃으며 배우자가 하는 말에 공감하며 자신들의 소중한 경험을 나누어주었는데, 그 모습이 아름답게 느껴졌다.

/ 우리 이야기 / 물질 관리

우리는 신혼기 때부터 자연스럽게 서로의 많은 부분을 공유하며 각자 맡은 일을 책임 있게 하려고 노력했다. 남편이 치과대학을 다니는 5년 동안 남편은 공부에 전념했고 나는 직장생활을 하면서 가정의 경제를 책임졌다. 이 기간에 부족한 것이 많았지만 물질 때문에 남편을 힘들게 하지 않았다. 그냥 내가 번 수입 안에서 생활하려고 절약하며 노력했다.

남편이 학교를 졸업한 후 개업을 하자 우리 부부는 그때까지 만져보지 못했던 큰 돈을 벌게 되었다. 이 시절 나는 자연스럽게 우리 집 내무부 장관이 되어 남편이 벌어온 수입을 지혜롭게 사용하려고 최선을 다했다. 교회에 내는 헌금이나 기관에 내는 후원금, 병원에 들어가는 비용, 부모님과 형제자매들을 돌보는 기준, 저금 등 실제적인 것은 내가 관리했지만, 모든 것을 투명하게 해서 남편으로 하여금 불편한 마음이 들지 않게 했다. 서로에 대한 신뢰가 바탕이 되었기에 가능했다. 우리 부부는 이 부분에 있어서 지금도 자유롭고 편안하다.

7. 호기심(curiosity)과 매력성(attractiveness)

"우리는 배우자의 매력을 알려고 끊임없이 호기심을 가져요."

부부는 자신과 배우자에 대한 자각 수준을 높이고 서로에 대해 알려고 노력해야 한다. 사람들은 아무리 좋은 것이라도 내 옆에 있으면 당연하게 여기고 좋은 것에 대해 둔감해진다. 그래서 결혼한 부부들이 아무리 선남선녀의 멋진 만남으로 시작했더라도 세월이 흐르면서 서로에게 무관심해지고 관계가 멀어지게 되나보다.

함께 사는 부부라도 서로의 내면적 마음에 대해 알려고 하지 않으면 세월이 아무리 흘러도 배우자를 제대로 알 수 없다. 그냥 겉으로 드러난 현상만을 가지고 판단하고 갈등하며 사는 부부들은 서로를 잘 모르기 때문에 오해하는 부분이 많다.

사랑하는 내 배우자에게 끊임없이 호기심을 가지고 그 사람이 마음에서 느끼는 다양한 감정들과 경험들에 대해 관심을 두고 배우자의 매력을 알아가는 데 내 마음의 열정을 쏟아보라. 호기심을 갖고 보면 서로의 작은 매력들이 발견되고 사랑이 더 성숙되어 나이가 들수록 부부는 하나님께서 원하시는 하나 됨의 비밀을 풍성하게 경험하게 된다.

식당이나 카페 등 사람들이 모이는 장소에서 조금만 관찰하면 함께 앉아 있는 남녀의 관계가 부부 관계인지 그렇지 않은지를 금방 알 수 있다. 서로에게 잘 보이려고 상대방에게서 시선을 떼지 않고 계속 매력적인 행동을 하는 커플은 부부일 확률이 낮다. 부부의 경우 서로 무표정하거나 마주보는 것을 잊고 각자 자기의 핸드폰에 열중하는 모습을 자주 보게 된다. 그리고 말투에서도 조금은 예의가 없는 듯한 모습일 때도 많다.

우리 부부도 식당이나 카페에 가면 여느 부부와 다를 것이 없을 때가 있다. 서로 대화는 하지 않고 남편은 자기가 관심 있는 것을 핸드폰을 통해 보거나 멍하니 식당에 켜 있는 TV를 본다. 아내인 나 또한 남편과 함께 즐거운 시간을 가지려고 노력하기보다는 그런 남편이 보기 싫어 비난하기도 한다. 속마음은 쓸쓸하고 어쩔 수 없는 자신의 연약함에 화가 나면서도 말이다. 사실 이럴 때는 조금 더 성숙한 배우자가 약간의 위기의식을 갖고 서로의 매력에 대해 탐색하고 칭찬해주는 것이 필요하다.

부부는 나이를 먹어도 서로에게 가장 매력적인 연인이고 싶어 하는 마음속 열정을 무시하지 말고, 내 매력이 배우자에게 잘 나타나도록 표현하고 호기심을 갖고 배우자의 매력도 잘 찾아주면 좋겠다.

/ 우리 이야기 / 나, 멋있지요!?

우리는 30년이 넘는 결혼생활을 하면서도 늘 즐겁게 살고 있다. 같은 교회에서 만났고, 서로에 대해 늘 호기심을 갖고 매력을 찾으려고 노력하며 살았기에 서로에 대한 장단점을 잘 알면서 가능하면 부족한 부분은 채워주려고 노력한다.

너무도 다르지만 그 다름이 갈등이 아니라 풍성한 부부 관계를 갖게 되는 아름다운 보물을 캐는 비밀을 아는 것의 여정이다. 지금도 여전히 남편은 하루에 서너 번씩 나에게 전화해 "지금은 어디 있어?", "점심은 먹었어?", "힘들겠다. 쉬면서 해" 하고 안부를 묻고 전화 끝에는 꼭 "사랑해"라고 말해준다. 나 또한 남편에게 호기심을 갖고 나이 들면서 좀 더 신경 쓰는 외모에 대해 칭찬하며 청년 같은 모습을 유지하도록 돕는다. 남편이 듣고 싶어 하는 "멋있어요", "젊은 오빠 같아요" 등의 사랑과 인정의 말도 자주 해준다.

사실 부부는 나이가 들수록 서로에게 가장 잘해야 한다. 그래야 중년기가 풍성하고 노년기에는 더 의지할 수 있는 것이다. 우리가 사는 모습을 보고 주변에서는 어떻게 그런 것이 지금까지 가능하냐고 묻는데, 그것은 간단하다. 내 마음 안의 열망이 부부생활에서 잘 살아나도록 사랑하는 내 배우자에게 호기심을 갖고 매력을 찾아주면서 서로의 사랑이 식지 않고 성숙하도록 날마다 조금씩이라도 끊임없이 노력한 열매이다.

8. 회복성(resilience)과 방향성(direction)

"우리 부부 폭풍 만났어요. 그렇지만 성장통인 걸요."

결혼은 장거리 마라톤과도 같은 삶의 여정이고, 부부가 한평생 함께 살다 보면 크고 작은 갈등과 위기가 오는 것은 자연스러운 일이다. 이럴 때 놀라거나 도망가지 말고 그 문제에 직면하며 부부가 함께 잘 극복할 수 있는 방법을 찾는 것이 중요하다. 그리고 이 갈등과 위기는 반드시 회복되고 그것을 통해 성장할 수 있다는 희망을 갖고 바른 방향성으로 삶을 이끌어가야 한다. 결혼생활에서 오는 갈등이나 위기를 회복하고 성장시키는 과정에는 단계가 있다.

• 회복(변화=성장)곡선 단계 •

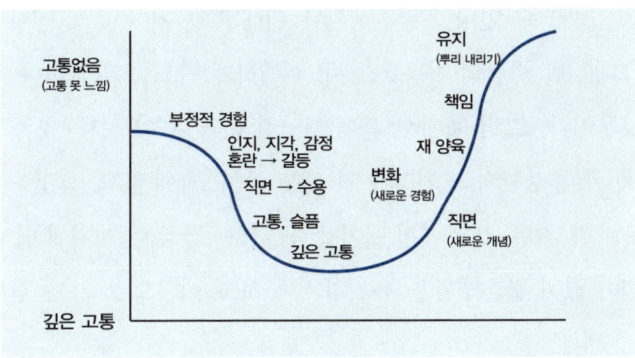

출처: HOME 결혼과 가정생활 상담 세미나 III

위의 도표에서 세로 선은 고통의 깊이를 나타낸다. 위쪽의 '고통 없음' 또는 '고통 못 느낌'은 남녀가 관심은 있지만 아직 결혼하기에는 좀 이른 단계라고 말할 수 있다. 서로에 대해 호감을 갖고 자기 반쪽에 대한 확신을 갖기 위해 많은 에너지를 쓸 때이다. 물론 이 시기에 서로 맞지 않으면 헤어지게 된다.

서로가 내 짝이라는 확신을 갖고 둘의 사랑이 꽃을 피워 결혼으로 연결된 다음에는 함께 살면서 좋은 경험도 많이 하지만 '부정적 경험'도 하게 된다. 그러면 서로에게 기대했던 것이 채워지지 않고 잘해보려는 노력들이 오히려 오해만 쌓게 된다. 그러다보면 결혼 전에 갖고 있던 나만의 '가치관'이나 '인지', '지각체계', '감정' 등이 혼란스러움을 느끼면서 부부 갈등이 생기게 된다.

갈등 상황에서 나를 둘러싸고 있는 상황적 한계를 '직면'하고 '수용' 하게 될 수밖에 없는데, 이때 경험하는 직면과 수용은 사실 건강하지 못하게 외부의 영향을 많이 받은 것이고, 어쩌면 사회에서 말하는 통념적인 것일 수 있다. "결혼생활은 원래 이런 거야", "남편(아내)들은 다 그래" 등, 사람의 마음을 아주 피폐하게 만드는 말들이나 시각 같은 것들이다. 그런 것에 마음을 빼앗긴 분들은 '고통'과 '슬픔' 속에서 행복한 결혼생활과는 거리가 먼 삶을 살 수 밖에 없고, 그것을 회복하지 못하면 '깊은 고통'에서 벗어날 수 없다. 결국 이 시기에 더 이상 견딜 힘이 없어 결혼생활을 유지하지 못하고 이혼으로 가는 경우가 너무도 많다.

한평생을 살면서 위의 예에서와 같이 고통과 실패의 경험만 한 이들도 많을 것이다. 그것은 위의 도표에 나타난 반쪽(왼쪽)의 경험만 한 경우이다. 사실 깊은 고통까지 맛본 사람들은 절대적으로 오른쪽에 있는 회복의 경험을 해야 자신감이 생기고, 이 세상은 살 만한 곳이라고 느끼게 되며, 부부가 함께 노력한 것에 대한 보람을 느낄 수 있다.

깊은 고통과 슬픔 속에서 신세 한탄만 하는 것이 아니라 '새로운 개념의 직면'을 하게 된다면, 그때가 곧 회복을 하게 되는 긍정적 시작점이 될 수 있다. 기존에 자기가 노력했던 방법들이 별 효과가 없이 자꾸 안 좋은 쪽으로 간다면 이제는 좀 더 효율적으로 직면해야 한다.

일단 자신이 더 이상은 이렇게 살 수 없음을 인지하고 이 깊은 고통에서 벗어나기 위해 전문가들의 도움을 받는 것이 정말 중요하다. 상담사로서 부부 상담을 할 때 이런 상황에 있는 부부들은 호소하는 고통의 종류는 달라도 회복을 향한 노력은 같은 방향으로 가는 것을 경험한다. 부부가 서로 자기주장만 하다가 전문가의 도움을 받으면 자신의 잘못된 부분을 보게 되고 새로운 시도를 하게 된다. 이것은 마치 어느 특정한 종목의 운동을 잘하기 위해 먼저 전문 트레이너에게 그에 대한 기본기를 배우며 자기 몸의 쓸데없는 힘을 빼는 것과 같은 원리이다. 새로운 경험과 함께 작은 변화가 찾아오면 그때는 희망을 보게 되고 좀 더 용기를 갖게 된다.

결혼을 앞둔 한 젊은 커플은 서로 사랑하지만 만나기만 하면 싸운다고 했다. 남자는 자기가 지금까지 누구에게 이렇게 화낸 적이 없는데 약혼녀에게는 감정이 조절되지 않아 폭발했고, 여자 또한 지금까지 누구에게도 비난받아본 적이 없는데 남자 친구가 자기를 계속 비난해서 더 말하기 싫고 자꾸만 핑계를 댄다고 했다.

상담사와 함께 서로에게 맞는 대화법을 연습하고 데이트하면서 '새로운 개념의 직면' 방법을 사용하도록 하고 1주 후에 다시 만났다. 둘은 한 번의 상담으로도 '새로운 변화'를 경험하게 되었다. 그리고 좀 더 긍정적인 마음으로 계속 양육을 받았다. '재양육'에는 다양한 경험들이 포함되는데, 그것은 전문가의 도움일 수도 있고 좋은 책을 읽음으로 통찰이 올 수도 있다. 또 먼저 힘든 위기를 긍정적으로 잘 극복한 선배나 공동체 멤버의 경험으로도 가능하다.

중요한 것은 내가 좀 더 변화되어 우리 부부가 건강하게 회복될 수 있도록 하겠다는 마음의 열망을 갖는 것이다. 그렇게 하다 보면 현재 남편(아내)으로서 '책임감' 있는 삶을 살게 되고, 비슷한 갈등이나 위기가 왔을 때 놀라거나 당황하지 않고 잘 극복할 힘이 생겨 지속적으로 '유지'하게 된다.

갈등의 고비마다 위와 같은 단계를 크고 작게 경험하면서 회복하는 즐거움을 누렸으면 좋겠다. 아이러니하게도 우리 인생은 어쩌면 문제와 갈등의 연속이라고 할 수 있다. 한 가지가 해결되어 한숨을 돌릴만 하면 새로운 문제가 생기고 갈등이 생긴다. 어려움 속에서 절망하지 않고 잘 회복하는 과정 자체가 건강한 인생을 사는 것이다.

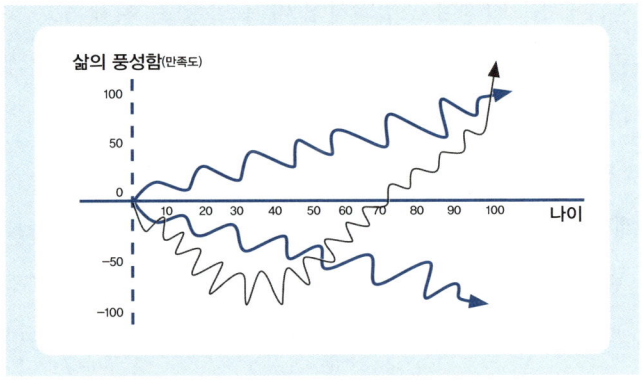

• 삶의 회복, 성장곡선 방향 •

우리의 결혼생활에서 어떤 방향을 향해 가고 있는가는 매우 중요하다. 조금 늦더라도 바른 방향, 회복의 방향으로 가는 것은 정말 중요하다. 앞에서 설명한 회복성장곡선들이 모이면 그렇게 될 수 있다.

누구나 고난 없는 행복한 결혼생활을 원하지만 그런 삶은 있을 수 없고, 그 고난 속에 축복이 감추어져 있다. 현재 내 결혼생활의 만족도를 점검하면서 방향성을 잘 보기 바란다. 크리스천에게 있어서 바른 방향성은 주님을 향한 비전의 방향이다. 어떠한 역경이 와도 주님의 인도하심이 있다는 믿음을 갖고 그분의 뜻을 구하며 현재의 어려움과 갈등을 소망의 눈으로 바라보는 힘을 가지면 좋겠다.

내가 처음 가정사역과 상담, 심리를 배울 때만 해도 교회 안에서는 이런 학문을 약간 배척하는 경향이 있었다. 인본주의적인 학문을 교회 안에 가지고 와서 믿는 사람들의 마음을 혼란스럽게 한다는 이유에서였다. 그렇지만 오늘날에는 가정사역과 기독교 상담이 많이 발전되어 내면의 고통이나 관계가 힘든 사람들에게 회복의 좋은 도구가 되고 있어 얼마나 감사한지 모르겠다.

내 경우는 사람의 마음이나 관계에 대한 배움 덕분에 주님과 좀 더 구체적으로 가까워지고 믿음도 견고하게 되는 성장과 변화의 경험을 계속하고 있다. 그리고 이 귀한 경험들을 다른 사람들에게 나누어줄 때 아픔을 당한 많은 사람들에게서 회복의 더 풍성한 열매가 맺히는 것을 보면서 주님이 내게 주신 달란트에 감사하며 보람을 느낀다.

---

1 정문자 외, 《가족치료의 이해》 2판 (서울: 학지사, 2012), pp. 401-422.
2 문요한, 《천 개의 문제, 하나의 해답》 (서울: 북하우스, 2012), pp. 20-30.
3 김병훈, 〈현대정신분석의 임상기법〉, 한국정신역동치료학회, 2009, pp. 61-64; 《정신분석과 성서이해(I)》 (호서대학교 출판부, 2011), pp. 250-255.

이제 우리 부부 화내지 않고 대화할 수 있어요 참으로 신기한 경험이에요

PART 2

부부,
아는 만큼
견고해지다

chapter 3

내 맘 같지 않은 그 사람

한 결혼 만족도 조사에 의하면 행복한 부부와 불행한 부부 사이에 커다란 두 개의 차이가 있다고 한다. 첫째는 대화하는 방법에 대한 만족도의 차이이고, 둘째는 서로의 차이를 건설적인 방법으로 조정하는 능력에 관한 차이이다.[1] 실제로 갈라서는 부부들의 사례에서 월등하게 높고 지속적으로 이혼 사유가 되는 것은 성격 차이로, 그 비율이 44.9%에 달한다. 7.1%에 해당하는 가족 간 불화까지 합치면 이혼 사유의 50% 이상이 부부가 서로를 잘 이해하지 못하는 데서 기인함을 알 수 있다.[2]

사랑해서 결혼한 부부지만 함께 살면서 서로 다른 성격 차이나 어린 시절 원가족에 대한 이해의 부족으로 자기 위주의 대화나 가치관만을 주장하다 본의 아니게 배우자에게 상처와 갈등을 주는 경우가 많다. 부부 갈등에서 처음에는 서로에 대해 잘 이해하지 못해 갈등을 하다가도 서로가 제대로 알아가고 이해되면 갈등이 줄어들고 서로 용납하게 되기 때문에, 부부가 서로에 대해 어떻게 다른지 아는 것은 매우 중요하다.

개인이 가지고 있는 성격 특성은 결혼 전이나 결혼 후에 별로 차이가 없기 때문에 결혼생활에 많은 영향을 미친다.[3] 한 사람의 성격이나 성품을 이해한다는 것은 매우 복잡해서 간단하게 몇 마디로 이야기할 수 없다. 그래서 많은 학자들은 사람들의 타고난 성격과 기질에 대해 여전히 깊이 있게 연구하고 있다. 여기에서는 사람들의 성격을 이해하는 연구 중 대표되는 몇 가지만 다루겠다.

이 글을 읽고 좀 더 도전을 받아 깊이 있게 공부해 나를 바르게 이해하고, 배우자를 비롯해 나에게 중요한 대상들을 이해함으로 관계의 갈등을 줄이고 서로가 내면에서 편안하게 만날 수 있었으면 좋겠다.

그 사람 성격 이해하기

성격 심리 이론을 배우면 사람을 있는 그대로 이해하게 된다. 다른 사람을 판단하던 편견에서 자유로워져 나를 좀 더 성숙시키고 유연성과 개방성을 갖게 되므로 엉켜 있던 다른 사람들과의 관계가 건강하게 회복되는 즐거움을 맛볼 수 있다.

1. 기질적 성격 이해

사람을 이해하는 데 도움을 주는 자료들 중에 과학적이고 학문적으로 잘 정립되어 아직까지 널리 쓰이는 것으로는 '기질'(personality)을 들 수 있다. 사람을 기질에 따라 나눈 사람은 주전 400년경 그리스의 철학자이며 의사였던 히포크라테스이다. 그는 인간 신체에 네 가지 체액으로 혈액(blood), 흑담즙(black bile), 황담즙(yellow bile), 점액(phlegm)이 있으며, 그것이 사람들의 행동에 영향을 미치고 성격을 구분한다고 했다. 그 후 이를 근거로 수세기가 지난 주후 149년경에 로마의 생리학자 갈렌(Galen)이 다혈질(Sanguine), 담즙질(Choleric), 점액질(Phlegmatic), 우울질(Melancholy)의 네 가지로 나누어 기질 이론을 제시했다.[4] 기질이 사람을 이해하는 데 도움을 주는 것은 혈액형이 부모로부터 타고난 유전인자이고 각각의 특징이 있는 것처럼 기질 역시 많은 부분 부모로부터 물려받은 자기 고유의 특성을 나타내기 때문이다.

최근에는 기질 검사를 DISC 성격 검사로 바꾸어 사용하는 분들도 있다. 다혈질(Sanguine)을 사교형(Influence)으로, 담즙질(Choleric)을 주도형(Dominance)으로, 점액질(Phlegmatic)을 안정형(Steadiness)으로, 우울질(Melancholy)을 신중형(Conscientiousness)으로 사용하는 것이다.

한 사람이 네 가지 기질 중 두드러진 기질을 가지면서도 다른 기질을 복합적으로 가지고 있기 때문에 기질을 이해할 때는 복합적인 이해가 필요하다. 중요한 것은 어떤 기질이 좋으냐 하는 것이 아니라 각 기질마다 강점과 약점이 있다는 것이다. 따라서 내 기질과 배우자의 기질을 바르게 이해하면 서로의 강점을 잘 사용하고 약점은 서로 보완해줄 수 있어 풍성한 가정생활을 할 수 있게 된다.

2. MBTI 성향적 성격 이해

MBTI 검사는 아마도 이 글을 읽고 있는 대부분의 사람들이 해봤을 정도로 보편적으로 알려져 있다. 그러나 안타까운 것은 검사 후에 그냥 한번 해봤다로 끝나는 경우가 많고, 정말 자기를 이해하고 그것을 생활에 적용하는 사람은 많지가 않은 것 같다. 만약에 검사를 했다면 검사 결과를 가지고 나를 분명하게 이해하고 다른 사람을 이해하는 시간을 가져보는 것이 좋겠다.

사람의 타고난 성향을 측정하는 MBTI(Myers-Briggs Type Indicator) 성격 유형 검사는 융(Jung)의 심리 유형론을 근거로 캐서린 브릭스(Katharine C. Briggs)와 그녀의 딸인 이사벨 마이어스(Isabel. B. Myers), 손자 피터 마이어스(Peter-Myers)까지 3대에 걸쳐 70년 동안 연구, 개발된 성격 유형 검사이다. 이 검사는 현재 전 세계에서 가장 널리 사용되는 심리 검사 중 하나이며, 자신의 심리적 특성을 이해할 수 있는 동시에 다른 사람을 이해하는 데도 많은 도움이 된다. 우리나라에서는 문화적 차이를 고려하여 엄격한 표준화 과정을 거쳐 1990년부터 보급되었다.[5]

MBTI의 바탕이 되는 융의 심리 유형론의 요점은 각 개인이 외부로부터 정보를 수집하고(인식 기능), 자신이 수집한 정보에 근거해서 행동을 위한 결정을 내리는 데(판단 기능) 있어서 각 개인이 선호하는 방법이 근본적으로 다르다는 것이다.

융의 심리 유형론을 경험적으로 검증하여 실생활에 적용하기 위해 만들어진 MBTI는 인식과정을 사고(thinking)와 감정(feeling)으로 구분하여 개인이 인식한 바에 의거해서 결론을 이끌어 내는 방법들 간의 차이점을 알 수 있도록 해준다. 그리고 이러한 기능을 사용할 때 어떤 태도를 취하는가에 따라 외향성(extraversion)과 내향성(introversion) 및 판단(judging)과 인식(perceiving)으로 구분하여 심리적으로 흐르는 에너지의 방향 및 생활양식을 이해할 수 있도록 해주는 것이다.

MBTI의 네 가지 선호 경향은 에너지 방향의 태도를 보는 외향성(Extraversion)과 내향성(Introversion), 인식 기능인 감각(Sensing)과 직관(Intuition), 판단 기능인 사고(Thinking)와 감정(Feeling), 생활양식의 태도인 판단(Judging)과 인식(Perceiving)이 있다. 이러한 네 가지 차원을 조합하여 16가지 유형의 성향으로 사람을 이해한다.

3. 에니어그램(Enneagram)을 통한 성격 이해 [6]

에니어그램이란 그리스어로 '에니어'(ennear, 9, 아홉)라는 단어와 '그라모스'(grammos, 도형·선·점)라는 단어의 합성어로 에니어그램은 '아홉 개의 점이 있는 그림(도형)'이라는 뜻이다. 에니어그램은 사람을 9가지 유형으로 분류하고 있으며, 어떤 사람이라도 그중 하나의 유형에 속한다고 본다. 그러나 그것은 사람을 9가지 유형으로만 구분, 획일화해 놓은 것이 아니라 9가지 유형의 문을 통해 들어가는 성격의 문과 같은 것이라고 한다.

에니어그램의 역사는 추정된 것에 의해서만 보면 약 4,500여 년 전(기원전 2500년 전)에 중동 지방(현재의 아프카니스탄)에서 발생한 고대의 지혜이다. 이것은 보편적인 진리의 압축이라고도 불리며, 여러 종교와 연결되어 있고, 또 고대의 전통에서 비롯된 지혜와 현대의 심리학이 결합된 것이다.

9가지 유형을 보면 1번 유형은 개혁가, 2번 유형은 조력가, 3번 유형은 성취자, 4번 유형은 예술가, 5번 유형은 사색가, 6번 유형은 충성가, 7번 유형은 낙천가, 8번 유형은 지도자, 9번 유형은 조정자이다.

실제 적용 사례

자신에 대한 바른 이해나 성격이 다름에서 오는 부부 갈등 시 서로가 어떻게 다른지 이해함으로 관계가 회복된 상담 사례를 몇 가지 나누겠다.

사례 1. 겉만 보고는 알 수 없는 게 사람 마음

한 신혼부부를 상담할 때의 일이다. 아내는 더 이상은 남편과 살 수 없어 이혼하고 싶다고 했다. 반면 남편은 결혼한 지 얼마 되지도 않았고 자기는 이혼할 마음이 없는데 이혼을 요구하는 아내가 도저히 이해가 안 된다고 했다. 아내가 이혼을 요구하는 이유는 남편이 자기에게 심한 욕을 수시로 하기 때문이라고 했다. 그럴 때마다 모욕감이 느껴져 더 이상 같이 살고 싶지 않다는 것이다.

상담하면서 부부에게 MBTI 성향 검사를 했는데, 그 결과를 통해 놀라운 사실을 알게 되었다. 겉보기에 남편은 누가 봐도 외향형의 사람이었다. 활발하고 말과 행동의 폭이 크고 거칠었다. 그런데 검사를 진행하는 동안 남편은 진땀을 흘리면서 힘들어했고 시간도 많이 걸렸다. 검사 결과, 남편은 내향형이 높은 것으로 나왔다. 그 이유에 대해 묻자 남편은 긴장된 마음을 풀고 자기에 대한 이야기를 시작했다.

남편은 형제만 둘인 집의 둘째 아들로, 아버지가 매우 외향적이고 적극적이어서 자기 아들들을 양육할 때 씩씩할 것을 요구했다고 한다. 남자이기 때문에 말을 크게 해야 하고, 행동이 빨라야 하며, 남에게 지면 안 되고, 울어도 안 된다는 양육을 받은 것이다.

그런데 이런 양육 방법은 내담자 남편의 성향을 전혀 배려하지 못한 양육 방법이었다. 남편은 조용하게 혼자서 생각하고 조금 느리게 행동하는 것이 편한데 어릴 때부터 자기답게 살지 못했고, 말을 할 때도 신중하게 생각한 다음에 해야 하는데 그러지를 못했다고 했다. 조금만 늦으면 아버지에게 야단을 맞아 아버지가 요구하는 대로 살아야만 했던 것이다. 그러면서 사춘기를 지나고 군대생활과 사회생활을 하면서 욕이 입에 밴 것이다.

자기의 생각을 잘 정리해서 말하는 과정을 거치지 못했기 때문에 순간의 의사 표현이 욕이었고, 이것이 결혼 전까지는 별로 문제가 되지 않았고, 남편이 경험한 사회에서는 그냥 통용이 되었던 것이다. 그런데 결혼하고 나서는 아내가 남편의 욕하는 것을 받아들이지 못해 문제가 된 것이다.

남편의 이야기를 듣고 있던 아내는 눈물을 흘렸다. 물론 남편도 울면서 자기의 마음을 표현했다. 그동안 남편은 부모님이 요구하는 대로 또는 사회가 요구하는 대로 살면서 있는 그대로의 자기로 살지 못했다. 몇 가지 심리 검사와 내면 탐색을 통해 자기 자신과 배우자에 대한 바른 이해가 생기자 부부의 관계가 매우 좋아졌다.

사례 2. 나도 모르게 무시하는 마음

결혼생활 35년 정도 된 60대 중반의 부부가 있었다. 이 부부는 세 명의 자녀를 잘 키워 출가시키고 둘만 살고 있었는데 더 이상 함께 살 여력이 없을 정도로 마음이 상해 있었다. 그래서 이혼을 하기로 결정하고 자녀들에게 통보했는데, 자녀들이 울면서 제발 이혼하지 말고 전문가의 도움을 받아보라고 강권해 상담을 온 경우였다.

남편의 첫 이미지는 남성답고 호탕했으며 목소리도 굵고 컸다. 아내는 곱상하고 조용한 스타일로 살짝 미소를 지으며 단정하게 앉아 있었다. 겉보기에는 다정한 부부처럼 보였고, 그분들도 살면서 큰 갈등은 없었던 것 같다고 했다. 그러나 어디서 잘못되었는지 모르겠지만 살면 살수록 서로에 대한 존중감이 없어지고, 함께 있으면 자꾸 싸우게 되어 후회스럽고 억울한 감정만 남았다고 했다.

아내는 남편이 다른 사람들 앞에서는 날마다 호탕하게 술을 마시고 멋지게 행동하면서 정작 아내에게는 무관심한 모습이 가장 싫다고 했고, 남편은 아내가 자기를 투명인간 취급을 해서 집에 들어오면 오히려 더 힘들기 때문에 가능하면 집에 있지 않고 밖으로 도는 것이라고 했다.

이런 경우에 상담사는 매우 난감하다. '한 번의 상담으로 중년기를 넘어가고 있는 이 부부의 갈등을 회복할 수 있을까?' 하는 고민이 순간 생기기 때문이다. 그러나 이럴 때일수록 주님의 지혜가 더욱 구체적으로 필요함을 알기에, 부부의 이야기를 들으며 속으로 '주님, 이 시간 이 부부에게 주님의 불쌍히 여김의 은혜를 주십시오'라고 간구하며 한 가지 작은 작업을 함께했다.

다양한 동물 그림을 주고 부부 각자가 자기 가족의 이미지를 동물로 표현해보는 것이었다. 나이가 있으신 두 분은 몇십 년 만에 해보는 아이들 그림 놀이 같은 것을 매우 어색해하면서도 상담사의 도움을 받아 자기가 생각하는 것들을 잘 표현했다. 그리고 부부에게 자신의 작업을 편하게 나누어보도록 했다.

먼저 아내가 자기가 한 작업에 대해 조리 있게 이야기했다. 그러는 과정에서 아무리 사랑하는 가족이라도 서로 다른 동물의 이미지가 있다는 것을 알고, 이를 통해 각각의 특성과 서로 다름을 조금씩 몸으로 경험하며 마음으로 느끼는 듯했다. 남편 또한 자기가 생각하는 아내의 모습과 자식들의 모습을 씩씩하게 표현했다. 그런데 거기에 중요한 것이 빠져 있었다. 남편은 가족을 동물로 표현하면서 자신을 빼놓았던 것이다. 이 부분에서 내담자의 내면이 매우 연약함을 본 상담사가 이를 남편에게 인지시켰다.

상담사가 조심스럽게 남편에게 물었다.

"선생님은 이 가족 중 어디에 계세요?"

그러자 남편은 화들짝 놀라며 빽 소리를 질렀다.

"나요? 나 없어요."

"왜요? 왜 선생님이 이 가족 안에 없어요? 선생님이 엄연히 이 가족의 가장인데요. 선생님도 한번 자신을 표현해 보세요."

상담사가 이렇게 권하자 남편이 오열하기 시작했다.

"나는 지금까지 머슴처럼 일만 했어요. 아주 힘든 일이었지만 처자식 먹여 살리려고 일거리가 들어오면 한 번도 마다하지 않고 일했지요. 그런데 집에 들어오면 편안하게 쉴 수가 없었습니다. 집 어디에도 내가 편히 쉴 곳이 없었어요. 그러니까 나가서 친구들과 한잔할 수밖에 없었고, 술에 취해 집에 들어오면 아내에게 큰소리를 낼 수밖에 없었습니다."

남편은 그동안 묵었던 힘든 감정을 풀어내느라 온몸에서 진땀을 흘렸고, 그의 눈에서는 눈물이 흘렀다. 어느 정도 시간이 흐른 후 상담사가 남편에게 조심스럽게 "그렇지만 자신을 한번 표현해보세요"라고 다시 권했고, 아내도 남편을 응원했다.

그러자 남편은 가족 제일 앞에 자신을 조심스럽게 표현하며 어색하다고 말했다. 그동안 자기 자신에 대해, 즉 자신의 존재에 대해 생각해본 적이 없고 허탈한 마음을 그냥 술이나 친구들을 만나는 것으로 달랜 것 같다고 했다. 상담을 마무리하면서 부부의 감정을 다시 확인시켰다.

남편이 말했다.

"나는 아내를 사랑했지만 아내가 나를 무시한다고 생각해서 더 화를 냈습니다. 앞으로는 화내지 않고 내 요구나 감정을 이야기하고 싶습니다."

사실 이 부부를 상담하면서 상담사로서 아내에게 조금 화가 나 있었다. 아내는 믿음이 신실한 권사였다. 그래서 상담사는 아내에게 약간 공격적인 질문을 던졌다.

"권사님이 믿는 예수님의 사랑은 어디에 있어요? 그동안 왜 남편을 한 번도 품어주지 못했나요?"

그러자 아내 권사님은 흐르던 눈물을 닦으며 말했다.

"남편이 하는 동물가족작업을 보면서 마음이 너무 아팠어요. 그동안 이 사람은 씩씩하고 호탕한 것 같았고, 매일 약한 저를 공격하는 것만 같아 미웠는데 남편의 내면이 너무 약한 것을 직접 보게 되니까 안쓰러운 마음이 들어요. 이 사람은 내가 조금만 잘해줘도 오버를 많이 해서 그것도 싫었거든요. 그래서 아예 무시했던 것인데 내가 너무 미안하네요."

두 사람은 서로의 얼굴을 마주보며 마음을 나누었고, 서로에 대한 사랑을 확인한 부부는 노년을 향해 가는 인생 여정에서 서로 의지하며 살기로 약속했다. 다음 날 아내 분이 감사의 문자를 보내셨다.

"이제 우리 부부 화내지 않고 대화할 수 있어요. 참으로 신기한 경험이에요. 아직 어색하지만 조금씩 더 폭넓게 서로를 알아가려고요. 감사합니다."

알아야 이해할 수 있다

이런 사례들과 같이 상담을 하다 보면 자기의 기질이나 성향대로 긍정적이고 당당하게 살지 못하고 주변 사람들의 눈치를 보며 그들의 기대에 맞게 사는 사람들이 많다는 것을 알게 된다. 반대로 상대방의 특성을 있는 그대로 용납하지 못하고 자기가 원하는 대로 끌고 가다가 관계가 깨지고 힘들어하는 사람들도 꽤나 많다.

이들의 공통점은 자아존중감이 낮고, 자기를 매우 비하하는 경향이 있거나 무조건 자기만 옳다고 주장해서 갈등을 더 크게 만든다는 것이다. 자기의 타고난 기질이나 성향, 성격을 이해하는 것은 나를 나답게 살게 하는 아주 기본적인 것이면서 동시에 다른 사람을 있는 그대로 용납할 수 있는 힘을 갖게 한다.

/ **우리 이야기** / 다름에 대한 이해

대부분의 부부들이 서로 반대되는 성향을 만나듯 우리 부부도 외모는 닮았지만 기질이나 성향 등은 많이 달랐다. 신혼기 때의 우리 부부는 최선을 다해 서로를 사랑하고 섬겼고, 그래서 행복하고 즐거웠던 추억이 참 많지만, 서로가 다르다는 것을 이해하지 못했기에 늘 싸울 수밖에 없었다.

신혼기 때 내가 가졌던 우리 부부의 동물 이미지는 나는 거북이, 남편은 토끼였다. 동화 〈토끼와 거북이〉의 내용 같은 모습을 우리 부부의 생활패턴에서 느꼈기 때문이다. 거북이는 빠르거나 큰 재주는 없지만 성실했기에 토끼를 이길 수 있었고, 토끼는 빠르고 재주가 많았지만 게으름을 피우다 거북이에게 질 수밖에 없었다. 심리학 공부를 하기 전까지 나는 우리 부부가 기질적으로나 성향적으로 다르다는 것을 이해하지 못했고, 나와 다른 남편이 잘못되었다는 확신에 차 있었다.

나는 기질적으로는 담즙기질이 많고, 그 다음이 다혈기질이다. 그리고 MBTI 성향으로는 전형적인 ESTJ이고, 애니어그램에서는 8번 유형인 지도자형이다. 이를 종합해서 나를 이해하면, 나는 외향형으로 매사에 적극적이고 주도적이며 일을 무서워하지 않고 달려드는 성격이다. 그리고 계획을 세워 그대로 실천하는 것이 편한 사람이다. 사람들을 사귀는 것을 어려워하지 않고 다양한 만남을 즐거워한다.

반면에 남편은 우울기질이 많고, 그 다음이 점액기질이며, MBTI 성향적으로는 INTP이다. 애니어그램에서는 5번 유형인 탐구자형이다. 즉 내향형이면서 생각이 많고 내면이 복잡한 사람이다. 새로운 것을 추구하며 남들이 생각하지 못하는 것들에 대한 아이디어가 많다. 또한 자유로운 것을 좋아하고 계획을 세우는 것에 대해 별 의미를 두지 못하며 같은 일을 반복하는 것을 힘들어한다.

앞서 소개한 '소와 사자 이야기'처럼 우리 부부도 서로가 최선을 다했지만 서로에 대한 이해가 부족함에서 오는 자기 나름대로의 최선이었지 상대방을 고려하지 못하는 경우도 있었기에 그로 인해 최악의 경험을 하기도 했다.

부부가 서로 다르기에 함께하는 일상에서의 사소한 습관에서부터 크고 중요한 일을 결정함에 있어서 갈등할 수밖에 없지만, 이제는 서로를 알아가면서 성장할 때 더 멋지고 풍성한 일들을 해냄을 알게 되었다. 이런 과정이 하나님께서 원하시는 한 몸 이룬 부부의 비밀을 좀 더 성장시키는 삶임도 알게 되었다.

요즘 나는 일상적인 생활에서는 계획적이고 일을 잘 처리하지만 위기나 급한 일에서는 약한 반면, 남편은 일상생활에서는 느긋하고 별로 신경 쓰는 것 같지 않은데 가정의 위기나 중요하고 급한 일에서는 당황하지 않고 담대하게 방향성을 잘 잡아 긍정적으로 해결하는 힘이 있다는 것을 더 분명하게 경험하고 있다.

부부의 사랑의 언어에 대한 이해

1. 5가지 사랑의 언어

결혼한 부부는 자기의 배우자를 사랑함에 있어서 배우자가 원하는 방법으로 사랑을 표현해야 그 사랑이 잘 전달된다. 그러나 많은 경우 배우자를 배려하는 것이 아니라 자기가 원하고 좋아하는 것으로 사랑을 표현해서 오히려 배우자의 마음을 상하게 하고 부부 갈등을 일으키게 하기도 한다.

채프만(Chapman)은 40년 동안 결혼생활에 대해 상담하면서 결혼한 부부들의 사랑의 언어를 다섯 가지로 분류했다.

첫 번째 행동보다 말을 소중하게 여기는 '인정하는 말'이다. 이 사랑의 언어를 가진 사람은 배우자의 자발적인 칭찬에 감격한다. 반대로 주기적으로 인정을 받지 못하거나 혹은 모욕적인 비난의 말을 들으면 견딜 수 없어 하고 쉽게 잊지 못해 상처를 받는다.

두 번째 사랑의 언어는 '함께하는 시간'이다. 이것은 부부가 함께 무엇인가를 했을 때 사랑을 느끼는 것으로, 배우자가 서로에게 집중하는 둘만의 시간을 간절히 바라는 사람의 사랑의 언어이다.

세 번째 사랑의 언어는 '선물'이다. 이것을 소중하게 여기는 사람은 선물 속에 담겨 있는 사랑과 사려 깊은 노력을 소중히 여긴다. 사랑의 표현이 선물로 나타나는 것이다.

네 번째 사랑의 언어는 '봉사'이다. 이는 배우자를 위해서 하는 행동으로, 맛있는 식사 준비, 방 청소, 설거지 등 사소한 일들이 여기에 해당된다. 이 언어를 사용하는 사람들에게 게으름이나 약속 위반 등은 심각한 사건이 되고 만다.

다섯 번째 사랑의 언어는 '스킨십'이다. 여기에는 단지 성관계만이 아니라 포옹, 손잡기, 얼굴 만지기 등의 스킨십 모두가 포함된다. 이 사람에게는 실제로 가까이 있는 것이 매우 중요하다. 반대로 이런 것을 소홀히 하면 매우 큰 상처를 받게 된다.

다음의 설문을 통해 자신과 배우자의 제1의 사랑의 언어가 무엇인지 알아 서로가 서로에게 원하는 것을 해주며 풍성한 사랑을 채워가면 좋겠다. 점수의 숫자는 마지막 부분(121페이지)의 표에 표시하기 바란다.

• 5가지 사랑의 언어 평가서 •

평가기준

1점 전혀 그렇지 않다(0-20%)

2점 대체로 그렇지 않다(21-40%)

3점 보통이다(41-60%)

4점 대체로 그런 편이다(61-80%)

5점 거의 전부 그렇다(81-100%)

1. 배우자로부터 인정하는 말을 듣는 것은 매우 기분 좋은 일이다. 그런 말들은 살아가는 데 꼭 필요하다.
2. 나는 배우자와 함께하는 시간을 가능한 더 많이 갖고 싶다.
3. 특별한 날이 아니더라도 나는 가끔 배우자에게 선물을 한다.
4. 나는 배우자를 사랑하기 때문에 배우자에게 봉사하는 것이 당연하며 같은 이유로 배우자가 내게 봉사하는 것도 당연한 일이다.
5. 배우자에게 사랑을 느끼지 않아도 강한 성욕을 갖게 될 때가 있다.
6. '내가 어떻게 사는가?' 하는 것도 중요한 일이지만 '배우자가 나를 어떻게 평가하는가?' 하는 것은 더 중요한 일이다.
7. 이상적인 배우자는 함께하는 시간을 시간 사용의 최우선 순위에 두는 사람이어야 한다.
8. 이상적인 배우자는 자주 선물을 줄줄 아는 사람이어야 한다.
9. 이상적인 배우자는 봉사를 잘하는 사람이어야 한다.
10. 배우자가 신체 접촉을 해오면 나에 대한 비판이나 기분 나빴던 일도 많이 잊게 되며 성적으로 만족을 느끼고 긍정적인 마음이 든다.
11. 나는 배우자로부터 인정하는 말을 들으면 내가 남편(아내)으로서 가치를 인정받고 있다는 생각이 든다.
12. 배우자가 내 생일이나 결혼기념일 등을 잊고 지나간다면 매우 섭섭한 일이다.
13. 연애 시절(신혼 시절)에 배우자는 나에게 선물을 자주 주었고, 그럴 때 나는 남편(아내)의 사랑을 느끼곤 했다.
14. 연애 시절(신혼 시절)에 배우자는 나에게 당연하다는 듯이 봉사했으

며, 나는 그런 배우자에게 사랑을 느꼈다.

15. 실제적으로 말로 잘 표현하지는 못하지만 성적 문제에 대해 배우자에게 요구하거나 의논하고 싶은 일이 많다.
16. 배우자가 나에게 인정하는 말을 자주 해주지 않으면 섭섭하고 배우자의 사랑이 식었다는 생각으로 마음이 상하기도 한다.
17. 부부는 어떤 형태로든 함께하는 시간이 많아야 한다.
18. 나는 선물을 받으면 긍정적인 마음이 들며, 또한 받은 선물을 소중히 여긴다.
19. 배우자가 맛있는 요리를 해주거나 다른 봉사를 해줄 때 나는 긍정적 마음이 든다.
20. 나는 배우자와 신체적 접촉을 가지려고 노력하며 또 자주 육체적 접촉을 갖는다.
21. 나에 대한 배우자의 칭찬이 과대평가된 것이라도 들을 때는 기분이 좋으며 나에 대한 비난은 정당한 것이라도 마음이 상한다.
22. 연애 시절(신혼 시절)에 배우자는 함께하는 시간을 시간 사용의 최우선에 두었고, 그럴 때 나는 그런 배우자에게서 사랑받고 있음을 느꼈다.
23. 실용성이 없는 선물(꽃, 비싼 포장 등)이라도 선물에 돈을 들인다는 것은 좋은 일이다.
24. 나는 내가 맡은 일(내게 맡겨진 일)을 성실히 하는 편이다.
25. 이상적인 배우자라면 육체적 접촉을 스스럼없이 잘해야 한다고 생각한다.

26. 배우자가 나에게 지시하듯이 당당히 요구할 때는 부정적인 마음이 들고, 부탁하듯이 말할 때 나는 인정받고 있다는 느낌이 든다.
27. 배우자와 함께하는 시간을 가지면 나는 나도 모르게 명랑해지고 긍정적인 마음이 든다.
28. 배우자가 선물에 별다른 반응을 보이지 않더라도 선물을 고를 때는 정성과 필요한 돈을 들여야 한다고 생각한다.
29. 배우자가 별로 하는 일도 없으면서 나 혼자 일하는 것을 돕지 않으면 나에게 무관심하다고 생각하거나 부정적인 마음이 든다.
30. 연애 시절(신혼 시절)에 우리는 신체적 접촉을 자주 했고, 그럴 때마다 나는 사랑받고 있다고 느꼈다.
31. 배우자로부터 인정하는 말을 듣고 싶어서 그런 요구를 말로 표현하기도 한다(나 어때요?, 나 멋있어요?, 이번 일은 잘했죠?, 내 생각 멋있죠?, 나 사랑해요? 등)
32. 일상생활에서 배우자가 나에게 관심을 집중하길 매우 바란다.
33. 배우자가 정성들인 내 선물을 받고도 별다른 반응(칭찬이나 감사)을 보이지 않거나 정성껏 한 포장을 거칠게 찢으면 나는 부정적인 마음이 든다.
34. 배우자가 퇴근했을 때 집안을 정돈하거나 저녁식사 준비를 잘 해놓는 것이 일하고 돌아오는 배우자를 맞는 도리라고 생각한다.
35. 내가 성관계를 지나치게 좋아하는 것은 아닌가 하는 걱정이 들 때가 있다.
36. 나는 배우자에게 인정하는 말을 자주 하며 때로는 의도적으로 하기

도 한다.

37. 대화 중에 배우자가 내 의견이나 감정을 인정하고 받아줄 때 나는 남편(아내)으로서 가치를 인정받고 있다고 생각하게 된다.
38. 선물은 사랑의 표현이라고 생각하며, 배우자가 준 선물을 꺼내볼 때 흐뭇한 마음이 생긴다.
39. 배우자가 내 일을 도와줄 수 있는 데도 도와주지 않으면 매우 섭섭하다.
40. 성관계 외의 다른 시간에도 신체 접촉을 좋아하며 그럴 땐 성적인 자극을 느낀다.
41. 이상적인 배우자라면 인정하는 말을 능숙하게 구사해야 한다고 생각한다.
42. 내 말을 집중해서 듣거나 내 말에 반응을 나타낼 때 나는 긍정적인 마음이 든다.
43. 특별한 날에 배우자로부터 선물을 받지 못하면 매우 부정적인 마음이 든다.
44. 나는 가끔 배우자에게 어떤 일을 하라고 요구하거나 잔소리를 하기도 한다.
45. 성관계가 평소와 달리 오랫동안 없으면 부정적인 마음이 든다.
46. 연애 시절(신혼 시절)에 배우자는 나에게 인정하는 말을 자주 해주었고 나는 그런 배우자가 좋았다.
47. 배우자나 내가 원하는 일(취미, 집에 꼭 필요한 일 등)을 함께할 때 마음에서 우러나는 대화를 더 많이 하게 되거나 연애 시절(신혼 시

절)의 기분이 들기도 하고 사랑받고 있다는 느낌이 들기도 한다.

48. 나는 배우자에게 선물을 잘 하는 편이고, 때로는 배우자에게 선물을 요구하기도 한다("이번 생일에는 뭐 해줄 거예요?" 같은 말들).
49. 특별한 날엔 특별한 일(생일잔치, 기념여행, 기념사진 촬영, 특별한 외식 등)을 해야 한다고 생각한다.
50. 영화나 TV 등에서 선정적인 장면이 나오면 성적으로 흥분된다.

• 우리 부부 사랑의 그릇을 무엇으로 채울까?(세로로 더해서 합계를 내보라)

1	2	3	4	5
6	7	8	9	10
11	12	13	14	15
16	17	18	19	20
21	22	23	24	25
26	27	28	29	30
31	32	33	34	35
36	37	38	39	40
41	42	43	44	45
46	47	48	49	50
합계	합계	합계	합계	합계
인정하는 말	함께하는 시간	선물	봉사	육체적 접촉

내 제일의 사랑의 언어	배우자의 제일의 사랑의 언어

출처: 성서유니온선교회 윤경호·정문숙 자료 인용

2. 사랑의 언어 검사 후 부부생활에 적용하기

모든 검사가 그렇듯 사랑의 언어 검사 후에 그저 숫자를 보며 "내 제일의 사랑의 언어는 '함께하는 시간'이고, 당신은 '인정하는 말'이네" 하고 말하고는 서로의 깊은 마음을 함께 나누지 못하는 것은 안타까운 일이다. 부부가 함께 검사를 했다면 그것을 깊이 있는 대화의 소스로 사용하면 좋겠다. 어느 문항에서 같은 생각을 했고, 어느 문항에서 완전히 반대되는 생각을 했는지 서로의 생각을 나누면 부부는 서로의 좀 더 깊은 내면을 알게 되는 시간을 가질 수 있을 것이다. 이때 다음의 몇 가지의 팁을 참조하라.

1) 인정하는 말, 함께하는 시간

사랑의 다섯 가지 언어 중에 가장 많이 나오는 것이 '인정하는 말'과 '함께하는 시간'이다. 여기서 중요한 것은 문자적인 것으로만 나와 배우자를 이해하고 넘어가는 것이 아니라 세밀한 부분에 대해 나누는 것이다. 내가 가장 제일 좋아하는 인정하는 말이 무엇인지 찾아 배우자에게 구체적으로 이야기해보라.

우리 부부의 경우, 남편이 아내에게 듣고 싶어 하는 말은 "참 잘했어요", "당신이 최고예요", "역시 당신은 못 하는 것이 없어요" 등이고, 내가 남편에게 들을 때 기분 좋은 말은 "사랑해", "참 예쁘다", "당신은 참 지혜로워" 등이다. 단순한 말들이지만 그 말을 좋아하는 의미에 대해 듣고 배우자에게 진심을 담아 인정하는 말을 해줄 때 서로의 사랑이 깊어지게 된다.

또한 함께하는 시간에서도 나는 배우자와 함께 무엇을 할 때 즐겁고 배우자는 나와 함께 무엇을 해야 즐거운지 나누고 서로가 좋아하는 것에 대해 균형 있게 시간을 배분해 사용해야 한다.

우리 부부는 함께 걸으며 이야기하는 것을 좋아한다. 그래서 이 부분은 기꺼이 합의가 된다. 남편이 유난히 좋아하는 또 다른 것은 아내와 함께 맛있는 것을 먹는 것으로, 분위기 있는 곳에서 아내와 둘이 맛난 것을 먹을 때 남편의 얼굴에서 어린아이 같은 행복감을 볼 수 있다. 반면 나는 남편과 함께 책 읽은 것을 나눈다든지 가정예배를 드리는 것을 좋아한다. 그러면 우리 부부의 영성과 내면이 풍성해지는 것 같고 남편을 더 존경하게 된다.

이렇듯 부부는 서로가 원하는 것을 일방적으로 요구만 할 것이 아니라 서로를 배려하며 서로의 사랑의 언어를 채워주어야 한다. 그럴 때 부부의 정서적 통장이 풍부해지고 둘이 한 몸 이룬 부부의 여정을 가는 일이 더 의미 있어진다.

2) 선물

사랑의 언어 중에 가장 낮은 점수가 나오는 항목은 대부분 '선물'이다. 결혼한 부부들이 서로의 생일을 챙긴다든지 결혼기념일을 챙기는 경우가 생각보다 적다는 것에 놀란다. "그런 게 무슨 의미가 있나요?", "우리는 신혼 초부터 아예 그런 날은 그냥 넘어가자고 쿨하게 약속했어요", "나는 하는데 아내(남편)가 그건 것을 우습게 알아서 이제는 안 해요."

그런데 잘 생각해보라. 선물은 마음의 표현이다. 아무리 작아도 뜻깊은 날을 기념하며 하는 선물은 곧 마음을 표현하는 것이기 때문에 중요하다. 치사해서 이야기 안하고, 별 의미를 못 느낀다고 중요한 날을 그냥 지나간다면 도대체 어느 날에 의미를 두고 부부가 서로의 마음을 선물로 표현하겠는가?

배우자가 알아서 해주면 좋지만 그것을 내 입으로 말하고 싶지는 않다고 하는 사람들도 있다. 하지만 배우자가 그런 쪽으로 약간 은사가 없다면 그것을 중요하게 여기는 사람이 먼저 이야기해 서로의 것을 챙겨주면 되지 않을까? 꼭 비싼 것을 주고받는 것이 의미가 있는 것이 아니라 마음의 사랑을 주고받는 것임을 잊지 않길 바란다.

우리 남편은 기념일들을 기억하는 것에 약간 서툴다. 그래서 내가 달력에 빨간펜으로 가정의 소중한 날들을 표시해두고 주기적으로 이야기해준다. 그래서 가족에게 중요한 날에 상대에게 필요한 것을 정성껏 준비해 선물한다.

만약 남편이 아내의 생일이나 결혼기념일을 미리 챙기지 못했을 때도 나는 삐지기보다 남편과 함께 쇼핑센터에 가서 마음에 드는 것을 고르고 남편에게 계산하게 하기도 한다. 중요한 것은 방법이 아니라 선물을 통해 서로의 마음을 나누는 것이다.

이런 패턴이 습관이 되어 우리가 기러기 생활을 할 때도 남편은 잊지 않고 생일날과 결혼기념일에 꽃다발을 보내왔다. 물론 그 꽃은 단 며칠만 예쁜 모습을 볼 수 있는 것이었지만 아내의 마음을 몇 달간 풍성하게 하기에 충분했다. 마음의 여유가 없는 사람들은 "절대 꽃 선물은 하지 마. 그거 치우는 게 얼마나 귀찮은지 알아?" 하기도 하지만 꽃을 가까이할수록 마음이 더 아름다워짐을 느낀다.

미국에서 보니 마트 입구마다 꼭 꽃들이 있었다. 사람들이 일상에서 꽃을 편안하게 즐기며 사는 모습이 참 부러웠다. 그런 삶이 각박한 세상에서 계절을 느끼며 여유 있는 삶을 살 수 있는 한 모습이지는 않을까?

3) 부부 스킨십

사랑의 언어에서 육체적 접촉은 부부 사이에 큰 차이가 날 수 있다. 육체적 접촉에 대한 부부의 생각이 다를 때 스킨십을 하는 데 걸림돌이 될 수 있는 것이다. 육체적 접촉은 단지 부부 성생활에 제한하는 것이 아니다. 부부가 산책할 때 손을 잡고 걷는다든지 함께 소파에 앉아 TV를 시청할 때 서로의 몸을 만지면서 체온을 느끼고 친밀감을 나누는 것 등 서로가 서로에게 편안하게 다가가는 것이다. 사실 육체적 접촉은 서로의 마음이 긴장될 때는 하기가 힘들다. 그렇지만 부부의 긴장이나 갈등을 줄일 수 있는 큰 무기이기도 하다. 그리고 자연스럽게 성생활로 연결될 수도 있다.

한 중년 여성은 남편과 스킨십이 매우 자연스럽고 좋았는데 남편이 외도하는 것 같은 의심이 생긴 후부터는 남편을 의도적으로 멀리하고 남편이 가까이 다가오면 손으로 툭 쳐 남편을 무안하게 만든다고 한다. 그런데 의심은 계속 더 많이 생겨 마음까지 병들어 상담을 온 경우였다.

살다 보면 부부가 오해도 하고 화나는 일도 생긴다. 모든 것을 말로 화해할 수는 없는 경우도 발생한다. 이럴 때 좋은 무기가 스킨십이다. 말없이 그냥 포근하게 안아주거나 손을 잡아주면 내면의 긴장감이 풀리게 되고, 순간 서로의 마음이 통해 진한 사랑을 하게 된다면 오래 묵은 감정까지도 한 방에 날릴 수 있는 멋진 일도 생기는 것이다.

chapter 4

사라지지 않는 시간

실제로 개인 상담을 하다 보면 그 사람의 건강하지 못한 방어기제를 탐색하게 되는데, 이는 이미 어린 시절에 형성된 것이 많다. 부부는 각자의 어린 시절에서 자신을 돌봐준 부모나 양육자에 의해 발달 단계별 성장에 필요한 애착과 돌봄을 적절하게 받고 건강하게 자라야 하는데, 기본적인 욕구과 애착이 제대로 충족되지 못했을 때 그 충족되지 못했던 욕구과 애착을 배우자를 통해 다시 채우기 위해 무의식적으로 배우자에게 매달리게 된다.[7]

결혼하는 사람들이 배우자와 사랑에 빠지게 되는 이유도 뇌가 배우자와 부모를 같은 사람으로 혼동하고 어린 시절에 받은 심리적, 정서적인 상처를 보상해줄 이상적인 대상을 만났다고 믿기 때문이라고 한다. 대부분의 사람들은 무의식적인 선별 과정을 통해서 부모와 닮은 배우자를 선택하기 때문에 부모에 대한 감정을 배우자에게 쉽게 전이하는 것이다.[8]

사랑하는 부부가 오랫동안 함께 살았다 할지라도 서로의 어린 시절에 원가족과 경험했던 관계 경험에서 생긴 배우자의 가치관이나 내면적 아픔, 상처에 대해 제대로 알기는 쉽지 않다.

많은 부부들이 배우자에 대해 그동안 들었던 토막토막의 이야기에 자기의 생각을 더해 배우자를 잘 안다고 착각하곤 하는데, 그로 인해 더 큰 오해가 생기거나 그런 이야기들이 오히려 부부 갈등을 깊게 만드는 경우도 있다. 이제는 좀 더 깊이 있게 나를 배우자에게 표현하고, 또 배우자의 이야기를 진솔하게 듣는 시간을 가지면 좋겠다.

아래의 질문지는 이런 시간에 도움을 줄 수 있다. 이제 유능한 아나운서가 인기 있는 연예인을 인터뷰하듯, 배우자에게 호기심을 갖고 멋지게 사용해보라. 이 작업을 부부 또는 결혼 예비 교육을 받는 커플들과 함께해보았는데, 서로에 대해 좀 더 깊이 알게 되면서 배우자에 대한 이해나 배려를 긍정적으로 새롭게 하는 것을 보았다. 그동안 소통이 단절되어 표현되지 못했던 마음들을 진솔하게 표현하면서 서로의 사랑이 새롭게 싹트고 더 풍성해지는 것을 보며 가슴이 뭉클할 때가 많았다. 질문 아래에는 개인의 적용을 돕기 위한 글과 내 사례를 간략히 적었으니 참고하기 바란다.

• 성인애착 설문 축약형(By Mary Main)[9] •

1. 태어나 자랄 때의 가족 상황을 말해보라. 가족 관계나 가족 분위기 등 아는 대로 말해보라.

   ▶ 이 질문을 통해 배우자가 이 세상에 태어나 자랄 때 환영받았는지 아니면 환영받지 못했는지를 알 수 있다. 아기가 태어났을 때 가족에게 환

영을 받았는지 그렇지 않은지는 배우자의 성격이나 대인 관계 등에 중요한 영향을 미친다. 손이 귀한 집의 3대 독자로 태어났다면 그는 매우 존귀한 자로서 귀한 대접을 받아 자신감이 넘치고 당당할 것이고, 반대로 간절하게 아들을 기대하는 딸부잣집에 또 하나의 딸로 태어났다면 환영받지 못했을 확률이 많다. 이런 사람은 자기 자신에 대해 수용하지 못하고 위축된 마음이 클 수 있다. 또는 원하지 않는 임신으로 태어난 사람은 또 다른 아픔을 갖고 있을 수 있다. 이렇듯 한 사람이 태어나 자란 초기 어린 시절의 가족 관계나 분위기, 경제 사정, 사회적, 역사적 환경 등은 그 사람의 자존감이나 열등감, 또는 오래된 내면의 상처와 깊은 관련이 있음을 탐색할 수 있다.

/ **우리 이야기** / 나는 시골에서 가난한 소작농의 6남매 중 넷째 딸로 태어났다. 어머니는 기독교 믿음이 신실한 분이셨고, 아버지는 매우 엄한 분이셨다. 어머니는 교회에 다닌다는 이유로 아버지께 핍박을 받았던 것 같다. 그렇지만 사랑이 많은 어머니는 신앙생활을 열심히 하면서 자녀들을 사랑으로 키우려고 노력하셨다. 어머니는 나를 임신했을 때 성령의 뜨거운 은혜를 체험하셨고, 그 은혜에 감사해 딸의 이름을 '은혜'로 지었다고 했다.

이런 것으로 알 수 있는 것은, 나는 환경적으로는 매우 힘들었지만 태아 때부터 하나님의 사랑과 어머니의 성령 충만함을 함께 경험한 것 같다. 이것은 내 삶을 긍정적으로 바라보고 하나님께 방향성을 맞추는 중요한 기초가 되었다.

2. 기억해낼 수 있는 가장 어린 시절, 부모(혹은 부모 역할을 했던 분들)에 대한 회상과 그 관계를 표현하는 단어를 5개 정도씩 말해보라. 그 단어와 관련된 기억이나 사건을 말해보라.

▶ 사람들은 부모님의 몸을 통해 사랑의 열매로 태어나지만 살면서 부모님과 사이가 좋고 건강한 관계를 갖는다는 것은 매우 힘든 일이며 큰 축복이다. 이 질문을 통해 배우자가 부모님에 대해 갖게 된 긍정적, 부정적 신념이나 관계를 알 수 있고, 부모님께 받은 상처를 탐색하게 되며, 다른 사람들과의 대인 관계 패턴도 볼 수 있다. 이 질문에서 중요하게 탐색되어야 하는 것은 나와 어머니(혹은 아버지)만의 주관적 관계 경험에서 오는 감정과 생각이다.

/ **우리 이야기** / 내가 어린 시절의 어머니에 대해 갖고 있는 관계적 형용사들은 '사랑이 많은, 따뜻한, 신앙심이 좋은, 말이 많은, 늘 아픈' 등이다. 어머니는 피부가 안 좋은 나를 위해 자주 등을 긁어주셨고, 나는 어머니의 가슴을 편안하게 만지면서 자랐다. 그래서 '어머니' 하면 사랑과 따뜻함이 느껴진다. 어머니는 우리에게 찬양을 자주 불러주셨고, 교회 가는 것을 소중히 여기셨으며, 시간이 날 때마다 성경을 읽으셨던 기억이 있다. 그러면서도 어머니는 아버지에게 반복적인 잔소리로 부부 싸움을 키웠으며, 싸우고 나면 늘 아프다고 누워 있곤 하셨는데, 이 모습을 보며 어린 나는 마음이 많이 속상했다. 그러면서 '나는 나중에 결혼하면 남편에게 절대로 잔소리 하지 않을 거야', '아파도 할 일은 할 거야' 등의 신념이 생겼다.

내가 어린 시절의 아버지에게 갖고 있는 관계적 형용사들은 긍정적인 것보다는 부정적인 게 더 많다. '무서운, 폭력성이 많은, 무식한, 빠른, 부지런한' 등이다. 아버지는 말이 별로 없으셨고, 눈초리가 매우 무서웠으며, 자녀들을 많이 때리셨다. 나도 많이 맞고 자랐다. 나에게 상처를 많이 주신 분이지만 아버지는 일찍 자고 일찍 일어나는 분으로 매우 빠르고 부지런하셨다. 나는 아버지를 많이 미워했고 싫어했다. 그러면서 자연스럽게 남자들에 대한 이미지가 좋지 못했고, 인상이 좋지 않은 남자에게 가까이 가는 것을 꺼려했다.

3. 부모님과 떨어지는 경험 혹은 부모님으로부터 거절이나 거부, 내팽개쳐진다는 경험을 한 적이 있다면 그때의 상황과 느낌을 말해보라.

▶ 이 질문을 통해 그동안 누구에게도 말하지 못했던 아픈 기억이 탐색될 수도 있다. 한 내담자는 이 질문을 받고서 한참 말을 못하고 침묵하며 힘들어했다. 4남매의 중간이었던 내담자는 어려서 부모님의 생활이 어려워지면서 자기만 할머니 집에서 자라게 되었다고 한다. 나름대로 할머니와 할아버지의 사랑을 받았지만 마음속 허전함과 버려짐에 대한 불안과 분노는 무엇이라 표현하기 힘들었다고 했다. 학교에 가기 위해 몇 년 후 다시 집으로 돌아왔을 때는 가족과 너무 멀게 느껴져 혼자 외롭게 지낸 시간이 많았다고 한다. 그 외로움과 버려진 느낌은 결혼을 하고도 치유가 되지 않아 남편과도 친밀한 관계를 할 수 없고, 자녀들에게도 편안하게 다가가지 못하는 자신이 힘들다고 했다.

/우리 이야기/ 나는 혼자 부모님과 떨어진 경험은 없다. 하지만 아들을 귀하게 여기는 부모님의 무의식적인 문화적 행동으로 불공평함에 대한 분노를 갖게 되었다. 하지만 크게 반항하지는 못했고 내가 원하는 것을 고집을 피워 겨우 얻거나 무시당하는 일이 많았다.

4. 어릴 때 화가 나거나 속상하거나 다쳤거나 몸이 아프면 어떻게 했고, 부모님(그에 해당하는 분들)은 어떻게 반응했는가?

▶ 사람들에게는 어떤 문제가 생겼을 때 그것을 잘 극복하기 위해 사용하는 자기만의 대처 방식이 있다. 이 질문으로 그런 것을 탐색할 수 있다. 어릴 때 썼던 방법을 나이가 들어서도 여전히 쓰고 있는 것을 발견하곤 흠칫 놀라기도 한다.

/우리 이야기/ 나는 어릴 때 화가 나거나 속상하면 발을 있는 대로 구르고 쿵쾅거리며 걸었다. 그래서 가족은 내가 화난 것을 발소리로 알아보고 "은혜야, 땅 꺼지겠다", "지구가 흔들려요" 하며 놀리곤 했다. 결혼생활을 하면서도 나는 화가 나면 여전히 발을 쿵쾅거렸고, 남편은 그런 모습을 힘들어했다. 또한 아팠을 때는 거의 표현을 하지 않았고 부모님도 무관심했던 것 같다. 늘 아프신 어머니가 그것을 과하게 표현하시는 것을 들을 때마다 너무 괴로웠던 나는 '나는 아파도 절대로 아프다고 말하지 않을 거야' 하는 내면의 신념을 갖게 되면서 아파도 표현을 하지 않게 되었다. 신혼 때 남편이 아프다고 하면 나는 당황스러워 어떻게 도와주어야 할지 몰라

화를 내곤 했는데 남편은 그런 나에게 섭섭함을 표현했다. 이런 내 행동은 어릴 때 무의식적으로 쓰던 대처 방식인데, 나는 결혼하고도 배우자나 자녀들에게 나도 모르게 자연스럽게 사용했던 것이다.

5. 어릴 때 충격적인 사건을 경험한 적이 있거나, 무엇인가 때문에 두려워하거나 걱정을 해본 기억이 있는가? 특히 부모로부터 위협이나 걱정거리를 받은 적이 있는가?(훈육을 위해서든 장난으로든 실제이든 상관없이)

▶ 이 질문 역시 한 사람이 어린 시절부터 지금까지 살면서 갖고 있는 핵심적인 트라우마나 아픔과 그에 대한 감정을 탐색할 수 있다.

한 청년이 자기는 이 질문에서 마음이 너무 아팠고 화가 났다고 고백했다. 겨우 진정시켜 수면 아래에 잘 정리해놓은 일을 이제와서 또 파헤친다는 것이 너무 큰 고통이었던 것이다. 많은 사람들이 시간이 지나거나 덮어두면 마음의 아픔이 저절로 해결될 거라는 기대를 갖고 있지만, 사실은 그렇지가 않다.

또 한 청년은 아버지와 함께 지내는 것이 너무 고통스러워 집에서 멀리 떨어진 대학에 갔다고 했다. 그렇지만 4년의 대학생활 동안 떨어져 지내는 아버지 때문에 오히려 더 힘들었다고 한다. 몸은 멀리 떠나 있었지만 마음속에서는 아버지가 떠나지 않고 계속 자기를 힘들게 했다는 것이다. 한 중년 여성도 어머니가 살아 계셨을 때 서로에 대한 애증 관계로 힘들었기 때문에, 어머니가 돌아가시면 가벼워질 거라고 생각했다고 한다. 그런데 어머니가 돌아가신 후 더 괴로워 결국 상담을 받을 수밖에 없었다.

트라우마적인 아픔들은 전문가의 도움을 받아 치유해야 하며 그 과정에서 마음속에 숨겨두었던 지난날들에 대한 아픔의 청사진들이 표현되어져야 한다. 이것은 마치 밀폐된 용기에 가스가 꽉 차 곧 터질 것 같은 상황에서 그것이 터지지 않게 살짝 구멍을 뚫어 가스를 조금씩 빼내는 것과 같다. 그러면 그것을 터지기 전에 안전하게 처리할 수 있다. 마음의 아픔을 무조건 억압하거나 무시하지 말고 잘 살펴서 적절한 치료를 받기 바란다. 이럴 때 배우자는 자기의 사랑하는 반쪽이 더 아파하지 않고 잘 치유되도록 도와주어야 한다.

기독교인들 중에 어린 시절에 겪었던 아픔을 위해 기도하는 데도 여전히 힘들어하는 경우가 있다. 그러면서 "기도하는데 왜 치유가 되지 않고 시간이 갈수록 더 힘들어지는 것일까요?" 하며 고통을 호소하는데, 이것은 내면의 상처를 무시하고 무조건 없애려고만 하기 때문이다. 인격적인 하나님께서는 사람의 마음을 아주 세밀하고 복잡하게 만드셨기 때문에 문제를 이해하는 마음과 시간, 단계가 필요한 것이다.

내 경우도 아버지에게 받았던 다양한 아픔과 부정적 감정을 회복하는 데 많은 기도와 함께 나 자신의 전인격적 치유의 과정에서 중요한 한 파트로 다루며 오랫동안 작업해야만 했다. 그러면서 아픔의 덩어리가 작아지는 것을 경험했고, 어느 순간에는 그 그림자(흉터)만 남아 있었다.

/ 우리 이야기 / 나는 너무 어려 기억나지 않지만 언니들과 오빠가 아장아장 걷는 나를 출렁거리는 다리 중간에 혼자 두고 양쪽에서 흔들어 아래 냇가로 떨어져 떠내려간 일이 있었다고 한다. 그것을 본

어른들이 빨리 꺼내 생명은 건졌지만 많이 놀란 나는 그 일 후에 2, 3년 동안 목 주변에 생긴 볼거리로 시름시름 아프며 고생을 많이 했고, 4, 5세경부터는 피부가 안 좋아졌다고 했다. 이런 이유 때문인지 모르겠지만 나는 아직도 수영을 할 줄 모르고 물을 무서워한다.

6. 어릴 때 가깝거나 친한 사람이 떠나거나 죽거나 실종된 적이 있는가? 나이, 반응, 과정, 결과 등을 말해줄 수 있는가?
▶ 우리는 살면서 다양한 경험을 하게 되는데 이 질문에 해당되는 경험은 많은 불안과 두려움을 갖게 한다. 어린 시절 겪은 상실의 경험은 세월이 지나도 잘 잊혀지지 않는다. 그래서 평생 마음의 아픔으로 남게 되는 것이다. 지금이라도 놀란 가슴을 달래며 사랑하는 사람을 잃은 애도의 과정을 건강하게 승화해야 한다. 그렇지 않으면 이런 경험이 평생 마음의 응어리가 되어 건강을 해치거나 다른 사람과의 관계성에 부정적인 영향을 끼치게 된다.

/ **우리 이야기** / 나는 감사하게도 어릴 때 가족이나 가까운 친척을 잃은 경험은 없다. 그러나 어린 시절 부모님을 일찍 여의었거나 형제, 자매 등 가까운 사람들의 죽음이나 실종이 매우 큰 아픔으로 남아 있는 경우가 의외로 많음을 상담의 현장에서 경험하게 된다.

7. 아동기와 지금의 성인기를 비교해볼 때 부모와의 관계가 변화

했다고 생각하는가? 아동기 때의 관계와 지금의 관계를 비교해서 나누어 보라.

▶ 지금의 내 삶을 돌아볼 때 부모와의 관계를 점검하는 일은 매우 중요하다. 어린 시절과 지금의 내 삶의 과정을 볼 수 있고, 가족과의 관계성도 볼 수 있으며, 삶의 만족도를 확인할 수 있다.

/**우리 이야기** / 내 경우 어린 시절에는 아버지와는 부정적 감정과 힘든 관계가 많았고, 어머니에 대해서는 무조건적으로 이상화하고 있었다. 어린 시절 건강하지 못했던 부모님과의 관계가 어른이 된 지금은 건강하게 회복될 수 있음에 감사하고, 이런 회복의 과정은 내면의 건강함의 회복과 함께 온다는 것을 강조하고 싶다.

8. 현재 내가 자녀를 양육하고 있다면, 현재 자녀와의 관계와 어릴 적 내가 부모님과 가졌던 관계를 비교해보라.

▶ 사랑하는 자녀를 양육함에 있어서 어린 시절 자신이 부모님과 경험했던 것을 답습하거나 완전히 반대로 행하는 경우가 많다. 그리고 이 부분은 부부의 관계에도 중요한 영향을 미친다. 서로 자기가 경험했던 것에 의한 가치관을 가지고 자녀를 양육하려고 하기 때문에 충돌이 일어날 수 있고, 자녀 입장에서는 부모님들의 의견이 맞지 않아 혼란스럽고 일관성이 없는 것처럼 보일 때가 있어 큰 상처를 받을 수 있다.

/**우리 이야기** / 내 경우 부모님은 많은 자녀들을 키우기 위해 최선을

다 하셨지만 항상 가난했기에 학교생활에 필요한 용품이나 갖고 싶은 것을 가져본 적이 거의 없다. 이런 결핍이 내면적 아픔이 되어 내 자녀가 태어났을 때는 아이들이 원하지 않아도 엄마가 필요하다고 느끼면 미리 다 사주고 더 사주는 양육을 했다. 나는 부모는 당연히 그래야 한다고 생각했고, 이 부분에서 남편과 많은 갈등이 있었다. 상담을 공부하면서 이런 내 태도가 내 내면의 아픔의 표현이었지 건강한 자녀 양육 방법은 아니었음을 알게 되었다.

9. 20년이 흘렀다고 가정하고 자녀에게 바라는 세 가지 소원을 말해보라. 당신이 자녀에게 바라는 미래는 어떤 것인가?

▶ 이 질문을 통해 부모로서 내가 가장 소중하게 여기는 신념이나 가치관을 알 수 있다. 또한 부부 사랑의 열매로 태어난 자녀의 미래에 대한 비전에 따라 자녀에게 무엇을 강조하는지를 알 수 있다. 아마도 위의 질문에서 나왔던 것 중에 비슷한 것이 있을 수 있고 상반된 것도 있을 수 있는데, 이것 또한 부모님과의 관계 경험과 직접 연결된다. 이 질문을 앞에 놓고 부부가 진정으로 자녀에게 원하는 것이 무엇인지 진솔하게 나누고 서로의 사랑도 확인할 수 있으면 좋겠다.

/우리 이야기/ 우리 부부는 사랑하는 두 아들이 하나님 안에서 믿음이 신실한 사람이 되기를 바라며 어릴 때부터 아이들의 교회생활에 열심을 내고 가정에서도 신앙훈련을 많이 했다. 그런데 대학에 들어간 후 두 아들은 정체성의 혼란을 심하게 겪으며 신앙생활에서도

부정적인 마음이 커졌다. 성인이 된 아들들에게 지금도 가장 원하는 것은 주님의 은혜를 체험하는 신실한 믿음의 소유자로서 믿음의 가정을 이루고 하나님이 주신 달란트를 잘 선용하여 멋진 삶을 살아가는 것이다. 그리고 이 세상의 삶이 전부가 아니라 영원한 하나님의 나라가 있음을 깨닫게 되기를 바라고 있다.

10. 전반적으로 당신 부모와의 경험이 지금 당신의 성격에 어떤 영향을 주었다고 생각하는가?

▶ 우리가 인정을 하든 그렇지 않든 우리는 부모님을 닮을 수밖에 없다. 자녀로서 부모의 외모뿐만 아니라 생활습관이나 성격, 기질 등 유전적인 것과 가족 문화 아래서 양육 받고 그런 것들에 의해 생활하기 때문이다. 어른이 되어서도 자신의 부족한 부분을 부모 탓만 하는 사람들이 있는데, 바라기는 내가 부모님께 받은 것 중 좋은 것은 더 성숙시키고 연약한 것은 내가 가진 장점으로 잘 극복해나가면 좋겠다. 부부가 함께 이 일을 도와주며 자녀에게도 좋은 유산들을 물려주면 좋겠다.

/ 우리 이야기 / 나는 어머니의 따뜻하고 정 많은 성품을 많이 닮았다. 그래서 다른 사람을 돌보는 상담이나 가정사역이 즐겁다. 그리고 아버지의 부지런한 성품을 닮아 시간 선용을 잘하는 편이다. 때로 부모님의 부정적인 모습도 내 안에서 발견하게 되지만, 그런 것들에 대해서는 주님께 기도하며 매 순간 더 나은 선택을 하려고 노력한다.

나와 배우자의 마음 이해하기

하나님께서 천지를 창조하실 때 그분의 형상을 따라 그분의 모양대로 사람을 만드셨다(창 1:26,27). 하나님의 창조물 중 최고의 걸작품인 사람의 마음은 너무나 귀하고 다양한 일을 할 수 있다. 성경에 있는 마음에 대한 많은 말씀들은 사람이 가져야 할 마음과 그렇지 못한 마음의 복잡함을 알려주며, 우리가 좀 더 지혜롭고 하나님 뜻에 맞게 살길 권면한다.

마음이 청결한 자는 복이 있나니 그들이 하나님을 볼 것임이요 마 5:8

예수께서 이르시되 네 마음을 다하고 목숨을 다하고 뜻을 다하여 주 너의 하나님을 사랑하라 하셨으니 마 22:37

속에서 곧 사람의 마음에서 나오는 것은 악한 생각 곧 음란과 도둑질과 살인과 간음과 탐욕과 악독과 속임과 음탕과 질투와 비방과 교만과 우매함이니 이 모든 악한 것이 다 속에서 나와서 사람을 더럽게 하느니라 막 7:21-23

사람이 마음으로 믿어 의에 이르고 입으로 시인하여 구원에 이르느니라 롬 10:10

너희는 이 세대를 본받지 말고 오직 마음을 새롭게 함으로 변화를 받아

하나님의 선하시고 기뻐하시고 온전하신 뜻이 무엇인지 분별하도록 하라 롬 12:2

마음의 고통은 자기가 알고 마음의 즐거움은 타인이 참여하지 못하느니라 잠 14:10

마음의 즐거움은 얼굴을 빛나게 하여도 마음의 근심은 심령을 상하게 하느니라 잠 15:13

마음의 즐거움은 양약이라도 심령의 근심은 뼈를 마르게 하느니라 잠 17:22

눈이 높은 것과 마음이 교만한 것과 악인이 형통한 것은 다 죄니라 잠 21:4

이 외에도 성경은 다양한 말씀으로 사람의 마음에 대해 이해시킨다. 그러나 정작 사람들은 자기 마음이 어떠한지 깊이 있게 들여다보는 일에 시간을 내지 못한다. 이 시간 조용히 나만의 시간을 갖고 하나님 앞에서 내 마음을 조용히 들여다보길 바란다.

내담자들 중에는 어려운 상황에서도 자기의 내면을 탐색하지 못하고 다른 사람의 눈치만 보다가 관계가 더 힘들어져 찾아오는 사람들이 많다. 이처럼 자기에 대해 제대로 이해하지 못하면 계속 같은 패턴으로 관계적 고통을 당할 수 있다.

여기에서는 복잡한 사람의 마음에 대해 좀 더 보편적으로 이해하도록 연구한 가족치료사 사티어(Satir)의 이론인 '빙산 메타포'로 사람의 마음을 탐색해보겠다. 하나님의 형상으로서 나를 만드신 이의 뜻에 맞게 사는 건강한 마음을 회복하는 데 도움이 되었으면 한다.

빙산 메타포를 이용한 마음 이해

사티어는 부부 갈등이나 대인 관계에서의 갈등이 서로의 마음에 대해 잘 알지 못하는 데서 기인한다고 본다. 한 사람이 다른 사람과 관계를 맺을 때 그것은 겉으로 보는 것처럼 단순하지가 않다. 다른 사람과의 관계는 대상에 따라 다르겠지만 결국에는 그 사람의 전(全)인격과 만나는 것이고 상대방과 마음을 나누는 상호작용이다. 그것이 긍정적이든 부정적이든지 말이다.

그래서 관계를 잘하려면 먼저 내 마음을 잘 이해하고 상대방의 마음을 바르게 들여다볼 수 있어야 한다. 그래야만 건강하게 자기를 잘 표현할 수 있고, 부부 관계에서나 또 다른 관계들에서 서로에게 즐거움을 주는 긍정적이고 건강한 관계를 할 수 있게 된다.

사티어의 인간 이해에 대한 다음의 그림을 활용해 내 마음을 이해하는 데 도움을 얻게 되기 바란다.

• 사티어(Satir)의 인간에 대한 이해 •
빙산 메타포를 통한 내 마음 이해하기

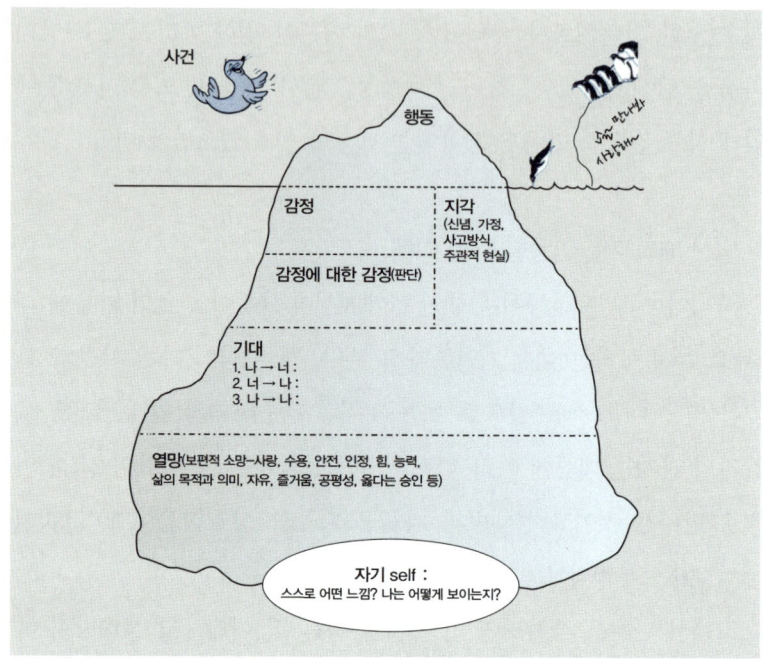

출처 : Banmen, 《빙산에 비유한 인간의 심리내적 경험》

　이 빙산 그림을 설명하면 다음과 같다. 사람들은 수많은 사건들(events) 속에서 하루하루를 산다. 이것이 겉으로 드러나는 외부 행동이다. 그 속에서 살아가기 위해 그들은 자기만의 대처 방식을 사용한다. 그것은 그 사람의 생존 방식이지만, 건강하지 못한 방식은 관계를 힘들게 만든다. 건강하지 못하고 역기능적인 대처 방식의 의사소통에는 비난형, 회유형, 초이성형, 산만형이 있다. 사티어는 이런 대처 방식

대신 일치형의 관계를 위해 노력하라고 한다. 일치형의 관계는 나와 상대방, 그리고 상황까지도 만족하는 관계이다.

사티어의 빙산 탐색 모델은 성장 모델이기에 우리의 내면을 조금씩 더 건강하게 성숙시킬 수 있도록 가능성을 열어 준다. 사람마다 대처 방식의 방법이 다르게 보여지지만 그 마음을 들여다보면 공통되는 부분이 많다. 자신의 대처 방식이 어떤 것인지 알 수 있는 구체적인 작업은 부부 의사소통(대화)을 통해 좀 더 경험할 수 있도록 하겠다.

1. 감정에 대한 이해

몇 년 전에 감정에 대한 디즈니영화 〈인사이드 아웃〉(Inside out)이 나와서 매우 기뻤다. 그 영화에서는 한 소녀의 마음 안에 있는 기쁨이(Joy), 슬픔이(Sadness), 버럭이(Anger/화), 까칠이(Disgust), 소심이(Fear) 등 다섯 가지 감정을 의인화해서 각각의 감정에 인격을 넣어 잘 표현했다.

그 영화에서도 자연스럽게 나오는 여러 가지 감정들을 건강하게 잘 표현할 것을 권하고 있는데, 사람의 감정은 수시로 변하면서 이성의 통제를 받지 않고 자연스럽고 무의식적으로 현실 상황을 자극한다. 그래서 부정적인 감정이라고 표현하면 안 된다는 강한 통제가 오히려 개인의 삶이나 관계적 소통을 단절시켜 마음의 병을 얻게 될 수 있음을 명심하면 좋겠다.

또한 일상의 경험에서 느끼는 다양한 감정에 대해 경험하면서 좀 더 깊이 있는 마음의 감정을 탐색해보는 것도 중요하다. 특히 사람들과의 관계에서 말이다. 가까운 사람에 대한 내 감정은 어떤 것일까? 아버지(어머니)를 생각하면 어떤 감정이 드는가? 관계에서 생기는 감정들은 그 사람의 어린 시절 원가족에서의 관계 경험과 연관된 것들이 많기에 깊은 상처로 남아 있는 경우가 많다.

우리나라 언어에는 감정에 대한 표현들이 다양하다. 다음에 소개된 표현들을 보며 각각의 감정에 대해 나는 언제 그런 경험을 느꼈는지 돌아봄으로 막혔던 감정이 자연스럽게 흐르도록 도와주면 좋겠다.

• 마음을 표현하는 다양한 감정들의 예[10] •

- **행복한 느낌(Happy)** 황홀한, 흥겨운, 흥분된, 즐거운, 의기양양한, 기뻐하는, 유쾌한, 평화로운, 반가운, 편안한, 만족스러운, 기분 좋은, 신나는, 명랑한, 활기찬, 뿌듯한, 환한 등
- **사랑하는 느낌(Love)** 매혹적인, 흠모하는, 매력적인, 홀딱 반한, 사로잡힌, 애착을 느끼는, 돌보고 싶은, 끌리는, 헌신적인, 푹 빠진, 희생적인, 운명적인 등
- **좋아하는 느낌(Like)** 존중하는, 소중한, 즐거운, 존경스러운, 감사한, 관심이 가는, 소망하는, 기꺼운, 호소하는, 바라는, 원하는, 관심이 있는 등
- **신나는 느낌(Excited)** 가슴이 뛰는, 열광적인, 감동적인, 감격스러운, 흥분시키는, 흥미로운, 뛸 듯이 기쁜, 의욕이 넘치는, 기분이 들뜨는, 눈부신, 짜릿한 등

- 자신감(Confident) 확신에 찬, 확고한, 침착한, 긍정적인, 안정적인, 틀림없는, 의기양양한 등
- 단호한(Determined) 확실한, 결단력 있는, 헌신된, 끈질긴, 어떤 일이 있어도, 확고한 등
- 놀라움(Surprise) 놀라운, 뜻밖의, 당황스러운, 경이로운, 예상치 못한, 충격적인, 아연실색한, 폭발적인, 계시적인, 믿기 어려운, 기대치 않은 등
- 슬픈 느낌(Sad) 침울한, 낙심되는, 쓸쓸한, 비참한, 한 대 얻어맞은 듯한, 슬픈, 서러운, 마음이 무거운, 낙심천만한, 우울한, 기분 나쁜, 울적한, 찌뿌드드한, 쓰라린, 가슴 아픈 등
- 화난 느낌(Mad) 폭력적인, 노한, 맹렬한, 적대적인, 성난, 부글부글하는, 열 받은, 약이 오른, 짜증스러운, 진저리 나는, 씩씩거리는, 심술이 난, 불쾌한, 성가신, 귀찮은, 진노한, 격노한, 미칠 듯한 등
- 무서운 느낌(Scared) 공포에 질린, 돌처럼 굳어버린, 요동치는 듯한, 아찔한, 두려운, 겁에 질린, 감전된 것 같은, 초조한, 불안한, 몸서리쳐지는, 겁나는, 긴장되는, 소름끼치는, 얼어버린 것 같은, 깜짝 놀란 등
- 외로운 감정(Alone) 쓸쓸한, 버림받은, 고립된, 소외당한, 그리운, 공허한 등
- 상한 감정(Hurt) 비통한, 상처 입은, 고통스러운, 찌르는 듯한, 간장이 녹는, 에이는 듯한, 가슴 아픈, 지겨운 등
- 당황스러운 느낌(Embarrassed) 황당한, 창피한, 어쩔 줄 모르는, 부끄러운, 수치스러운, 굴욕적인 등

- 죄책감(Guilty) 후회스러운, 수치스러운, 참회하는, 미안한, 타락한, 부끄러운 등
- 역겨운(Disgust) 혐오스러운, 메스꺼운, 경멸스러운, 소름끼치는, 불쾌한, 반감을 주는 등
- 공격적인(Aggressive) 악한, 야비한, 저돌적인, 사악한, 원한을 품은, 나쁜 의도의 등
- 질투심(Jealous) 시기하는, 열등감을 느끼는 등
- 미움(Hate) 혐오하는, 모멸하는, 멸시하는, 배척하는 등

2. 감정에 대한 감정 이해

감정에 대한 감정은 앞에서 다루었던 감정에 대한 판단에서 오는 감정이다. 이 감정에 대한 감정이 어쩌면 사람의 마음을 더 아프고 힘들게 할 수도 있다. 처음에 가졌던 감정이 자신의 인간 관계나 다른 경험들을 통해 또 다른 감정을 가져오게 하는데, 그것은 내면 깊숙하게 불안, 죄책감, 외로움, 수치심, 열등감 등의 덩어리로 뭉쳐 있기도 하다. 그것이 자기 내면의 깊숙한 곳에 있어 오랫동안 아파하고 누구에게도 말하지 못하고 힘들어할 수도 있다. 이런 감정에 대한 감정은 그것을 차마 다른 사람에게 드러내지 못하기 때문에 더 큰 고통으로 마음속에 남아 삶의 전 과정을 힘들게 할 수도 있다.

감정에 대한 감정이 더 힘든 이유를 내 경험을 통해 이해를 돕겠다. 나는 아버지가 무섭고 싫었다. 그래서 가능하면 아버지와 마주치지 않고 멀리 떨어져 있으려고 했다. 어린 시절 언니들과 앉아 아버지에

대한 부정적인 감정을 표현할 때면 우리는 누가 먼저랄 것도 없이 "우리 아버지 언제 죽지? 아버지와 함께 안 살면 좋겠다"라면서 힘든 감정을 토로했다.

그런데 그런 부정적 감정은 거기서 끝나지 않았다. 나는 기독교인으로 주일마다 성실히 교회에 나갔다. 기독교는 사랑의 종교이고 성경에서는 "네 원수를 사랑하라"라는 말씀과 "네 부모를 공경하라"라는 말씀을 강하게 강조한다. 내가 아버지에 대해 갖고 있는 무서워하고 싫어하는 감정들은 기독교적 교리로 보면 큰 죄임에 틀림없었다.

이런 상황은 나를 매우 위축되게 했고 늘 죄책감에 시달리게 했다. '하나님께서는 원수도 사랑하라고 하셨는데 나는 아버지조차 사랑하지 못하고 미워하고 있으니 나는 분명 벌을 받을 것이고 구원받지 못할 수도 있어'라며 자신을 야단치고 못난이라고 생각하며 살았다.

사랑의 하나님을 온전히 받아들일 수도 없었다. 아버지에 대한 부정적 감정으로 하나님께 나가면 그 감정에 대한 감정이 죄책감으로 변해 늘 회개할 수밖에 없었고, 오랫동안 자유롭지 못한 위축된 삶을 살아야만 했다. 그렇지만 이런 무거운 감정에 대한 감정들도 무시하지 않고 직면하면서 있는 그대로 용납하고 주님 앞으로 가지고 나갈 때 주님의 진정한 사랑을 경험하는 자유를 만끽할 수 있었다.

3. 지각체계에 대한 이해

사람의 마음에 감정적인 부분과 함께 중요하게 자리 잡고 있는 부분이 지각체계이다. 이것은 각 사람이 갖고 있는 상황에 대한 의미, 신념, 태도, 사고방식, 가치관, 규칙, 주관적 현실 등에 관한 것으로 지각 기능과 인지 능력 전체를 포함한다. 지각체계는 태어나서 처음 만나는 가족 관계와 교육에서부터 사회적인 영향, 타고난 기질과 성향 등 한 사람을 둘러싸고 있는 모든 것들의 영향을 받는다고 할 수 있다.

또한 지각체계는 어떤 한 사건에 의해 생긴다기보다 어린 시절부터 지속적이고 반복적인 경험에 의해 생기는 것이기에 바꾸기가 쉽지 않다. 특히 가족 사이에는 그들만의 독특한 가족규칙과 가치관이 형성되어 있어 때로는 가족의 역기능적 사고로 연결되기도 한다.

만약 부부가 한 사건을 놓고 서로 다른 지각체계를 갖고 있다면 그것으로 인한 현실에서의 갈등은 다양한 모습으로 나타날 수 있다. 예를 들어, 자녀 양육에 관한 신념이나 경제관념, 생활습관에서 비롯되는 크고 작은 충돌들은 서로의 지각체계가 다르다는 것을 이해하지 못함으로 상대방을 비난하고 힘들게 한다.

또한 지각체계와 감정은 서로 묘하고 복잡하게 연결되어 있다. 그래서 사람의 사고 안에 있는 인지적 왜곡에 따라 감정은 매우 부정적이 될 수 있고 왜곡된 인지가 풀어질 경우 부정적이었던 감정도 자연스럽게 긍정적으로 풀어지는 경험을 하게 된다. 그래서 자기가 가지고 있는 지각체계를 객관적으로 건강하게 회복하는 것은 마음을 건강하게 하는 데 중요하다.

/ **우리 이야기** / 아버지에 대한 부정적 감정과 관계의 회복 과정

내 어린 시절부터 큰 아픔 중 하나는 아버지에 대한 상처였다. 아버

지는 우리 육남매를 말씀으로 훈육하기보다 매를 많이 대셨기에 어린 우리에게는 공포의 대상이었다. 육남매 중에서 내가 제일 많이 맞았는데 고집이 세다는 이유에서였다.

지금도 생생하게 기억나는 일이 있다. 아마도 초등학교 4-6학년 사이였던 것 같은데, 그때도 아버지는 바로 위 오빠와 내가 싸운다는 이유로 커다란 몽둥이를 들고 방으로 들어오셔서 사정없이 때리고 계셨다. 몸이 재빠른 오빠는 벌써 도망치고 없었고, 나만 아버지에게 맞고 있었다. 그때 내 마음에 분노가 얼마나 컸던지 이를 악물고 '죽이려면 죽여봐라'라는 식으로 눈에 독기를 품고 아버지를 째려보았다. 그 이후 나는 더욱 아버지의 존재를 힘들어했고, 가능하면 아버지와 함께 있는 시간을 피했다. 아버지는 그런 상태로 내 마음속에 남아 나를 힘들게 했다.

오랜 시간이 흘러 결혼을 하고 두 아이의 엄마가 되었어도 아버지에 대한 힘든 감정은 없어지지 않고 더 단단하게 굳어져 갔다. 명절 때 친정에 가면 아버지에게 그냥 형식적인 인사는 했지만 마음으로 다가가지는 못했다. 예수님을 믿는 신앙인으로서 부모님을 공경해야 한다는 것을 알지만 열리지 않는 마음에 얼마나 괴로웠는지 모른다. 그래서 이 부분을 놓고 많이 기도했다. 더 힘들었던 것은 어린 시절 아버지에게 맞는 것이 너무 싫어 사랑하는 자녀에게는 매를 대지 않고 키우겠다고 다짐에 다짐을 했으면서도 나도 모르게 자녀에게 매를 들 때였다. 어찌된 일인지 친정어머니가 집에 오시거나 남편이 집에 없을 때 아이들을 더 때리는 나를 발견하면서 절망의 몸부림을 치기도 했다.

상담을 공부하며 아버지에 대한 이해가 생기고 다양한 경험을 하면서 아픈 마음이 치유되었고, 왜곡되었던 지각체계도 건강해져 아버지에 대한 부정적인 감정도 긍정적으로 바뀌어 지금은 노년의 아버지를 볼 때 측은하고 존경하는 마음이 든다.

치유의 과정에서 아버지에 대한 부정적 바윗덩어리가 작아졌던 경험 중 두 가지를 나누고 싶다. 30대 중반쯤, 아직 아이들이 어릴 때의 일이다. 내가 섬기는 교회에서 중고등부 교사를 하며 가깝게 지내던 남자 집사님이 계셨는데 그분은 나와 나이도 같고 한국방송통신대를 함께 공부하는 분이었다. 나는 그 집사님이 일찍 결혼해 아이가 다 컸고 더군다나 셋이나 둔 것을 두고 만날 때마다 놀리곤 했다. 그럴 때마다 집사님은 빙긋이 웃으며 내 철없음을 받아주곤 했다.

어느 날 방통대 수업을 마치고 그분의 차를 타고 집으로 오는 길이었다. 그날도 나는 그 집사님을 같은 이유로 놀렸다. 그때 그분이 조용하게 자기의 이야기를 들려주었다.

"박 집사님, 내가 왜 결혼을 일찍 하고 아이들을 많이 낳았는지 궁금하지요? 사실 나는 아버지를 일찍 여의였어요. 어머니와 단 둘이 살았는데 중학교 때 어머니가 재혼을 하시게 되었어요. 그런데 나를 데리고 갈 수 없어서 내게 작은 방을 얻어주고 내가 좋아하는 기타를 하나 사주시며 혼자 잘 살라고 하시는 거예요. 그때의 외로움은 정말 말로 표현하기 힘들어요. 감사하게도 나는 하나님을 믿었고, 거의 교회에서 생활하면서 기타치고 찬양하며 외로움을 달랬지요.

그래서 일찍 결혼하게 되었고 아이들을 많이 낳게 된 거예요. 박 집사님, 부모님 살아 계시죠? 부모님이 살아 계시다는 것만으로도 얼마나 행복한 일인지 알아야 해요."

그 집사님의 짧은 간증을 들으면서 나는 마음속에 크게 자리 잡고 있는 아버지에 대한 부정적 얼음덩어리가 뚝 떨어지는 경험을 하며 전율했다. 내 지각체계가 좀 더 건강해지는 경험이었다. 아버지에 대한 아픈 내 마음이 완전히 치유되지는 않았지만, 그 이후 얼마나 가벼워졌는지 모른다.

많은 세월이 흘러 나도 40대 후반의 나이가 되었고, 아버지도 80세를 바라보는 노인이 된 어느 날이었다. 가정사역도 활발히 하고 있었고, 내 내면도 많이 건강해져 아버지에 대해 괜찮다고 느낄 즈음이었다. 부모님 댁을 방문하여 부모님과 큰 언니와 함께 지난날을 돌아보는 이야기를 하고 있을 때 나는 아버지에게 갑자기 심술궂은 질문을 던졌다.

"아버지! 나를 왜 그리도 많이 때렸어요?"

그때 아버지가 그윽한 눈빛으로 나를 쳐다보며 손을 잡고 말씀하셨다.

"미안하다. 내가 몰랐잖냐. 어떻게 너희를 키워야 하는지."

그 말씀을 듣는 순간 내 마음속에 있던 아버지에 대한 부정적 찌꺼기가 말끔하게 씻어지는 경험을 했다. 나는 그 시간 느꼈다.

'아버지에 대한 오랜 세월의 아픔의 마음이 이제는 완전히 치유가 되었구나.'

4. 기대에 대한 이해

사람들 마음을 살며시 들여다보면 많은 기대들이 있음을 알 수 있다. 자기가 원하는 기대가 이루어지길 바라며 꿈을 먹고 살고 있는 것이다. 그래서 그 기대들이 이루어지면 그 사람은 좀 더 기쁨을 맛볼 수 있을 것이고, 다 이루어진 기대에 대해서는 곧 잊어버리고 좀 더 새로운 기대를 갖게 된다. 그러나 기대했던 것이 이루어지지 않으면 그것을 이루려고 많은 노력을 하게 된다. 어린 시절 기대했던 것을 이루지 못할 경우 그것이 아픔이 되고 한으로 이어지기도 한다.

사티어는 기대에는 세 가지 유형이 있다고 말한다. 내가 상대방에게 갖는 기대(나→너), 상대방이 나에게 갖는 기대(너→나), 내가 나에게 갖는 기대(나→나)이다. 이 세 가지를 통해 자신의 기대를 탐색해보며 어릴 때 채워지지 않는 기대를 지금도 채우려고 노력하는 부분이 무엇인지 탐색해보기 바란다.

부부는 서로에 대한 기대가 이루어지지 않을 때 실망하게 되고 많이 다투게 된다. 또한 서로가 원하는 기대만을 얻기 위해 갈등하게 되기도 한다. 이럴 때 상대방이 나에게 원하는 것이 무엇인지를 좀 더 성숙한 눈으로 살피며 소통하고, 더 나아가 이런 어려운 상황에서 자신에게 갖는 기대는 무엇인지 보면서 그것을 이루기 위해 행동하며 서로의 기대를 충족할 수 있으면 좋겠다.

집단 부부 프로그램을 진행할 때의 일이다. 한 부부가 기대를 탐색하면서 서로의 깊은 갈등을 해결하는 경험을 했다. 부부의 반복적인 갈등은 '된장찌개'였다. 남편이 아내에게 갖는 기대는 아내가 자기의 어머니처럼 된장찌개 맛을 맛깔스럽게 내는 것이었고, 아내는 남편이 자기가 해준 된장찌개를 맛있게 먹어주는 것을 기대했다. 그래서 아내는 시어머니가 담가준 된장으로 정성껏 된장찌개를 끓였지만, 남편은 매번 "너는 왜 우리 엄마처럼 된장찌개 맛을 못 내냐?" 하며 비난했다. 이런 일이 반복되면서 이들이 부부 프로그램에 왔을 때는 아내가 남편에게 아예 밥을 해주지 않는 상황까지 왔던 것이다.

부부는 서로가 억울해했다. 자기가 원하는 것이 큰 것도 아닌데 채워주지 않는 배우자가 야속하기만 했던 것이다. 그때 나는 조용히 둘의 눈을 바라보며 물었다.

"지금 이 갈등의 상황에서 내가 나한테 거는 기대가 무엇인지 잠깐씩 생각해보고 이야기해줄 수 있나요?"

조금 후에 아내가 먼저 울면서 이야기했다.

"정말 남편을 위해 요리를 잘하고 싶어요. 나는 나에게 그런 기대가 있어요. 그런데 요리에는 솜씨가 없나 봐요. 노력을 해도 안 되고 남편은 계속 비난을 하니 어떻게 하면 좋을지 모르겠어요."

진솔하게 울면서 자기 이야기를 하는 아내를 보면서 남편도 눈시울을 적시며 이야기했다.

"나도 나 자신의 입맛이 좀 털털했으면 좋겠어요. 아내가 해주는 음식을 그냥 맛있게 먹는 남편이 되고 싶어요."

둘은 그 시간에 서로 안고 많이 울며 서로를 위로했다. 그리고 자신이 좀 더 멋진 사람이 되고자 하는 자신의 기대를 이루고자 노력했다. 5주간의 부부 프로그램을 다 마치고 수료식에 참석한 두 부부는 환하게 웃으며 진심으로 감사를 전했다.

/**우리 이야기** / 기대와 좌절 경험

나에게도 간절하게 원했지만 그것이 이루어지지 않은 어린 시절의 아픈 기억이 있다. 내가 6, 7세 정도의 어린 나이로 기억되는 시기이다. 어느 날 시골 동네에 새롭고 신기한 일이 벌어졌다. 도시에서 어떤 아저씨들이 아이들이 탈 수 있는 멋진 자동차와 비행기 등을 가지고 와 아이들이 그것을 타고 사진을 찍을 수 있는 사업을 한 것이다. 사진 찍는 일이 귀한 시절의 시골이었기에 그날 온 동네 아이들이 흥분하여 부모를 조르고, 부모들도 자녀에게 신기한 경험을 해주고자 너도 나도 줄을 서서 자기 차례를 기다렸다. 나도 부모님에게 사진을 찍어달라고 졸랐다.

그러나 우리 부모님은 어찌된 일인지 두 살 위의 오빠와 네 살 아래의 남동생은 멋있게 찍어주면서 나는 아무리 졸라도 찍어주지 않았다. 내가 기억하기로는 어떻게 해서든 사진을 찍고 싶어 저녁이 되어 그 아저씨들이 돌아갈 때까지 울면서 졸랐던 것 같다. 그러나 야속하게도 내 기대는 이루어지지 않았다.

이 글을 쓰면서도 그때의 일이 지금도 내 마음을 아프게 할 정도로 나는 그 당시 많은 실망감과 야속함을 느꼈다. 아마 그러면서 딸로서 아들과 차별받는 경험을 자연스럽게 하게 되었고, 그것이 억울함으로 남아 나를 더 악착같이 만들었을 거라고 생각한다. 나는 지금도 사진 찍히기를 좋아해서 누군가가 카메라를 갖다 대면 함박웃음을 지으며 사진을 찍곤 한다.

오늘도 내 기대가 채워지지 않아 힘들어하고 있지는 않은가? 그 기대가 주는 의미를 점검하며, 혹시 상대방에게 받을 수 없는 기대라면 내가 나 자신에게 갖는 기대를 채우며 좀 더 가벼운 마음으로 나를 성장시키면 좋겠다.

5. 열망에 대한 이해

사람들의 모든 마음에는 아주 깊고 넓게 자리 잡은 보편적인 열망이 있다. 그것은 사람에게 삶의 의미를 갖게 하는 소중한 보물에 해당된다. 사랑, 수용, 인정받고 싶은 마음, 자유, 삶의 의미와 목적 등이 이런 열망에 해당된다. 사람들은 기대와 열망에 대해 혼란스러워하는 경우가 있는데, 그것을 구분할 수 있는 좋은 질문이 있다.

"내가 이 땅에 사는 시간이 앞으로 열 시간밖에 없다면 나는 마지막 시간에 무엇을 하다가 갈 것인가?"

스스로 답해보기 바란다. 이런 사람들의 열망을 아주 잘 보여준 사건이 있다. 2001년 9월 11일 미국의 뉴욕 맨해튼에서 쌍둥이 무역센터가 테러리스트들의 공격을 받아 한순간에 무너졌다. 비행기가 돌진한 건물은 단 몇 분 만에 흔적도 없이 사라지고 말았다. 그때 그 건물 안에 있던 사람들의 마지막 통화 내용은 이 세상을 떠나는 마지막 순간의 열망을 너무도 잘 보여주었다. 하나같이 사랑하는 가족에게 전하는 말이었다. "사랑해", "고마웠어", "미안해", "천국에서 보자".

무역센터가 무너진 시간은 아침 출근시간이었다. 그래서 희생자들이 더 많았다. 전 세계의 경제를 움직이는 맨해튼의 무역센터에서 일하는 사람들 중에는 큰 회사를 운영하는 CEO나 전문직에 종사하는 사람들도 많았을 것이다. 그러나 그들도 죽는 순간에 중요한 업무적인 이야기를 하지 않고 가장 깊은 마음을 표현한 것이다.

우리는 사랑하는 가족과의 일상생활에 건강하지 못한 대처 방식으로 서로에게 상처를 주고 서로의 감정이나 지각체계, 기대 등에서도 많은 상처들을 주고받는다. 그리고 가장 가까워야 할 사이가 원수가 되기도 한다. 이럴 때 열망 차원에서 다시 만날 수 있다면 참 좋겠다.

그렇게 되면 삶의 의미와 가족의 사랑이 좀 더 구체적으로 확실하게 경험되어질 수 있다. 극단적인 상황이나 생의 마지막에서가 아니라 일상생활에서 열망을 경험하고 산다면 그 사람이나 가족은 참으로 행복한 날들을 보낼 것이다.

/ **우리 이야기** / 보편적 열망의 경험

내 기대는 어긋났지만 열망에서 만나 갈등을 잘 해결하고 가족 모두가 행복했던 이야기를 나누겠다. 2010년의 어느 늦은 여름날의 경험이다. 이제는 대학생이 되어 어느새 훌쩍 커버린 두 아들들과 무엇을 함께한다는 것은 쉬운 일이 아니었다. 그래도 엄마의 기대는 아들들과 함께 무엇인가를 하고 싶었고, 방학을 마치고 곧 미국으로 돌아갈 아들들과 좋은 추억을 만들고 싶었다. 그래서 내가 좋아하는 CCM 가수의 콘서트 공연티켓을 사며 아들들에게 그날은 가족이 함께하는 시간이니 다른 약속을 잡지 말라는 부탁을 여러 번 했다. 아들들도 다 승낙했고, 기분 좋게 그날을 기다렸다.

그날은 금요일이었는데, 공교롭게도 내가 다른 사람과 만나 아주 중요한 일을 해결해야만 하는 날이었다. 일이 늦게 끝나 공연장에 온 가족이 다함께 시간 맞춰 갈 수 없는 상황이 되어서 남편과 둘째 아들은 먼저 출발하고 나는 큰아들을 강남에서 태워 공연장으로 가기로 했다. 공연장은 강북이었는데 금요일 저녁에 강남에서 강북으로 가는 길은 험난하기만 했다. 아들을 태웠지만 길은 온통 주차장이나 다름이 없었다. 아들이 초조한 마음으로 말했다.

"엄마, 나 공연장에 안 가면 안돼? 지금 가도 한 시간도 채 못 볼 것 같아. 벌써 30분째 차가 그냥 제자리에 서 있잖아."

순간 나는 화가 났다. 길이 막혀 그러지 않아도 짜증이 나는데 아들이 내 조마조마한 마음을 확 갈라놓은 것이다. 그래서 나는 "야, 엄마가 이 시간을 얼마나 기다렸는지 너 알잖아? 그러지 않아도 짜증나는데, 늦더라도 나는 갈 거야" 하며 아들을 비난했다. 엄마의 반응에 아들도 지지 않고 막 소리를 질렀다.

"나도 중요한 약속이 있지만 엄마가 원해서 이 시간에 함께 가는 건데 가자마자 돌아오면 무슨 소용이야? 엄마가 시간 맞춰 일찍 출발했던가? 지금 내 친구들이 이 근처에서 나를 기다리고 있다고!!"

우리 둘 사이는 팽팽한 긴장감이 돌았다. 그러면서 순간 내 머리에는 '내가 무엇 때문에 아들과 갈등하지?' 하는 질문이 떠올랐다. 지금 이 시간에 또 다른 부정적 갈등을 초래할 수 있는 긴장감을 끊어야만 했다. 순간 나는 내 마음속의 기대와 열망에 대해 스캔하며 부정적 감정을 조금 가라앉히고, 차가 그냥 서 있었기 때문에 아들에게 무뚝뚝하게 "내려" 했다.

그 말이 채 끝나기도 전에 아들은 문을 세게 닫고 벌써 어디론가 뛰어가고 있었다. 혼자 차 안에 남은 나는 큰 호흡을 하며 내 열망에서 나를 만나는 작업을 했다. 먼저 아들에게 "아들, 미안해. 엄마가 화내서. 친구들과 재미있게 놀아"라고 문자를 넣었다. 조금 후에 아들에게서도 문자가 왔다. "엄마, 나도 화내서 미안해요. 엄마도 공연 재미있게 보세요."

그날 밤 늦게 집에 돌아온 아들은 먼저 "엄마 공연 잘 봤어요? 어땠어요?" 하며 상냥하게 물어봐줬다. 나는 가족과 함께 공연 이야기를 나누고 사온 음악 CD를 들으며 즐거운 시간을 보냈다.

이 작은 사건을 통해 나는 많은 것을 알아차릴 수 있었다. 우리는 배우자나 자녀들에게 끊임없이 많은 기대를 갖고 있다. 그 기대가 채워지면 서로의 사랑이 확인되고 행복할 것이라는 환상을 갖고 말이다. 자기가 원하는 기대가 이루어질 때 행복감이나 만족감을 훨씬 더 느낄 수 있는 것은 사실이지만, 기대가 채워지지 않을 때라도 행복할 수 있는 용기가 필요하다.

그러기 위해서는 열망에서 서로가 만나는 것이 중요하다. 내 열망은 아들과 공연장에 함께 가는 기대가 채워지지 않아도 서로를 사랑하는 마음에서 만났다는 것이다. 만약에 내가 내 기대만을 고집하고 우겨서 공연장에 갔다면 그 다음의 결과는 아주 부정적인 것이 되었을 것이고, 아들과의 관계성도 오랫동안 힘들어질 수도 있었을 것이다.

상담을 하다 보면 내담자들이 배우자가 자기의 크고 작은 기대를 채워주지 못해서, 자녀가 하라는 공부는 안하고 자꾸 곁길로 갈 때 많이 힘들어하는 경우를 보게 된다. 그럴 때 내 기대가 못 채워진 것에 대해 상대방을 원망하기보다는 내 열망에서는 어떤 것이 나를 기다리고 있는지 탐색하고 회복하기 바란다. 열망을 채우는 경험은 원하는 기대가 채워지는 조건적인 것이 아니고 예수님이 우리를 조건 없이 사랑하셨듯이 기대를 뛰어넘어 내 안의 가장 소중한 것을 발견하는 것이다.

6. 자기(Self)에 대한 이해

'자기'(Self)라는 개념을 편하게 이해하기란 쉽지 않다. 사티어는 자기(Self)에는 생명력과 영성, 정신, 핵심, 본질 등이 있다고 했다. 사티어는 자기(Self)가 건강하려면 앞에서 설명한 마음의 빙산에서 다양하게 서로 관계를 맺고 있는 감정, 감정에 대한 감정, 지각체계, 기대, 열망 등이 골고루 잘 알아지고 표현되어져야 한다고 말했다. 이런 사람이 결국에는 긍정적인 자존감을 형성한 사람이다. 자존감이 약한 사람은 끊임없이 자기를 다른 사람과 비교하고 상황에 따라 자기에 대한 자존감이 높을 때도 있고 낮을 때도 있는데, 건강한 자존감을 갖고 있는 사람은 다른 사람과 비교하지 않고 자기를 편안하게 있는 그대로 받아들일 줄 안다. "나는 나를 있는 그대로 수용하고 사랑하고 있는가?"라는 질문을 놓고 고민하기 바란다.

많은 사람들이 완벽주의자가 되려고 노력한다. 그래서 자기의 작은 실수도 용납하지 못하고 자기의 연약함이 다른 사람들에게 알려질까 봐 전전긍긍하며 산다. 그러나 아무리 훌륭한 사람이라도 완벽할 수는 없다. '완벽'이라는 말은 어쩌면 인간에게 적용할 수 있는 단어가 아닐 수 있다. 완벽한 분은 오직 하나님 한 분뿐 아닐까? 완벽주의에 빠진 사람은 자기 자신에게 여유가 없고 다른 사람을 대할 때도 여유롭지 못하다. 자기만의 틀에 갇혀 살기 때문에 자유로움이 없고 매사에 긴장감이 많다. 이런 분들은 배우자에게도 매우 혹독할 수 있다.

완전성(perfection)을 버리고 온전성(wholeness)이라는 개념으로 자신에 대한 이해를 좀 더 편안하게 하면 좋겠다. 하나님이 만드신 자연의 원리는 서로 조화가 잘 이루어져 있다. 낮과 밤이 있고, 해와 달이 있고, 양지와 음지가 있고, 하늘과 땅이 있고, 암수가 있고, 빛과 그림자가 있다. 사람도 여자와 남자가 있다. 사람은 자연의 한 부분으로서 온전하게 자연과 잘 조화를 이루며 사는 것이 중요하다.

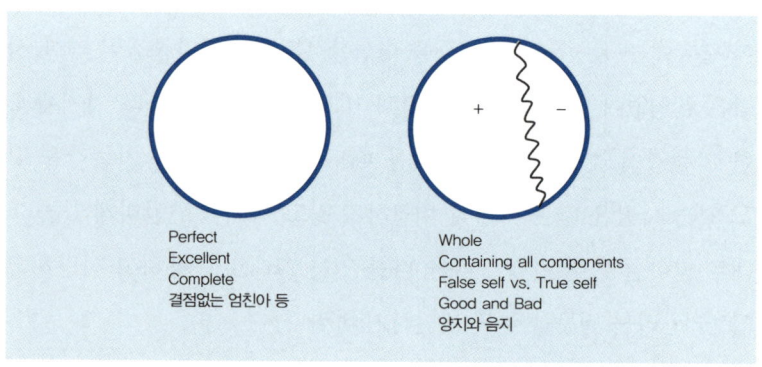

• Perfection(완벽주의) vs. Wholeness(온전성=전부) •

Perfect
Excellent
Complete
결점없는 엄친아 등

Whole
Containing all components
False self vs. True self
Good and Bad
양지와 음지

나(I)라는 한 사람을 이해함에 있어서도 온전성의 마음을 갖고 나를 객관적이며 통합적으로 볼 수 있어야 한다. 내 안에 강점이면서 잘하는 부분이나 잘난 부분이 양지와 같이 좋은 것(+)이라면, 숨기고 싶고 연약한 부분은 나쁜 것(-)이라고 할 수 있다. 내 경우 좋은 것(+)은 잘 웃음, 나누는 것을 좋아함, 긍정적인 시야, 좋은 믿음, 성실함, 부지런함, 예쁨 등이 있고, 나쁜 것(-)은 성격이 급함, 욕심이 많음, 높은 소리로 화를 냄, 음식 만드는 것에 관심이 없음 등이 있다.

온전히 나를 이해하고 받아들인다는 것은 위에서 말한 양쪽을 있는 그대로 편안하게 받아들이고, 연약한 나이지만 성장하는 즐거움을 경험하고 사는 것이다. 이런 사람이 곧 자아가 건강한 사람이고 자존감이 높은 사람이다.

다음의 그림에 내 강점과 연약한 점을 적어보면서 나를 바르게 이해하고 통합하는 시간을 가져보기 바란다.

• Who am I ?! •

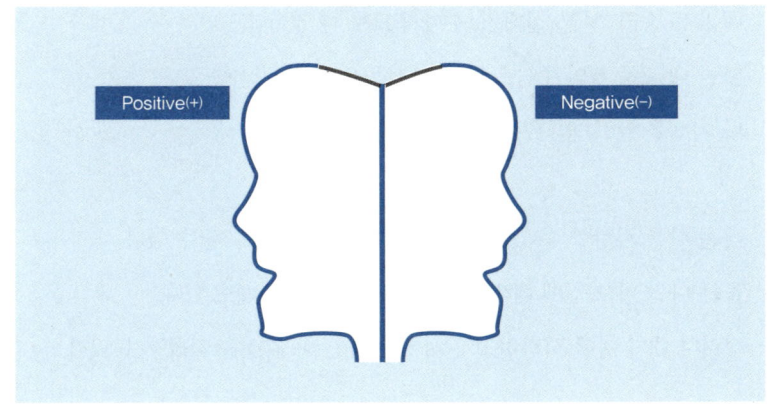

내 장점은 _____ 이다.
내 연약한 부분은 _____ 이다.
나는 내 모든 부분을 있는 그대로 수용하고 사랑하며 살고 싶다.
그리고 배우자와도 서로를 있는 그대로 받아주며 사랑하며 살고 싶다.

다음 글을 읽고 좀 더 편안한 나를 받아들이고 표현해보면 좋겠다.

나와 똑같은 사람은 이 세상에 없다.
나로 인한 모든 것은 나만의 것이다.
왜냐하면 내가 선택했기 때문에

나는 내 모든 것(몸, 느낌, 입, 목소리)의 주인공이다.
나에게 또 다른 사람에게 하는 모든 행동도 내 것이다.

나는 내 환상, 꿈, 희망, 두려움을 지니고 있다.
내 모든 승리, 성공, 실패, 실수까지 모두 내 것이다.
나는 내 모든 것의 주인으로 나 자신을 알고 친해질 수 있다.
나 자신을 알 수 있다.

나는 나를 사랑할 수 있고 내 모든 부분들과 친구가 될 수 있다.
물론 나는 나 자신에 대해 당황하기도 하고 모를 때도 있다.
그러나 내가 나를 사랑하고 친하기만 하면 나 자신을 격려할 수 있다.

나에게는 문제에 대한 해답과 나 자신을 더 잘 알 수 있는 희망이 있다.
내가 어느 순간 보고, 듣고, 말하고, 행동하고, 생각하고, 느끼는 것은 비록 부분적으로는 잘 안 맞는 것이 있더라도 전부 내 것이다.
나는 잘 안 맞는 그 부분만 던져버리고 나머지는 지킬 것이다.
그리고 던져버린 것에 대해서는 새로운 것을 만들어낼 수 있다.

나는 보고, 듣고, 느끼고, 생각하고 말할 수 있다.
나는 생존하는 방법을 가지고 있고, 다른 사람과 가까이 지낼 수 있고, 생산적이 될 수 있다.
나는 내 밖의 것들, 사람들, 세상에 존재하는 질서를 찾을 수 있다.

나는 나 자신의 주인공이기 때문에 나는 나를 움직이게 할 수 있다.
나는 나이고, 나는 괜찮다(I AM OKAY).

_ 나는 나다(I AM ME), Virginia Satir, My Declaration of SELF-ESTEEM

사티어는 가능하면 사람들이 자기의 마음을 편안하게 받아들이고 자존감이 높은 사람으로 다른 사람과 일치적 관계를 맺길 원했다. 부부가 함께 빙산 탐색을 하며 서로의 마음을 잘 알게 되고 열망에서 만나 서로의 사랑을 확인하면서 건강한 자존감을 형성하면 좋겠다.

빙산을 사용하는 구체적인 방법은 부부 또는 갈등이 있는 사람과 갈등의 한 상황(event)을 놓고 나와 상대방의 감정이나 감정에 대한 감정, 지각체계, 기대가 어떻게 형성되고 어떻게 다른지 보며 서로 자신의 것을 진솔하게 표현한다. 또한 그럼에도 불구하고 보편적 열망 차원에서 서로 만나는 것이 무엇인지 탐색하며 적극적으로 서로에 대해 좀 더 깊이 알아가는 시간을 가졌으면 좋겠다.

부부의 이마고 매치 이해[11]

이마고 부부 관계 치료는 헨드릭스(Hendrix)에 의해 개발된 것으로 부부가 서로의 배우자를 만나게 된 무의식적 동기를 볼 수 있는 좋은 도구가 된다. '이마고'(Imago)는 라틴어로 '이미지'라는 뜻이며, 우리 마음 한가운데 자리 잡고 있는 어떤 형상에 대한 생각을 의미한다. 우리 모두는 어린 시절 우리를 돌봐준 양육자에 대한 긍정적인 이미지와 부정적인 이미지를 갖고 있으며, 양육자와의 관계 경험에 의해 형성된 이미지가 배우자 선택에 의식적, 무의식적인 영향을 끼치게 된다. 나와 배우자의 이마고 찾기를 통해 각자 어린 시절의 이마고(Imago)를 발견하고, 각자 갖고 있는 어린 시절의 아픔들을 재현해 그것이 치유되도록 새로운 관계 경험을 하게 해 회복을 도울 수 있다.

1. 첫 번째 작업: 내 이마고와 배우자의 이마고 찾기

어린 시절 부모님에 대한 기억들을 떠올려보기 바란다. 현재의 부모님에 대한 기억이 아니라 어린 시절의 기억들을 떠올려야 한다. (A)란에는 부모님의 긍정적인 특성들을 형용사로, (B)란에는 부모님의 부정적인 특성들을 써보라. 아래의 이미지들은 예시이다. 여기에 없는 부모에 대한 이미지도 다양하게 나올 수 있다.

긍정적인 감정 단어들	부정적인 감정 단어들
친목적인, 흥겨운, 명랑한, 만족한, 충족된, 평안한, 쾌적한, 평화로운, 평온한, 기쁜, 기뻐 어쩔 줄 모르는, 열심인, 영감을 받은, 좋아하는, 온화한, 행복한, 들뜬, 밝은, 경쾌한, 말쑥한, 마음 편한, 사근사근한, 활기찬, 빛나는, 재치 있는, 생생한, 씩씩한, 생기 있는, 원기왕성한, 웃고 즐기는, 유쾌한, 아주 쾌활한, 재미있는, 웃고 떠드는, 장난치는, 까불어 대는, 우쭐한, 환희에 찬, 친밀한, 고맙게 여기는, 감사하는, 안심한, 존경하는, 격려 받는, 열망하는, 성실한, 열렬한, 뜨거운, 관계하고 있는, 감동한, 매료된, 몰두한, 흥미를 불러일으키는, 알고 싶은, 흥미진진한, 탐구적인, 두려움 없는, 용감한, 담력 있는, 자신감이 있는, 독립적인, 대담한, 강한, 영웅의, 단호한, 자립의, 넉살 좋은, 불굴의, 굳은, 확실한, 침착한, 부드러운, 섹시한, 애정이 깊은, 관대한, 자랑스러운, 따듯한, 인자한, 지지적인, 자상한, 열성적인, 관심 있는, 잘 들어주는, 믿어주는, 부지런한, 용돈을 잘 주는, 관심 있는, 밝은, 깨끗한, 푸근한, 다정다감한, 상냥한, 믿음직한, 사려 깊은, 지혜로운, 현명한, 음식을 잘하는, 예쁜, 가정적인 등등	분노하는, 증오, 악의, 물리치는, 냉담한, 의심 많은, 긴장하는, 화난, 싫은, 절망스러운, 실망스러운, 낙심한, 속이는, 후회하는, 슬픈, 두려운, 걱정하는, 자극적인, 거절, 수치스러운, 당황스러운, 우울한, 죄책감을 느끼는, 절망적인, 무력한, 불편한, 불안전한, 부적합한, 갇힌 듯한, 두려운, 위축된, 긴장된, 겁 많은, 패기 없는, 혐오스러운, 상처받은, 모욕스러운, 거절당한, 미안한, 짜증난, 외로운, 지루한, 소원한, 소외된, 고립된, 배신당한, 차가운, 인색한, 슬픈, 무관심한, 고집스러운, 편파적인, 무심한, 술 취한, 소리지르는, 독재적인, 융통성 없는, 난폭한, 무서운, 꼬치꼬치 따지는, 게으른, 화난, 고지식한, 예민한, 신경질적인, 권위적인, 강압적인, 짜증스러운, 앞뒤가 꽉 막힌, 속터지는, 변덕스러운, 믿을 수 없는, 불안한, 파괴적인, 대책 없는, 많이 우는 무책임한, 한숨짓는, 통제적인, 기계적인, 말이 없는, 말 많은, 꼼꼼한, 엄격한, 일을 많이 하는, 조용한, 둔한, 예민한, 연약한, 강인한, 종교적인 등등

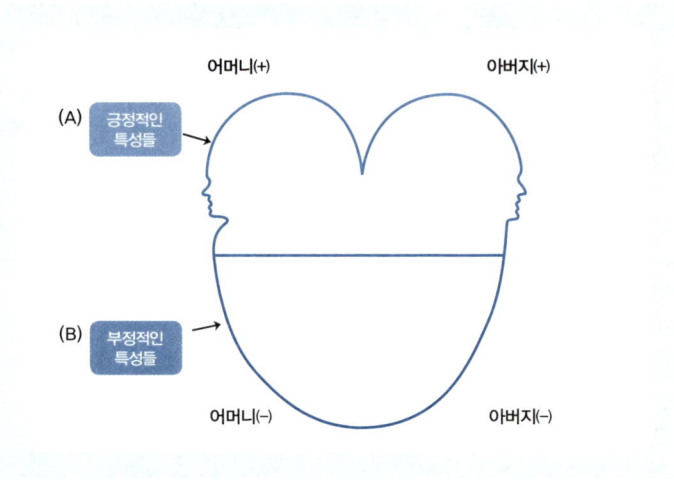

(C) 다음 문장을 마무리하며 내 마음의 아픔에 대해 좀 더 탐색해보라.
"내가 아이였을 때, 부모님으로부터 정말 받기 원했지만 받지 못한 것은
_____이었다.
그것은 _____때문이었다.

(D) 다음 문장을 마무리해보라.
"아이로서 내가 느꼈던 감정 중에 반복적으로 느꼈던 부정적인 감정은
_____이었다.

2. 두 번째 작업: 배우자 이미지 찾고 내 끌림 이해하기
 당신이 배우자에 대해 좋아하는 점들, 싫어하는 점들과 당신의 이마고들을 비교해보기 바란다. (E) 옆에 배우자의 긍정적인 면들을 적

는다. 특히 당신에게 처음 호감을 갖게 했던 부분들을 적는다. (F) 옆에 배우자의 부정적인 면들에 대해 적는다.

(E) 목록과 (F) 목록들 중에서 당신에게 가장 영향을 끼치는 것들 위에 동그라미를 그린다. 그리고 앞(A와 B)의 이마고 목록들과 비교하여 그중 가장 비슷한 부분들에 *표를 하고, 가장 대조적인 부분들에 대해서도 표시한다.

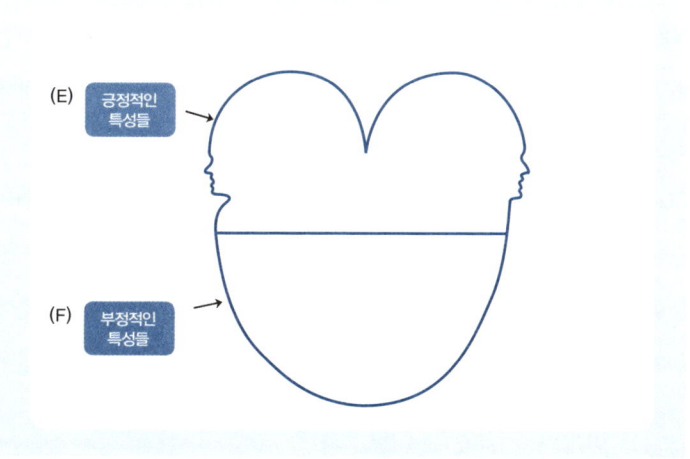

(G) 다음 문장을 마무리해보라.

"내 배우자에 대해서 내가 가장 좋아하는 점은 _____이다."

(H) 다음 문장을 마무리해보라.

"내가 남편(아내)에게 원하고 있지만 받지 못한 부분은 _____이다."

3. 세 번째 작업: 나눔

A-H까지의 작업을 통해 부모님과의 관계경험과 내 배우자 선택과 부부 관계 경험에 대한 새로운 통찰과 느낌을 나누어보기 바란다.

부부의 이마고 매치 작업을 통해 우리는 서로의 무의식적 끌림을 더 많이 이해하게 되었다. 내 경우 신기하게도 배우자를 선택할 때 부모님에게 가졌던 긍정적인 이미지보다 부정적인 이미지에 대한 보상을 받으려고 무의식적으로 많은 노력을 했던 것 같다. 아버지에게 가졌던 대표적인 이미지가 폭력적인, 무서운, 단순하고 무식한, 부지런한 등이었는데 남편은 그와 정반대인 부드럽고, 다정다감하고, 다재다능하고, 똑똑한 등의 사람이었다.

그리고 많은 부분을 서로에게서 채움받고 있지만 여전히 채워지지 않는 부분들에 대해 힘들어하고 있음도 알 수 있었다. 이 작업을 하는 부부들도 자기가 미처 생각하지 못했던 자기의 무의식적인 부분에서 배우자에 대한 끌림을 통해 좀 더 편안하게 자기를 이해하며 배우자와 가까워지는 경험을 하게 되는 것을 본다.

가족규칙을 통한 지각체계 이해하기

사람의 마음속에 생기는 신념이나 가치관 등의 지각체계는 어떻게 형성될까? 우리는 보통 다른 사람과 관계를 할 때 자기가 갖고 있는 지각체계의 신념이나 가치관 등을 토대로 상대방에게 말하거나 행동으로 표현하게 된다. 그러면서 그런 것들이 어떻게 형성되었는지 자신의 내면은 잘 살펴보지 못하면서 다른 사람과의 관계에서 서로 갈등이 생기면 상대방이 이상하다거나 나와 맞지 않아서 힘들다는 호소들은 많이 한다. 서로 상대방이 변하기를 바라며 계속 자기의 것만 주장하다 보면 해결보다는 갈등이 더 깊어지게 된다. 즉 대인 관계에서 자기가 갖고 있는 내면의 신념들을 다른 사람과 조화롭게 사용하면 서로의 관계성이 좋아지지만, 유연성 없이 경직되어 자기 것만을 너무 고집하면 서로 갈등을 일으키게 되는 것이다. 사랑하는 부부 사이에도 서로의 가치관이나 신념이 달라 많은 갈등이 있을 수 있다.

이런 것들은 생활패턴에서 많이 나타나는데 사소한 것에서부터 큰 일까지 다 연결된다. 작게는 부부가 함께 쓰는 화장실에서 수건을 걸어놓는 위치나 개수 또는 치약 짜는 방법에서부터 크게는 집을 사거나 투자를 할 때, 자녀 교육 등 생활 전반에 걸쳐 있다.

이런 가치관이나 생활습관, 또는 신념 등의 지각체계가 어떻게 형성되었는지 탐색할 좋은 방법이 있다. 그것은 바로 어린 시절 부모님께서 강조하신 가족규칙을 탐색하는 것이다. 가족규칙은 한 가족이 자기 가족을 외부 세계로부터 보호하기 위해 형성된 것으로, 부모가 자녀에게 강조하기에 다음세대로 전수된다. 가족규칙이 강한 가정은 가족의 결속력이 강하지만 자율성이 부족할 수 있고, 가족규칙이 약하면 자유롭기는 하지만 가족체계 유지가 힘들 수 있다. 이런 가족규칙은 삶에 매우 필요한 것이지만 때로는 부정적인 영향을 끼칠 수 있다.

오늘의 내 지각체계에서 나오는 많은 가치관이나 신념, 생활습관 등은 어린 시절 부모님의 양육 방법과 여러 부분에서 연결되어 있다. 따라서 이에 대해 언어적인 부분과 함께 비언어적인 부분까지도 잘 탐색되어져야 한다. 그것이 내 삶을 풍성하게 하는 것이든 상처를 주고 힘들게 하는 것이든 부정할 수 없다. 내면을 편안하게 바라보며 내가 중요하게 생각하는 것들에 대해 탐색하는 시간을 가져보기 바란다.

1. 첫 번째 작업: 가족규칙 찾기

다음의 가족규칙을 어린 시절 부모님과의 관계를 생각하면서 체크하기 바란다. 보통의 경우 어른이 된 지금과 비슷할 것이다. 그러나 정반대의 경우도 있을 수 있다. 이럴 때는 어린 시절과 현재의 것을 다 체크하면 된다.

• 가족규칙 •

다음의 것들은 가족규칙에 해당하는 예시의 문장들이다. 각 문항에 해당되는 숫자를 적고, 이곳에 없지만 살면서 내가 꼭 해야만 하는 규칙들이 있다면 그것을 따로 적어두라.

평가기준

1점 전혀 그렇지 않다(0-20%)
2점 대체로 그렇지 않다(21-40%)
3점 보통이다(41-60%)
4점 대체로 그런 편이다(61-80%)
5점 거의 전부 그렇다(81-100%)

가족

1. (　) 집안의 일을 집 밖에서 이야기해서는 안 된다.
2. (　) 부모를 비판하거나 비난해서는 안 된다.
3. (　) 부모에게 걱정을 끼치게 해서는 안 된다.
4. (　) 부모나 어른의 말을 거역하면 안 된다.
5. (　) 누나 또는 형처럼 잘해라.
6. (　) 무엇이든지 부모와 의논한 후에 결정해라.
7. (　) 다른 사람들 앞에서 부모가 창피 당하게 하지 마라.
8. (　) 부모만 사랑하라.
9. (　) 부모가 원하는 것은 다 해야 한다.
10. (　) 가족과 떨어져서는 절대 안 된다.
11. (　) 부모 곁에 늘 있어야 한다.
12. (　) 부모가 원하는 것은 반드시 도와드려야 한다.

인간

13. (　) 사람은 최선을 다해야 한다.
14. (　) 남을 돕는 사람이 되어야 한다.
15. (　) 꼭 성공한 사람이 되어야 한다.
16. (　) 사람은 겸손해야 한다.
17. (　) 사람은 잘난 척해서는 안 된다.
18. (　) 사람은 이기적이어서는 안 된다.
19. (　) 자랑하지 마라.

20. (　) 자만은 결국 자신을 낭떠러지로 몰아간다.

언어

21. (　) 말이 많으면 안 된다.
22. (　) 행동보다 말이 앞서면 안 된다.
23. (　) 기분이 좋다고 해서 감정을 가볍게 드러내면 안 된다.
24. (　) 절대 화를 내면 안 된다.
25. (　) 식구끼리 화를 내거나 싸워서는 안 된다.
26. (　) 말대꾸해서는 안 된다.
27. (　) 거짓말을 해서는 안 된다.
28. (　) 떠들지 말아야 한다.
29. (　) 꼬치꼬치 캐물어서는 안 된다.
30. (　) 내 의견에 반대해서는 안 된다.
31. (　) 너에게 생기는 일은 모두 나에게 이야기해야 한다.

행동

32. (　) 어떤 경우에도 약속과 시간은 반드시 지켜야 한다.
33. (　) 어른이 시키는 대로, 말하는 대로 행동하라.
34. (　) 예의 바르게 행동하라.
35. (　) 요령 있게 행동해라.
36. (　) 무엇이든지 1등을 해라.
37. (　) 모든 것을 다 잘해라.

38. (　) 남들보다 뒤처지면 안 된다.

39. (　) 주일에는 반드시 교회에 가야만 한다.

40. (　) 학교 끝나면 곧장 집으로 와라.

41. (　) 아무 친구나 사귀면 안 된다.

42. (　) 무책임하게 행동하지 마라.

43. (　) 바보짓하지 마라.

44. (　) 늘 상냥하게 행동해라.

45. (　) 실수는 치명적이다. 그러므로 실수해서는 안 된다.

출처: 김영애, 《사티어 빙산의사소통》

2. 두 번째 작업: 가족규칙 형성과정 탐색

검사지를 작성한 후에는 내가 쓴 1점에서 5점까지 각각 몇 개인지 빈 공간에 적어보기 바란다. 그리고 각각의 개수 분포도를 보기 바란다. 만약 1점이 많은 사람이라면 개방적이고 별 규칙 없이 자유롭게 사는 사람일 것이다. 반대로 5점이 많은 사람은 규칙이 많아 자기 틀이 강한 사람일 것이다. 만약에 1점이나 5점은 적고 2점에서 4점 사이가 많이 나온 사람이라면 규칙을 유연하게 사용한다고 할 수 있다.

그러나 사람마다 점수가 꼭 5점이 아니더라도 아주 중요하게 여기는 규칙이 있게 마련이다. 많은 규칙들 중에 내가 지금도 소중히 여기며 지키는 것을 3개만 뽑아보라. 그리고 그 규칙이 어디서 왔는지 한번 탐색해보라.

/ **우리 이야기** / 어떤 경우에도 지킬 것(?)

내 경우 가족규칙에 대해 여러 번 탐색하면서 절대로 놓을 수 없는 것이 있었다. 그것은 '어떤 경우에도 약속과 시간은 반드시 지켜야 한다'는 것이었다. 그러면서 생각했다. '나는 왜 이 부분에 대해 내려놓지 못하고 잡고 있는 것일까? 시간을 잘 지키지도 못하면서.' 계속해서 자신을 탐색하면서 어린 시절부터 경험적으로 시간에 대해 내 무의식의 세계에 잠재된 것을 발견하게 되었다.

아버지는 매우 부지런한 분이었다. 농사를 짓던 아버지는 초저녁에 주무시면 새벽 4시경에는 일어나셨고, 그 시간에 나가 농사일을 하고 집에 들어오는 시간이 이른 아침 6시쯤 되었다. 말이 별로 없으신 아버지는 대부분 폭력적인 행동으로 자녀들을 다스렸는데 우리를 깨우는 방법도 그랬다. 이른 아침에 "은혜야, 일어나라" 하시고는 거의 동시에 방문을 열고 커다란 몽둥이를 갖고 방으로 들어오시곤 했다.

아버지가 문을 열 때 바로 일어나지 않으면 난리가 나기 때문에 우리 남매들은 거의 반사적으로 일어나곤 했다. 이렇게 고등학교 때까지 부모님과 살다가 대학을 가기 위해 혼자 서울에 와서 생활할 때도 나는 아버지가 깨우지 않았지만 날마다 아침 6시에 시계를 맞춰 놓고 일어났다. 그리고 어쩌다가 그 시간에 일어나지 못하면 스스로 자책하곤 했다. 시간에 대한 강박적인 부분은 삶의 많은 부분에서 나타났다.

물론 성향적으로 계획을 세워 그대로 실천하는 것을 좋아하지만 내면으로는 편안하지 않은 부분이 많았던 것이다. 누구와 만나기로 하면 기다리거나 늦는 것이 싫어 나름대로 계획을 세워 딱 맞춰가려다가 종종 조금씩 늦는 내 자신이 싫었고, 상대방이 늦으면 화가 나곤 했다. 결혼을 하고 아이들을 양육할 때는 문제가 조금 더 심각하게 발생했다.

어린아이들이 엄마가 원하는 대로 따라주지 않으면 주체할 수 없이 화를 낼 때가 있었는데, 그러고나면 나 자신이 싫고 하나님 앞에 회개도 많이 했지만 마음이 편안해지거나 행동의 변화는 일어나지 않았다.

일요일마다 교회에 예배드리러 갈 때 나는 예배 시간 10분 전까지 가는 것을 정해놓았다. 그런데 이 시간이 지켜지지 않고 조금 늦게 되면 교회 가는 차 안에서 자녀들에게 화를 냈고, 그 화는 예배 시간에까지 부정적인 영향을 미쳤다.

보다 못한 남편은 "당신도 시간을 제대로 못 지키면서 왜 매번 우리를 힘들게 해" 하는 것이었다. 이렇듯 어린 시절 아버지와의 관계 경험이 현재의 내 삶을 많이 지배하고 있다는 것에 놀라면서 나를 자유롭지 못하게 하고 다른 사람들과의 관계를 힘들게 하는 규칙을 지침으로 바꾸는 작업을 해야만 했다.

상담의 현장에서 이 부분을 탐색하다 보면 내담자들마다 자기만의 독특한 경험이 있고 그것이 가족규칙이 되어 자기의 가치관이나 신념이 된 경우가 많다. 그리고 부부들이 대부분 그 부분에 대해 서로 다른 가족규칙이 있지만 그것이 형성된 과정에 대해 서로 깊이 이해하지 못하기 때문에 갈등을 많이 하는 경우를 보게 된다.

한 30대 남자 내담자는 부모님에 대해 비판하거나 걱정을 끼치면 안 되고 부모님 말씀을 거역하면 안 되는 규칙이 강했다. 그래서 부모님께서 말씀을 하시기도 전에 미리 알아서 잘해드리고 가끔 부모님이 과한 것을 요구해도 다 순종했다. 반대로 아내는 부모님과 친구같이 지내고 부모님과의 관계가 합리적이어서 남편과 시댁 식구들을 이해하지 못했다.

이 부분을 놓고 부부가 치열하게 싸우는 모습을 보면서 그것은 지금의 갈등이 아니고 부부가 어린 시절부터 서로가 다른 가족규칙 속에 산 것에 대한 치열한 몸부림임을 보게 된다.

3. 세 번째 작업: 규칙을 지침으로 바꾸기

앞선 예시에서 보여준 가족규칙들은 대부분 좋은 것들이다. '거짓말을 해서는 안 된다', '사람은 최선을 다해야 한다', '예의 바르게 행동하라' 등 지킬 수만 있으면 지키면 좋다. 그렇지만 자기가 갖고 있는 규칙을 모두 다 지킬 수 있는 사람은 아무도 없다. 대부분의 사람들은 자기도 다 지키지 못하면서 상대방에게 강요하기 때문에 서로의 관계에 갈등을 일으키며 자기 자신을 괴롭힌다. 내 경우와 같이 말이다.

호흡을 크게 하고 규칙을 지침으로 바꿔보기 바란다. 잘 알겠지만 규칙은 꼭 해야만 하는 강압성이 있다면, 지침은 가능하면 하는 것으로 여유가 있다. 내 경우에는 '어떤 경우에도 약속과 시간은 반드시 지켜야 한다'를 '나는 몸이 아프거나 일이 많을 때는 약속과 시간을 지키지 못할 때도 있다'로 바꿨다.

내가 갖고 있는 가족규칙을 크게 읽어보고 그것을 지침으로 바꿔 또 크게 읽어보기 바란다. 그러면서 내 내면에 어떤 감정이 흐르는지 탐색해보기 바란다. 혹 어떤 사람들은 이런 작업을 하면 자기의 아주 좋은 신념이나 가치관이 무너지는 것 같다고 염려한다. 그러나 전혀 그렇지 않고, 오히려 진리 안에서 자유로워질 수 있다.

/ **우리 이야기** / 자유 안에서 누리는 관계

내 경우 규칙을 지침으로 바꾸고 마음이 얼마나 편안해지고 나 자신에 대해 자유로워졌는지 모른다. 그렇다고 다른 사람과의 약속을 어기거나 시간을 허비하지 않는다. 예를 들어 주일날 교회 가는 것도 더 편안하게 10분 전에 갈 수 있게 되었고, 어쩔 수 없이 늦을 때는 집에서부터 기도하면서 마음 편하게 간다.

'주님, 제가 조금 늦었네요.'

그리고 아침마다 요일에 따라 일어나는 시간이 상황에 따라 조금씩 달라졌다. 그러면서도 제일 먼저 주님과 만나는 시간(QT)을 풍성히 갖고 상쾌한 아침을 맞을 수 있다. 그리고 기분 좋게 약속 시간에는 좀 더 넉넉히 나간다. 그러다보니 다른 사람에 대한 배려가 풍성해지고 기다리는 시간을 잘 선용할 수 있게 되어 삶이 즐겁다.

어쩔 수 없이 늦을 때는 정중하게 사과를 하지만 죄책감은 갖지 않는다. 규칙을 지침으로 바꾸고 나니 사랑하는 가족과의 관계도 좋아지고 다른 사람을 대하는 태도에도 많은 여유가 생기게 되었음을 자신 있게 자랑하고 싶다.

chapter 5

그의 말, 그녀의 말

마음이 아파서 상담실을 찾은 분들 중 다른 사람에게 들었던 말 때문에 상처를 받은 분들이 많다. 아주 어렸을 때 들었던 부모님의 부정적 말 한마디가 평생 자신의 삶을 펴지 못하고 쪼그라들게 하기도 한다. 사람들마다 자기만의 대화 패턴이 있는데, 이것은 어린 시절부터 부모님과의 관계 경험에서 형성된다.

부모님께 칭찬받지 못하고 늘 야단과 비난만 받고 자란 아이는 성인이 되어서도 다른 사람을 비난하는 것에 익숙하다. 이것은 결혼한 후 배우자와의 관계에서도 많은 영향을 미치는데, 부부 사이의 대화는 다른 사람과의 대화보다 더 적나라하게 표현되기에 때로는 쉽게 상처를 주거나 받게 된다.

의사소통의 능력

아름다운 40대 중년 여성이 매우 어두운 얼굴로 상담실에 들어왔다. 좋은 대학을 나오고 좋은 가정을 이루고 있었지만 그 여성의 얼굴에서는 즐거움이나 기쁨의 모습을 전혀 찾을 수가 없었다. 그녀와 상담을 하면서 남편의 부정적인 말 때문에 기가 너무 죽어버렸다는 것이 탐색되었다.

　남편은 신혼기 때부터 습관처럼 "당신은 ○○는 잘하는데 ○○만 고치면 좋겠어"라고 말했다고 한다. 아내가 하는 모든 일들에 이와 같이 말을 하니, 아내에게는 남편의 칭찬은 들리지 않고 "○○만 고치면 좋겠어"라는 비난과 같은 말만 남았다고 한다. 그러니 무슨 행동을 하더라도 자신감이 자꾸 떨어지고 기쁨이 사라지며 남편과 대면하기가 불편해졌고, 이제는 마음의 병까지 얻었다고 한다. 남편은 아마도 아내를 사랑해서, 아내가 좀 더 잘하길 바라는 마음에서 그렇게 이야기했을 수도 있었을 것이다. 그러나 같은 의미를 갖고 있어도 대화할 때의 단어 선택이나 높낮이, 표정에 따라 듣는 사람의 감정을 상하게 할 수도 있고 관계성까지도 악화시킬 수 있다.

　한 몸을 이루고 있는 가장 가까운 사이인 부부가 서로를 존중하며 서로의 감정을 받아주는 언어적, 비언어적 방법의 의사소통을 잘할 때 부부 갈등은 많은 부분 해결될 수 있다. 부부가 상황에 맞고 적절하게 일치적 의사소통을 하기 위해서는 '나-전달법'(I-Message)과 '눈 맞춤'(Eye-Contact) 같은 간단하면서도 쉽게 사용할 수 있는 기술들을 익히는 것이 중요하다. 열린 마음을 가지고 배우자를 이해하는 태도로 다가가며 좀 더 깊이 있는 의사소통 기술을 익히고, 혼자만의 힘으로 힘들 때는 전문가의 도움을 받아 훈련해보라. 서로의 마음에 대해 더 많은 것을 알아가고 서로가 통하는 대화를 하게 되면 부부의 사랑은 깊어지고 결혼 만족도는 높아질 것이다.

부부 의사소통을 가로막는 장벽들

사랑하는 부부의 대화를 가로막는 것들이 있다. 부부마다 구체적인 걸림돌들은 다를 수 있지만 다음의 큰 틀에서는 비슷할 것이다.

첫째, 부부 중 한 명이 상대방보다 우월하다는 가치관을 갖고 있는 경우는 대화를 잘할 수 없다. 부부는 서로가 동등한 관계인데도 불구하고 두 부부의 학력, 경제, 문화 수준의 차이 등으로 한 명이 우월감을 갖게 되면 그 부부는 마음을 통하는 대화를 나눌 수가 없다. 한쪽 배우자가 계속 일방적으로 지시하게 되거나 비판적인 태도를 취하기 때문이다.

다윗 왕이 하나님의 궤를 다윗 성으로 옮길 때 다윗 왕은 너무도 기뻐 마음껏 춤을 추었다. 그것을 본 그의 아내 미갈은 그를 심중에 업신여겼고 비아냥거렸다(삼하 6:16-23). 아마도 공주의 신분이었던 미갈은 목동 출신인 다윗 왕보다 자신이 우월하다고 생각한 것 같다.

둘째, 부부 중 한 명이 묵비권을 행사하거나 끊임없이 이야기하는 것도 장벽이 된다. 묵비권은 상대방을 지치게 하고 많은 오해를 불러일으키며 상황보다 더 화를 내게 한다. 한 아내는 남편이 너무 말을 안 해서 미칠 것 같고 남편이 더 이상 자기를 사랑하지 않는다고 오해하고 있었는데, 부부 프로그램에 와서 남편이 자기를 얼마나 사랑하는지 알게 되었고 또 남편의 목소리를 들으니 살 것 같다고 했다.

반대로 끊임없는 이야기로 상대방을 도망가게 할 수도 있다. 같은 말을 반복해서 듣는 괴로움 역시 매우 고통스럽다. 내 어린 시절, 부모님이 싸울 때의 주 패턴은 끊임없이 반복되는 어머니의 잔소리였다.

어머니가 같은 말을 계속 반복해서 아버지의 화를 끝까지 돋운 적이 많았다. 어린 마음에 '엄마가 좀 참지' 하며 힘들어했던 기억이 있다.

셋째, 부부 각자의 가족규칙, 신념, 가치관의 차이, 기질과 성향의 차이에 대한 이해 부족이 서로의 대화를 막는 장벽이 된다. 이 부분은 삶의 전 과정에 걸쳐 영향을 미치는데 대화에서도 마찬가지이다. 부부가 한 사건을 놓고 너무 다르게 이해하고 해결하려는 방법도 다른 것은 부부 각자가 갖고 있는 가치관, 신념들이 충돌하기 때문이다.

넷째, 자기 내면에서 시시때때로 터져나오는 숨겨진 분노와의 충돌에 대한 두려움이 부부 대화를 막는다. 말만 하면 화를 내는 사람이 있다. 이 사람은 자기 내면의 아픔이 회복되지 않고 건강한 의사소통 방법을 몰라 자기가 할 수 있는 유일한 것인 화내는 것으로만 대화를 한다. 이럴 때 상대 배우자는 좌절감을 갖게 되고 부부 간의 대화를 더 이상 할 수 없게 만든다.

다섯째, 불명확한 의사 전달 습관은 부부의 대화를 가로막는다. 이중적인 메시지를 주거나 일관성이 없는 경우인데, 이럴 때 듣는 사람은 혼란스럽고 어디에 중점을 두어야 할지 모르게 된다. 그러면 서로 혼란스러워져 대화를 할 수 없다.

여섯째, 대중매체의 유혹은 부부의 대화를 가로막는 큰 장벽이 된다. 특히 요즘처럼 인터넷과 같이 대중매체가 발달된 사회에서는 더욱 그렇다. 신혼기의 한 커플은 남편이 혼자 자취하면서 행동하던 대로 밥 먹을 때 텔레비전 보는 습관을 결혼하고도 계속해 아내가 힘들어했다. 남편은 자기의 오랜 습관이어서 편하게 했던 일인데 그것으로 아내가 화를 내고 힘들어하니 이해가 되지 않았지만, 아내가 원하는 대로 밥 먹을 때 텔레비전을 보지 않고 부부가 서로 좋아하는 음악을 틀자 관계가 많이 좋아짐을 경험했다. 요즘의 젊은 커플들은 데이트를 하면서도 서로 문자로 대화를 한다고 하는데, 이것은 진정한 대화를 방해하는 요소가 된다.

이외에도 부부마다 부부 대화의 걸림돌이 되는 것들이 있을 것이다. 우리는 어떤 걸림돌 때문에 부부 대화를 제대로 하지 못하는지 함께 찾아보는 작업을 먼저 하면 좋겠다.

나와 배우자의 의사소통 유형 탐색하기

1. 의사소통 유형을 찾아라

사람마다 자기가 사용하는 대처 방식으로 의사소통을 한다. 여기에는 일정한 패턴이 있는데, 갈등의 상황이나 대상에 따라 다를 수도 있어 혼란스러운 분들은 가장 가까운 한 사람을 정해서 다음의 검사지를 실시해보면 도움이 될 것이다. 예를 들어, 배우자나 부모 또는 자녀, 동료 등 현재 내가 만나는 사람 중 나에게 중요한 대상이면서 갈등이 많은 사람을 선택하면 된다.

• 사티어 의사소통 유형 검사 •

* 다음 글을 읽고 자신에게 해당하는 문항에 모두 O 표시하라.

A. (　) 나는 상대방이 불편하게 보이면 비위를 맞추려 한다.

B. (　) 나는 일이 잘못되었을 때 자주 상대방의 탓으로 돌린다.

C. (　) 나는 무슨 일이든지 조목조목 따지는 편이다.

D. (　) 나는 생각이 자주 바뀌고 동시에 여러 가지 행동을 하는 편이다.

E. (　) 나는 타인의 평가에 구애받지 않고 내 의견을 말한다.

A. (　) 나는 관계나 일이 잘못되었을 때 자주 내 탓으로 돌린다.

B. (　) 나는 사람들의 의견을 무시하고 내 의견을 주장하는 편이다.

C. (　) 나는 이성적이고 차분하며 냉정하게 생각한다.

D. (　) 나는 다른 사람에게 정신 없다거나 산만하다는 말을 듣는다.

E. (　) 나는 부정적인 감정도 솔직히 표현한다.

A. (　) 나는 지나치게 남을 의식해서 내 생각이나 감정을 표현하는 것을 두려워한다.

B. (　) 나는 내 의견이 받아들여지지 않으면 화가 나서 언성을 높인다.

C. (　) 나는 내 견해를 분명하게 표현하기 위해 객관적인 자료를 자주 인용한다.

D. (　) 나는 상황에 적절하지 못한 말이나 행동을 자주하고 딴전을 피우는 편이다.

E. (　) 나는 다른 사람이 내게 부탁을 할 때 내가 원하지 않으면 거절한다.

A. (　) 나는 사람들의 얼굴 표정, 감정, 말투에 신경을 많이 쓴다.

B. (　) 나는 타인의 결점이나 잘못을 잘 찾아내어 비판한다.

C. (　) 나는 실수하지 않으려고 애를 쓰는 편이다.

D. ( ) 나는 곤란하거나 난처할 때는 농담이나 유머로 그 상황을 바꾸려 하는 편이다.

E. ( ) 나는 나 자신에 대해 편안하게 느낀다.

A. ( ) 나는 타인을 배려하고 잘 돌봐주는 편이다.

B. ( ) 나는 명령적이고 지시적인 말투를 자주 사용하기 때문에 상대가 공격받았다는 느낌을 받을 때가 있다.

C. ( ) 나는 불편한 상황을 그대로 넘기지 못하고 시시비비를 따지는 편이다.

D. ( ) 나는 불편한 상황에서는 안절부절못하거나 가만히 있지를 못한다.

E. ( ) 나는 모험하는 것을 두려워하지 않는다.

A. ( ) 나는 다른 사람들이 나를 싫어할까봐 두려워서 위축되거나 불안을 느낄 때가 많다.

B. ( ) 나는 사소한 일에도 잘 흥분하거나 화를 낸다.

C. ( ) 나는 현명하고 침착하지만 냉정하다는 말을 자주 듣는다.

D. ( ) 나는 한 주제에 집중하기보다는 화제를 자주 바꾼다.

E. ( ) 나는 다양한 경험에 개방적이다.

A. ( ) 나는 타인의 요청을 거절하지 못하는 편이다.

B. ( ) 나는 자주 근육이 긴장되고 목이 뻣뻣하며 혈압이 오르는 것을 느끼곤 한다.

C. ( ) 나는 내 감정을 표현하는 것이 힘들고, 혼자인 느낌이 들 때가 많다.

D. (　) 나는 분위기가 침체되거나 지루해지면 분위기를 바꾸려 한다.
E. (　) 나는 나만의 독특한 개성을 존중한다.
A. (　) 나는 자신이 가치가 없는 것 같아 우울하게 느껴질 때가 많다.
B. (　) 나는 다른 사람에게 비판적이거나 융통성이 없다는 말을 듣기도 한다.
C. (　) 나는 목소리가 단조롭고 무표정하며 경직된 자세를 취하는 편이다.
D. (　) 나는 불안하면 호흡이 고르지 못하고 머리가 어지러운 경험을 하기도 한다.
E. (　) 나는 누가 내 의견에 반대해도 감정이 상하지 않는다.

A는 회유형, B는 비난형, C는 초이성형, D는 산만형, E는 일치형의 특징을 보인다. 각각의 숫자를 세어 밑줄 친 부분에 적어놓는다. 숫자가 가장 많이 나오는 것이 자신이 사용하는 주된 의사소통 패턴이다.

A.(　)＿＿　B.(　)＿＿　C.(　)＿＿　D.(　)＿＿　E.(　)＿＿

출처: 김영애, 《사티어 빙산의사소통》

2. 대처유형에 대한 이해를 가지라

위의 검사에서 사람에 따라서는 같은 숫자가 나오기도 하는데, 이럴 때는 자신이 어떤 상황에서 어떤 패턴을 쓰는지 탐색하는 것이 좋다. 우리가 다른 사람과 의사소통을 할 때 '나', '너', '상황'이라는 세 부분을 잘 봐야 한다. 이 세 부분 중 어느 한 부분이라도 배려를 받지 못한다면 건강하지 못한 비일치적 의사소통을 하게 된다.

1) 회유형: 내가 무시된 상황

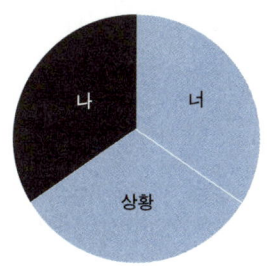

회유형은 자기 자신을 배려하지 못하고 무시하며 다른 사람의 비위를 맞추는 형이다. 마음에는 억울함이나 하고 싶은 이야기가 많이 있지만 갈등하는 것이 싫거나 말할 용기가 나지 않아 그냥 상대방의 말에 순응하며 산다. 이런 사람은 다른 사람에 대해 배려하는 마음은 좋지만 자신도 돌볼 줄 아는 힘을 키워야 한다.

만약 부부 사이에서 회유형을 많이 사용하고 있다면 그 사람은 배우자가 편하지 않고 불편하며 말로 표현하지 못하기 때문에 신체적으로 소화가 안 된다든가 만성 두통 또는 다른 부분이 아파 웃지 못하고 인상을 쓰고 있을 수 있다.

배려심이 많은 사람이나 기독교 공동체에서는 회유형이 많다. 그러나 회유형을 쓰는 사람은 진정한 의미의 배려를 할지 모르고 눈치 보는 사람으로 삶에 별 활력이 없고 회의적이 될 수 있다.

2) 비난형: 상대방(너)이 무시된 상황

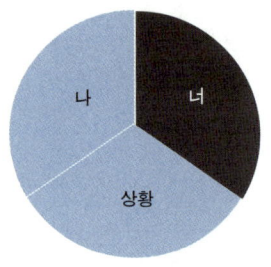

비난형은 상대방을 배려하지 못하고 무시하는 것으로, 무조건 자기가 옳다고 주장하며 다른 사람의 말을 들어주지 않는 형이다. 자기 것을 너무 주장하다보니 공격적이 될 때도 있고, 갈등의 원인을 무조건 상대방에게 찾아 상대방을 비난하며 힘들게 한다. 그렇다고 비난하는 자신의 마음이 편치만은 않다. 말이 안 통하는 것 같아 답답할 때가 많고 외로울 수도 있다.

부부 사이에 비난형을 많이 사용한다면 부부 친밀감을 형성하기는 어렵게 된다. 비난형의 배우자를 가까이하기란 쉽지 않기 때문이다. 그러다 보면 비난형의 비난이 더 높아질 수 있고, 나중에는 경멸하게 되는 경우도 있다. 부부 사이에 아이러니하게도 한 명이 회유형이면 다른 한 명은 비난형이 될 확률이 높다.

이런 패턴은 겉으로 보기에는 한 명은 주눅 들어 있고 한 명은 당당한 것처럼 보이지만, 둘 다 외롭고 서로가 서로에게 어떻게 다가가야 할지 모르는 미성숙한 부부의 모습이다.

3) 초이성형: 나와 상대방(너)이 무시된 상황

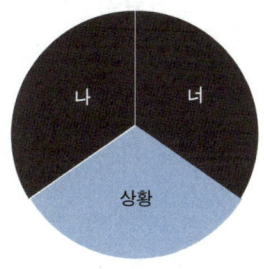

초이성형은 매사에 이성적인 판단을 먼저 하는 사람이다. 초이성형을 많이 쓰는 사람은 사람의 감정에 대해 잘 느끼지 못하며, 어떤 상황에 대한 합리적인 논리만을 주장하는 사람이다. 이 경우는 나도 무시되고 상대방도 무시되며, 단지 상황에 대한 이성적 판단만으로 의사소통을 하기에 겉보기에는 깔끔하고 일처리를 잘하는 것처럼 보이지만 사실 내면은 매우 허전하여 다른 사람과의 관계를 어떻게 해야 할지 모른다. 부부 중 한 사람이 초이성형일 경우 그 부부는 유머가 없고 경직될 수 있고 상처받기 쉽다.

4) 산만형: 나, 상대방(너) 그리고 상황이 무시된 상황

산만형은 어떤 갈등의 상황이나 사건을 해결해야 할 때 그것에 집중하지 못하고 산만하게 행동하는 사람이다. 이런 사람은 내면이 매우 약한 사람으로 자신과 타인, 상황 모두를 무시하는 것으로 상황에 맞지 않게 부적절하게 행동을 하곤 한다. 이런 사람의 감정은 매우 혼란스러운 것으로 주위를 끌기 위해 유머도 쓰고 끼어들기도 하지만 정작 자신의 감정이나 중요한 일의 초점을 직면하지는 못한다. 이런 사람은 밖에서는 재미있는 사람이라는 말을 들을 수 있지만 가족에게는 한심하게 보일 수도 있다.

5) 일치형: 나, 상대방(너) 그리고 상황 모두가 존중되는 상황

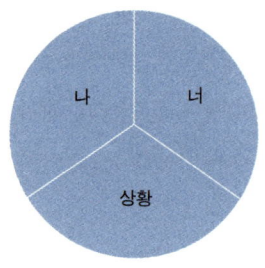

일치형은 건강한 의사소통 방법으로 나와 너 그리고 상황 모두를 배려하고 만족시키는 것이다. 이런 사람은 상황에 맞는 감정을 적절하게 표현하며 자기가 할 수 있는 실제적인 말을 하며 높은 자존감을 갖고 있다. 그러면서도 다른 사람과 조화를 이루고 대인관계에서 건강하게 균형을 잡으며 즐거운 삶을 살게 된다. 일치적 의사소통을 하기 위해 날마다 나 자신을 있는 모습 그대로 수용하면서 성장시키고

다른 사람에 대해서도 여유를 갖고 대하면 좋겠다.

사람들은 앞선 네 가지 건강하지 못한 비일치적 의사소통을 상황에 따라 사용한다. 그러면서 사랑하는 가족과의 관계나 사회적인 대인 관계에서도 건강하지 못하고 갈등을 하게 된다. 그러나 현재 내 의사소통 유형이 비일치성이 많다고 좌절할 필요는 없다. 내 내면의 아픔을 치유하면서 날마다 성장하는 삶을 살면 된다.

사티어 의사소통 모델은 성장모델로서 자신을 좀 더 일치형을 사용하는 인격자로서 성숙시킬 수 있고, 이 성장은 하늘나라에 가는 날까지 계속 진행된다.

3. 부부가 함께 나누기

부부 각자가 자기가 한 의사소통 유형을 가지고 배우자와 확인하는 대화를 하는 것은 중요하다. 이것은 서로를 잘 이해하고 있는지에 대한 나눔이다. 결과로 나온 유형을 가지고 대화를 해도 좋고 문항을 가지고 이야기해도 좋다.

중요한 것은 서로가 현재 주로 쓰고 있는 의사소통이 무엇인지 탐색하고 건강하지 못한 비일치적 의사소통으로 힘들어하는 부분을 어떻게 하면 부부가 일치적 의사소통으로 바꿀 수 있는지에 관해 솔직하게 나누는 시간이다. 이 작업을 할 때 서로가 좀 더 자신을 객관적으로 볼 수 있는 힘이 필요하다.

한 부부 프로그램에서 있었던 경험이다. 여러 커플과 함께 10주간의 통합적 부부 프로그램을 진행하는데, 한 부부가 유난히 서로를 비난하며 자주 갈등을 보였다. 어떤 시간에는 부부가 서로를 너무 심하게 비난해서 함께 참석하는 다른 부부들이나 진행자인 우리 부부를 긴장시키기도 했다.

의사소통 유형 검사 시간에도 이 부부가 자기 자신에 대해 이야기하면서 다투는 것을 보고 우리 모두는 놀랐다. 다른 사람이 볼 때는 두 사람 모두 비난형이 높은데 부부 각자는 자기를 일치형이라고 하는 것이었다. 그러면서 배우자가 자기에게 비난형이라고 했다고 화를 많이 냈다.

사실 부부 프로그램을 진행하다보면 위의 작은 사건과 같은 일들이 자주 발생한다. 내면에 많은 아픔이 있거나 객관적인 사실에 대해 인지적 왜곡을 갖고 있는 경우는 자기에 대한 탐색을 객관적으로 할 수 없다. 이런 경우는 교육적 프로그램을 참석하면서 동시에 개인 상담을 통해 자기 내면의 아픔들을 치유하면서 하면 훨씬 더 긍정적 효과를 얻을 수 있다.

일등급 부부 대화를 위한 이해와 훈련

한 센터에서 가족치료 강의를 할 때였다. 40대 초반으로 보이는 한 여성이 질문을 했다.

"선생님, 이혼은 언제 하는 것이 좋다고 생각하십니까?"

이 질문은 강의를 하던 나를 순간 당황시켰다. 질문이 너무 직설적이면서 방대했고, 이혼에 대한 어떤 법적인 것을 묻는 것이 아니라는 것을 직감했기 때문이다. 약간의 침묵이 흐르고 있을 때 다른 한 여성이 확신에 차서 이야기를 했다.

"부부가 소통되지 않을 때는 이혼을 해야 한다고 생각합니다. 소통되지 않으면 정말 힘들거든요."

짧은 대화 속에 아주 중요한 메시지가 있다고 생각한다. 남녀가 서로 사랑해서 결혼하여 부부가 되고 함께 살면서 많은 일을 공유하는데 서로 소통이 되지 않고 단절된 채로 산다면 함께 사는 것 자체가 큰 고통을 가져다주기 때문이다. 부부가 서로 소통하여 일치적이며 일등급 대화를 하면서 둘이 하나 되는 인생 여정 길을 가기 위해서는 일상생활에서 서로가 호기심을 갖고 소통할 수 있는 대화를 나누며 서로의 마음을 이해하며 가야 한다.

상담과 교육을 하다보면 다른 사람들과는 소통이 잘되고 이해심이 많아 성격이 좋다는 말을 듣는데, 배우자에게는 정반대의 평가를 받는 이들이 종종 있다. 이런 분들은 아마도 부부가 소통이 안 되고 관계가 힘든 것은 배우자 때문이라고 생각할 수도 있다.

그렇지만 부부 사이는 일반적인 대인 관계와는 좀 다른 특별함이 있다. 배우자와의 관계가 힘들고 소통이 잘 안 되는 사람들에게 부탁하고 싶은 말은 자신의 가치관이나 고집을 내려놓고 마음을 넉넉하게 비워 배우자의 말을 들어주는 훈련을 하면 좋겠다.

1. 공감적 경청하기

한 60대 여성이 많이 외로워하면서 호소하는 이야기를 들으며 우리 사회가 많이 변하고 있는 현실을 경험했다.

"예전에 우리 젊었을 때는 이웃과의 관계가 참 좋고 풍성했어요. 구역모임을 할 때도 그렇고, 동네에서 아줌마들을 만날 때도 그렇고, 서로 가족과의 좋았던 일, 힘들었던 일 이야기하며 축하해주고 위로하곤 했어요. 이웃에게 좋은 일이 있을 때는 내 일처럼 기뻐서 마음껏 축하해주며 한턱 얻어먹기도 하고 때로는 너무 슬퍼 함께 부둥켜 울기도 했어요. 그래서 친척들이 멀리 있어도 외롭지 않고 타향살이를 잘할 수 있었지요.

그런데 어느 날부터인가 이웃과의 왕래나 집으로 초대하는 횟수가 줄어들면서 만남들의 형태가 이상하게 바뀌었어요. 구역예배 드릴 때도 그렇고 어쩌다 만나는 이웃이나 친구들을 만날 때 주로 하는 말들이 자랑이나 연예인 이야기, 쇼핑 같은 것들이에요. 아파트 평수, 자식 자랑, 연예인 이야기 등등. 그리고 서로가 힘든 이야기는 잘 안 하더라고요.

그러고보니까 나 자신도 다른 사람이 힘든 이야기하면 듣기 싫은 거예요. 내 삶이 너무 힘드니까 다른 사람의 힘든 이야기를 들을 여유가 없는 거지요. 그래서 나도 어느 순간부터는 힘든 이야기를 그 누구에게도 할 수 없게 되었어요. 지금은 마음이 너무 외롭고 힘들어요."

부부가 서로의 말을 잘 들어주지 않아 힘들어하는 또 한 사례를 들겠다. 결혼한 지 5년 정도 되는 30대 중반의 한 부부는 부부 프로그램을 함께하며 배우자의 얼굴을 그렸는데, 남편이 아내의 귀를 얼굴보다 더 크게 그리는 것이다. 그래서 왜 그렇게 귀를 크게 그렸는지 물었더니 "우리 아내는 귀가 없어서 내 이야기를 들을 수가 없어요. 그래서 내가 귀를 크게 만들어주는 거예요. 내 이야기 좀 듣게" 하는 것이었다. 그 말에 아내가 발끈하며 "내가 언제 자기 말을 안 들어줬어? 자기가 내 말을 안 들어주면서"라고 했다. 그런 말을 하면서 아내도 남편의 귀를 더 크고 선명하게 그리는 것이었다. 이 부부는 서로의 부정적 감정만을 표현했지 서로의 말에 공감하며 경청할 수 있는 여유를 갖지 못한 경우이다.

부부는 함께 살기에 배우자에게 많은 말을 할 수밖에 없고 또 들을 수밖에 없다. 이럴 때 중요하게 배우자의 말을 잘 공감하면서 경청해야 한다. 공감적 경청은 소통의 첫걸음이다. 건강한 가정이나 사회는 서로 소통이 잘되어야 하는데, 우리 사회의 현주소는 가족과의 소통이 막히고 사회적 소통이 막혀 너무도 외롭고 힘든 시기를 보내고 있다. 공감하며 경청하는 것은 상대방을 위해 나를 기꺼이 나누는 것이다.

2. 거울처럼 반영하기(mirroring)

거울처럼 반영하기는 부부가 대화할 때 상대방의 말을 잘 경청하여 판단이나 교정, 해석 없이 보내는 사람의 메시지를 그대로 반영해주는 것이다. 즉 배우자가 하는 말의 내용을 정확하게 비추어 되돌려주는 과정이다.

간단한 대화법이지만 우리가 일상에서 잘 사용하지 않기 때문에 어색하고 답답할 수 있다. 그래서 처음 거울 반영 대화를 할 때는 전문가의 도움을 받으면 좋다. 몇 번의 훈련을 통하여 거울 보기의 경청, 반영을 하면 부부가 서로 깊이 있는 의사소통을 할 수 있는 좋은 시작이 될 것이다.

이때 말하는 사람이 상대방의 반영에 "네, 그게 바로 내가 하고 싶은 말이에요."라는 말이 나올 때까지 하면 말하는 사람이 공감 받았다고 느낄 수 있는 경험을 하게 되어 마음의 여유가 생기게 된다. 부부가 시간을 정해 한쪽이 먼저 말하는 사람이 되고 다른 한쪽이 거울 보기의 반영하기를 해주고 난 다음에는 다시 역할을 바꾸어 해보라.

부부가 갈등 상황이거나 서로의 감정이 상해 있을 때는 이런 대화가 쉽지 않다. 편안하게 마음의 여유를 갖고 서로에게 열린 마음을 갖는 것이 중요하다. 그리고 부부 중 한 사람이 필요하면 "우리 거울 반영 대화할까요?"라며 요청하고, 그 요청을 들은 배우자도 가능한 시간을 내어 부부 대화의 시간을 갖는 것이 중요하다.

결혼을 앞둔 한 예비 부부는 말만 하면 서로 싸움이 되어 대화를 할 수 없었고, 만남에서 많은 긴장감이 있었다고 한다. 결혼 예비 프로그램 첫날부터 이 커플은 서로 자기 주장을 내세우며 갈등하여 프로그램을 진행하기가 어려웠다. 그래서 거울 반영으로 서로의 마음을 여는 작업을 했다. 먼저 하고 싶은 이야기가 많은 사람이 이야기를 하고 그 말을 그대로 받아서 상대방이 반영했다.

처음에는 평상시처럼 상대방의 말에 대답하고 방어하려는 어려움이 있었지만 전문가의 도움을 받으며 서로가 마주보며 말하고 듣고 거울 반영하는 시간을 가지면서 서로를 더 이해하고 일등급 대화를 할 수 있게 되었고, 편안하게 서로를 표현하며 관계가 더 풍성해졌다.

부부가 살아가는 세월이 쌓이면 서로에 대해 다 안다고 착각하게 되어 배우자가 무슨 말을 할지 너무도 뻔하게 알고 있다고 오해하고는 끝까지 들으려 하지 않는다. 그러면서 또 쓸데없는 말을 한다고 핀잔을 준다. 이렇게 되면 그나마 없는 부부 대화는 단절로 갈 수밖에 없다. 이런 상황이 반복되면 부부 관계는 좋아지는 것이 아니라 더 힘들어질 뿐이다. 그동안 내가 썼던 건강하지 않은 패턴을 빨리 버리고, 배우자가 말을 할 때 중간에 끊지 않고 끝까지 경청하면서 새로운 마음으로 적절하게 반영해주기 바란다.

3. 나 전달법(I-Message)과 눈 맞춤(Eye-Contact) 사용하기

대화를 할 때 기본적으로 훈련되어야 하는 것이 '나 전달법'과 '눈 맞춤'이다. 나 전달법은 말하는 사람이 주어가 되어 "내 생각에는~", "내 말은~", "내 감정은~" 등과 같이 자기의 생각이나 감정을 상대방을 비난하지 않으면서도 정확하게 이야기하는 것이다.

대화할 때 사람들은 '나 전달법'(I-Message)을 쓰지 않고 습관적으로 '너 전달법'(You-Message)을 쓰게 되는데 이럴 때는 본의 아니게 상대방을 비난하는 것처럼 보여진다. 그것은 주어를 '너'로 시작하기 때문이다. "너는~", "당신이~"라고 말을 시작하면 상대방에게 책임을 전가하거나 비난하는 것처럼 전달되기 때문에 대화를 건전하게 이끌어가기가 힘들다.

그래서 대화할 때는 말하고자 하는 사람의 생각이나 감정을 정확하게 하기 위해 '나 전달법'을 사용하는 것은 간단하지만 중요하다. 부부 대화 시 일상에서 흔히 일어날 수 있는 '나 전달법'과 '너 전달법'

의 차이를 예로 들어보자. 남편의 귀가가 자주 늦어지자 아내가 이렇게 말한다.

> 나 전달법: "나는 당신이 늦게 들어오면 사고가 났을까봐 걱정이 되어요."
> 너 전달법: "당신은 왜 날마다 늦게 들어와요? 짜증나 죽겠어."

사실 아내의 마음은 남편이 늦게 들어와서 마음이 힘들고 걱정되는 것이다. 그런데 남편이 들을 때는 나 전달법과 너 전달법 대화는 크게 다르게 느껴진다. 나 전달법에서는 아내의 마음을 잘 알게 되어 늦게 귀가하는 것이 미안한 마음이 들게 되지만, 너 전달법에서는 비난을 받았다는 느낌이 들기 때문에 미안함보다는 자기 방어를 하게 된다. 작은 차이지만 큰 결과를 가져오기에 나 전달법으로 대화하는 훈련을 꾸준히 해야 한다.

나 전달법과 연결하여 훈련해야 하는 것이 눈 맞춤(Eye-Contact)을 하면서 대화하는 것이다. 대화할 때 서로의 눈을 쳐다보지 않으면 내용을 잘 전달받을 수 없고 감정 교류도 하기 힘들다. 특히 부부 대화 시에는 서로에게 사랑의 눈 맞춤을 하는 것이 중요하다. 눈빛에는 그 사람의 마음속 감정이나 생각 등 많은 것이 들어 있기 때문에 따뜻한 눈빛을 주고받아 말로 미처 다하지 못한 것들을 나누면 좋겠다.

4. 진솔한 마음으로 솔직하게 다가가기

　부부 사이에 진솔한 마음으로 솔직한 대화를 하는 것은 서로의 친밀함을 형성하는 중요한 요소가 된다. 부부 상담을 하다 보면 서로가 사랑하는 마음은 가득한데 진솔한 대화를 하지 못해 사랑하는 마음을 잘 전달하지 못하고 오해하는 부부가 많다.

　특히 남편들은 사회 활동하면서 힘든 이야기는 아내에게 잘 하려 하지 않는다. 골치 아픈 이야기를 아내에게까지 알릴 필요가 없다고 생각하기 때문이다. 친구들과 술 먹는 자리에서는 회사에서 힘든 이야기나 사업하면서 겪는 어려운 이야기를 잘하면서도 정작 내 가장 큰 지원자가 되는 아내에게는 말하지 않는다.

　그렇게 되면 아내는 소외감을 느끼고 남편을 어떻게 도와주어야 할지 몰라 막막해진다. 다른 사람에게는 하는 말을 아내에게는 하지 않기 때문에 오히려 둘 사이의 거리가 멀어질 수도 있다. 아내가 해결해 줄 수 있는 이야기가 아니라 해도 현재 겪고 있는 일들에 대해 아내에게 솔직하게 이야기할 수 있는 용기가 필요한 것이다.

　반면 아내들은 자녀들에 대해 남편에게 솔직하게 다 이야기하지 못하는 부분이 많다. 남편이 알아서 좋지 않을 것 같은 자녀의 일들을 남편에게 이야기하지 않으므로 알게 모르게 남편을 자녀 교육에서 밀어낼 수 있다. 부부 사이는 비밀이 없어야 하고 서로를 가장 잘 알아야 한다. 서로를 가장 잘 안다는 것은 그 사람의 생각이나 어려운 일들에 대해서도 서로 공유하는 것이다.

　우리 부부의 경우 서로 진솔한 대화를 통해 친밀함을 가지며 서로에 대해 공유하는 것이 많다. 남편에게 힘든 이야기를 들으면 기도로 동역하고 함께 어려움을 극복할 수 있도록 하기 위해 우리가 갖고 있는 긍정적 자원을 찾으려고 노력한다.

5. 일상적인 대화와 감정 대화를 습관화하기

부부는 하루 동안 어느 정도의 대화를 나눌까? 2015년 '제3차 저출산 인식 설문조사'를 보면 우리나라 부부 10쌍 중 4쌍이(42.1%) 하루 30분도 대화를 하지 않는 것으로 나타났다. 이들 중에는 하루에 10분도 채 대화하지 않는 부부가 12.1%나 되었다. 부부 대화를 방해하는 요소들로는 29.8%가 '늦은 귀가 및 주말 근무', 23.9%가 'TV, 컴퓨터, 스마트폰의 사용', 20.9%가 '자녀 양육 중심으로 둘만의 시간 부족'으로 나타났다. [12]

부부 사이에 일상적인 대화가 부족하면 결혼 만족도는 자연스럽게 떨어질 수밖에 없다. 부부가 하루에 겪는 서로의 일상적인 일들에 대해 대화하고 나누는 것은 날마다 밥을 먹는 것처럼 중요하다. 밥을 먹지 않으면 배가 고프듯 부부 대화가 이루어지지 않으면 부부 관계가 고픈 것이다. 많은 분들이 일상의 소중함을 잊고 사는 것 같다. 그래서 특별한 이벤트에는 세심하게 신경을 쓰면서도 일상적인 삶에서는 대충하거나 별 신경을 쓰지 않는다. 그러나 정말 소중한 것은 날마다 새로운 날이라는 인식을 갖고 별 특별한 것 없이 평범하게 사는 것 같은 일상을 풍성하게 누리며 사는 것이다.

특히 가족과 나누는 일상적인 대화는 그 가족과 부부 사이를 풍성하게 하는 중요한 열쇠가 된다. 아침에 일어나면 하루의 많은 일 때문에 마음이 분주하지만 여유를 갖고 서로에게 반갑게 아침 인사를 전하고, 따뜻한 아침밥을 나누고 축복하며 하루를 시작한다면 얼마나 좋을까? 또 저녁에 지친 몸으로 집에 왔을 때 온 가족이 함께 하루 동안 있었던 일을 나누며 따뜻한 가정으로서의 시간을 갖게 된다면 얼마나 좋을까? 특히 부부는 시간을 따로 내서 잠들기 전에 하루에 있었던 일상을 나누어야 한다. 새로운 것만 아니라 하루 동안 보내면서 가졌던 마음과 감정에 대해서도 나누어야 하는 것이다.

부부 상담을 하다보면 서로 할 말이 없다는 부부들이 많다. 뭔가 특별한 게 없어서 할 말이 없다는 것이다. 다 아는 이야기를 뭐하러 하냐는 것이다. 그런데 그렇지가 않다. 일상에서 일어나는 일들이 겉으로 보기에는 같은 것 같아도 사람의 내면에 흐르는 다양한 감정들이나 생각들은 매우 복잡하고 수시로 변한다. 따라서 부부는 서로에 대해 날마다 대화하고 나누며 살아야 조금씩 더 많이 알아갈 수 있게 된다. 그렇지 않으면 서로에 대해 오해가 생기고 결국에는 소통이 안 되는 단절 상태가 된다. 부부 또는 가족끼리 하루에 있었던 일상적인 소소한 대화와 감정 대화를 날마다 습관화하기 바란다. 다음과 같은 것들 말이다.

"오늘 하루 어떻게 지냈어요?"

"힘들었겠어요."

"수고 많았어요."

"아이들은~."

"하루를 보내고 당신과 함께 누워 있으니 행복해요."

"나는 오늘 ~ 때문에 많이 속상했었어요. 당신한테 이야기하고 나니 후련하네요."

6. 건강하게 싸움(말다툼)하기

부부는 아무리 사이가 좋아도 갈등이 있을 수밖에 없고, 그러다보면 자연스럽게 소소한 말다툼이나 조금 심각한 부부 싸움을 하게 된다. 부부는 싸우면서 서로 적응하고 하나가 되어가는 것이다. 부부 싸움하는 것이 나쁜 것이 아니라 부부 싸움을 어떻게 건강하게 하느냐가 중요하다.

어떤 전문가들은 부모 교육할 때 자녀들이 보는 앞에서는 부모들이 싸우는 것이 좋지 않다고 많이 조언하는데 내 경우는 오히려 자녀들 보는데서 일상에서 일어나는 부부 싸움을 하라고 권하고 싶다. 부부가 서로 자기주장을 펴고 논쟁과 같이 갈등하는 것을 자녀들에게도 보여주는 것은 중요한데, 그럴 때 갈등하는 것만 보여주는 것이 아니라 그 갈등을 어떻게 풀어나가 화해하는 것까지도 보여주어야 건강한 부부 싸움이라고 강조하고 싶다.

부부 싸움은 대부분 건강하지 못한 대화 패턴으로 이어지며 창조적 싸움이 아니라 지치고 관계가 깨지는 쪽으로 가는 것이 문제이다. 부부가 서로 비난하는 것에 익숙하다면 계속 큰 소리로 비난하며 싸우게 되고, 또는 두 부부가 모두 회유형의 패턴을 쓴다면 서로에게 말은 안 하지만 냉랭한 집안 분위기로 가족 모두를 긴장시키게 만든다.

부부 중에는 결혼생활하면서 큰 소리로 싸운 적인 한 번도 없어 자녀들에게 상처 준 일이 없었다고 자랑하는 분들이 있는데, 그것은 부모가 큰소리는 안 냈지만 그 냉랭한 분위기에 자녀들은 압도되어 숨도 제대로 못 쉬고 눈치를 보게 되어 결국은 마음의 병을 얻은 분들도 있음을 이해하면 좋겠다.

부부 싸움이 커지면 물건을 부수거나 가정폭력으로 이어질 수 있는데, 이럴 때는 폭력이 커지지 않도록 그 자리를 피하거나 다른 사람의 도움을 받아 위기의 순간을 벗어나야 한다. 사람들은 저마다 제정신을 잃고 미쳐 날뛸 때가 있다. 나는 이것을 '머리 뚜껑이 열린다'라고 표현하는데 그때 부부 중 한 명이라도 제정신을 갖고 위기의 순간을 지혜롭게 넘어갈 수 있어야 한다. 그렇지 않고 부부가 함께 뚜껑이 열려 정신줄을 놓는다면 대형 사고로 갈 수도 있다.

우리 부부도 부부 싸움할 때 가끔 부부가 함께 이성을 잃을 때가 있었다. 그러면 서로에게 큰 상처를 주곤 했는데, 그 후에 허탈감을 느끼고 사역자이면서도 스스로 보잘것없음을 깨달으며 또 다른 아픔을 겪었다. 어느 날, 남편은 내게 정중하게 부탁했다.

"싸울 때 내가 극도로 화를 내면 나와 싸우려고 하지 말고 당신이 잠깐 자리를 피해줘요."

그 후 남편의 부탁을 생각해 갈등을 지혜롭게 넘기고 있다.

7. 마음이 잘 전달되도록 일치적으로 표현하기

부부가 오래 살았다고 해서 서로의 마음을 잘 알 수 있을까? 최근에 결혼생활이 50년 가까이 된 한 70대 여성을 상담한 적 있다. 남편과 서로 어린 시절에 만나 열렬하게 사랑했고 결혼까지 했다고 한다. 네 자녀를 낳아 남부러울 것 없이 잘 키워 다 출가시키고 지금은 둘만 행복하게 노년을 즐기면 되는데 가끔씩 하는 부부 싸움 때문에 그동안의 수고를 물거품으로 만들고 싶은 마음이 강하게 든다고 한다.

그리고 함께 산 세월이 많음에도 불구하고 여전히 예전의 문제들을 가지고 반복적으로 갈등한다는 것이다. 이분에게 가장 힘든 것은 남편이 자기의 마음을 이해하지 못하고 자꾸만 비난해 억울함이 많다는 것이었다. 자기는 여전히 남편을 사랑하고 남편도 자기를 사랑하는 것은 알지만 서로의 마음은 잘 모르는 것 같다는 것이다.

상담을 통해 이 부부의 일상 대화 패턴을 탐색해본 결과, 이 부부는 살면서 서로에게 감사함이나 사랑하는 마음을 표현하지 못하고 서로가 고생한 것에 대한 지지가 부족했던 반면 서로의 약점에 대해 공격하며 비난이 많았다. 이런 것이 반복되니 사랑하고 존경하는 마음은 마음속 깊은 곳에서 숨을 쉬지 못하고 있었고, 서로가 드러난 약점을 가지고 비난과 방어 또는 공격의 패턴을 반복해서 썼던 것이다.

우리는 함께 사는 부부나 가족은 자기의 마음을 이해해줄 것이라고 기대하고 있다. 그러나 가장 오해가 많은 관계가 부부 또는 가족이라는 것을 인지해야 한다. 서로가 너무 익숙하기 때문에 상대방에 대해 편하게 대하면서 마음의 진심보다는 습관적이고 자기 판단적인 부분을 더 많이 사용하기 때문에 그렇다.

내 마음이 배우자에게 잘 전달되도록 일치적으로 표현하는 것은 이론적으로는 쉽지만, 행동으로 습관화되어 나오기까지는 개인의 내면적인 상처받은 부분이 건강해야 하고 일등급 대화의 기술적인 부분을 잘 익혀 자연스럽게 나올 수 있도록 해야 한다. 이런 진심 어린 대화는 특별할 때만 하는 것이 아니라 꽃의 좋은 향기가 자연스럽게 퍼져나가듯 일상생활 속에서 인격적으로 삶에서 나와야 한다.

위에서 상담한 여성은 긍정적 에너지가 많은 분으로 몇 번의 상담과 교육으로 많은 부분이 개선되어갔다. 그동안은 외로운 마음을 극복하려고 종교 활동이나 봉사 활동에 열심을 내봤지만 채워지지 않는 허전함은 여전히 남아 있었고, 집에 들어가면 남편과 함께 하루 동안의 일들에 대해 알콩달콩 대화하기보다는 서로가 비난하는 관계로 있어 친밀함을 느끼지 못하고 긴장 상태가 되어 힘들었다고 한다. 그런데 지금은 자기의 마음이 잘 전달되도록 비난하지 않고 요청을 하니 간단한 변화인데 엄청난 친밀감을 맛보며 즐거워했다. 비난하던 이분의 대화 패턴과 마음을 전하는 일치적 대화의 변화를 보겠다.

- ▶ **비난형 대화** 당신은 밤에 왜 잠을 안 자고 그렇게 돌아다녀요? 정신이 사나워 잠을 잘 수가 없네. 늦게 자니까 아침에 일찍 일어나지 못하고 늦잠 자지. 나는 아침 일찍 일어나 나갈 거니까 알아서 밥 먹어요.
- • **일치적 마음 대화** 가만히 보니까 나는 일찍 자고 일찍 일어나는 유형이고, 당신은 밤에 활동을 많이 하는 유형인 것 같아요. 우리 서로 다른 점을 이해해줘야 할 것 같아요. 내일 아침 나는 약속이

있어 일찍 나가요. 아침밥 차려놓을 테니 일어나면 드세요.

- ▶ 비난형 대화 내가 아무리 나이를 먹었어도 여자거든요. 내가 젊었을 때는 얼마나 예뻤는데 당신 만나 이렇게 늙었다고요. 당신은 다 늙어 가지고 예쁜 여자만 지나가면 눈이 돌아간다니까. 이런 말하기 치사한데 나는 당신이 그럴 때마다 정말 화가 나. 자기 나이도 모르고 주책바가지라니까.
- 일치적 마음 대화 여보, 내가 벌써 70이 넘었어요. 그래도 내 마음은 아직 소녀라니까. 나도 예전에는 참 예뻤는데, 저기 지나가는 아가씨처럼 말이에요, 그렇지요? 자기도 젊었을 때는 참 멋있었어요, 우리 몸은 늙었지만 서로 멋지게 바라봐줍시다.

- ▶ 비난형 대화 (아내는 남편과 같은 방에서 잠을 자지만 한 명은 침대에서 한 명은 바닥에서 따로 자는데 가끔은 남편에게 안기고 싶을 때가 있지만 자존심이 상해 먼저 청하지 않는다) 밤마다 짜증 나 죽겠어. 내 이 마음을 누가 알겠어. 당신 또 지금 안 잘 거지?
- 일치적 마음 대화 (베개를 들고 슬그머니 남편 옆으로 간다) 여보, 나 지금 마음이 외로워요. 나 당신에게 안기고 싶은데 안아줄 수 있어요? (이 말을 들은 남편은 아내를 흔쾌히 안아주며 서로 즐거운 시간을 갖는다)

⇨ 남편의 변화 다음 날 아침 아내는 상담 공부를 위해 나가야 하

는데 남편이 일찍 일어나 아내와 함께 밥을 먹고 상담센터까지 차를 태워주겠다고 했다. 아내는 버스 한 번 타면 갈 수 있어서 괜찮다고 했지만 남편은 기꺼이 차를 태워줘 대중교통으로 40-50분 걸리는데 20분 만에 왔다고 즐겁게 자랑을 했다. 아내의 마음은 세상을 다 얻은 것 같은 행복감으로 가슴이 벅찼다.

이렇듯 부부는 일상의 대화에서 자기의 마음이 잘 전달되도록 일치적으로 표현하는 훈련을 날마다 하고, 좋은 것이 경험되면 그것이 내 인격의 표현으로 뿌리내릴 수 있도록 꾸준하고 자연스럽게 표현하여 긴장하지 않고 서로를 존중하며 인생의 동반자로서 멋지게 살아가면 좋겠다.

8. 상대방의 존재를 높이고 나도 지지받는 대화하기

요즘 청소년들의 대화는 친구들을 우습게 만드는 농담이나 욕설을 일상어처럼 한다. 젊은 사람들 또한 이런 습관에서 벗어나지 못하고 상대방에게 함부로 이야기하는 경우가 많다. 사회적인 분위기가 이렇다보니 가족이나 부부지간에도 서로의 약점을 갖고 놀리거나 존재 자체에 대해 존중하지 못하고 상처 주는 말을 하면서도 그것이 상대방에게 상처를 주는지도 모르고 있다.

결혼생활 15년을 맞는 한 40대 남성은 아내와의 많은 갈등 중에 가장 크게 마음을 힘들게 하는 것이 아내에게 한 번도 칭찬을 받아보지 못했다는 것이다. 교회에서 성가대 리더로 봉사하고 있는데 다른 사람들은 그분에게 목소리가 좋다거나 좋은 곡을 선정해준다고 칭찬하지만, 아내는 한 번도 칭찬을 안 해주었다고 한다. 그래서 그 남성의 소원은 한 번이라도 아내에게 칭찬을 듣는 것이다. 이 부부는 10년 넘는 결혼생활을 하면서 서로에게 칭찬보다는 서로의 연약한 점을 지적하는 것이 일상이 되어 이제는 돌이키기 힘든 지경에까지 이르렀다. 부부 상담을 하다 보면 배우자의 비난 때문에 마음이 쪼그라들고 몸까지 아픈 경우를 많이 보게 된다.

부부가 오래 같이 살다 보면 서로 닮는다고 한다. 부부뿐 아니라 자녀들도 자연스럽게 부모의 분위기를 닮아가고 언어 선택도 비슷해진다. 한 젊은 여성이 상담을 와서 친정어머니와 힘들었던 것을 털어놨다. 어려서부터 어머니로부터 "내가 너를 낳은 것이 제일 후회된다"와 같이 존재 자체에 대한 비난을 받아 많은 상처를 가지고 있었고, 아직도 힘들어했다. 지금도 어머니는 딸과의 관계가 힘들면 자기의 어린 딸을 앞에 놓고 "네가 이 애 엄마인 것이 이 애한테는 정말 안됐다"라며 공격을 한다는 것이다.

아마도 그 어머니는 딸에게 모진 말을 한 다음에 많은 후회와 죄책감을 갖게 될 것이다. 우리는 누가 이야기하지 않아도 항상 무의식적으로 나에게 가장 소중한 사람은 내 배우자이며 가족임을 알고 있다. 그런데 가장 소중한 사람에게 하는 말들의 대부분은 상대방에게 상처를 주는 말들임에 마음이 많이 안타깝다.

일상생활을 하면서 사랑하는 가족과 사랑을 표현하거나 고마움을 표현하고 상대방의 존재에 대해 귀하게 이야기하는 것은 건강한 나무가 풍성한 과실을 자연스럽게 맺듯이 내면이 건강한 사람에게서는 자연스럽게 나와주어야 한다. 사회생활에서는 존경받고 예의 갖춘 생활을 하면서 가족에게는 무관심하든지 함부로 이야기해 상처를 주고 있다면 내 내면의 연약함에 대해 탐색하고 회복하는 시간을 가져야 한다.

우리 부부가 날마다 함께하는 시간에 산책을 하거나 저녁을 먹을 때 자연스럽게 하는 대화들을 잠깐 보여드리겠다. 현재 결혼생활 32년이 넘는 우리 부부는 두 자녀가 다 독립을 해서 둘만의 시간을 보낼 때가 많다.

- 저녁 산책 때

(대화를 시작할 때는 주로 하루에 있었던 일을 나누거나 계절의 변화에 대한 이야기를 나눈다)

아내 와우~ 하늘 좀 봐요. 오늘이 만월인가봐요. 둥그런 달이 너무 예쁘네. 둥근달을 보고 있으니 마음까지 후련해져요.
남편 그러게. 자기 얼굴이 하늘에 떠 있네. 이제는 완연한 봄이기도 하고 말야. 바람은 좀 찬데 춥지가 않네. 그래 오늘은 하루를 어떻게 지냈나요?
아내 음, 오늘은 상담이 많아서 조금 힘들었지만, 그래도 보람 있었어요. 자기는 어땠어요?
남편 나도 일이 좀 많아서 바빴는데 마음은 편했지. 시원한 공기 마시며 자기와 함께 산책하니까 하루 피로가 싹 풀린다.
아내 나도 그래요. 자기랑 둘이 산책하면 시간이 금방 가는데 혼자 하면 재미없어. 하하하.

• 함께 저녁 먹을 때
(우리는 식성이 서로 많이 다르지만 서로가 좋아하는 것을 함께 먹는 시간을 가지려고 노력한다)

남편 나는 내가 좋아하는 음식을 자기랑 함께 먹을 때가 제일 좋더라. 자기 오늘 정말 예쁘게 보이네.
아내 (눈을 깜빡거리며) 고마워요. 자기도 멋있어. 자기가 나랑 함께 있는 시간을 좋아해주니 내가 자기와 함께하는 시간을 제일 소중하고 우선순위로 놓을 수밖에 없지. 가끔 약속 못 지켜 미안해요.
남편 그래, 나는 자기가 저녁에는 일을 안 했으면 좋겠어. 늘 앉아서 상담하니 당신 건강이 걱정되기도 하고 말야.
아내 알았어요. 사실 며칠 전부터 왼쪽 엉덩이가 많이 아픈데 자기 말대로 너무 앉아 있지 말고 운동도 좀 더 해야겠어요. 여기 음식 맛있다.
남편 내가 잘 선택했지? 맛있게 먹자.

우리는 아침에는 서로 바빠 가볍게 인사하고 각자의 일터로 나가지만 저녁에는 함께하는 시간을 꼭 갖는다. 그러면서 일상의 대화에서 서로의 존재를 높여주고 지지하는 대화를 통해 서로에게 안정감을 주고 만족감을 준다. 우리는 때로는 깊게 갈등하기도 하지만 서로가 존중하고 사랑하는 마음에 대한 믿음이 있기에 대화를 통해 갈등을 지혜롭게 푸는 힘도 갖고 있다.

9. 서로의 실수와 잘못을 용서하고 용서받기

혹시 지금 마음속에서 누군가를 미워하고 있는가? 그 대상이 배우자는 아닌가? 부부는 서로에게 가장 연약한 부분을 들킨 사이이기에 서로의 약점을 가장 잘 알고 있는 관계이다.

함께 부부로 살면서 좋은 것만 보여줄 수 있는 것이 아니기에 일상에서 일어나는 작고 큰 갈등과 실수들에 대해 그때그때 용서하고 용서받으며 풀고 지나가야 한다. 그렇지 않고 서로가 갖고 있는 마음의 불편함에 대한 앙금을 차곡차곡 쌓아두면, 결국에는 생각하지도 못한 곳에서 터지고 만다. 본인이 원하지 않게 심한 말을 배우자에게 했다면 그것에 대해 분명한 사과를 해야 한다. 대부분 마음의 상처가 말에 의한 것이기에 말로서 사과하고 회복하는 것도 매우 중요하다.

결혼생활 오래하신 부부들 중 젊었을 때의 실수를 용서하지 못하고 반복적으로 공격하고 갈등하는 분들이 있다. 오래된 일인데도 잊지 않고 구체적으로 이야기하는 것을 보면 신기하기도 하다. 그것은 젊은 시절 부부가 서로의 실수에 대해 진심으로 용서하고 용서받는 시간을 갖지 못해 아직도 해결되지 않은 채 큰 암 덩어리로 남아 있다는 증거이다.

최근에 한 신혼부부가 상담을 왔다. 평상시에는 매우 다정다감한 남편이 분노 조절이 잘 안 되어 어떤 시기가 되면 난폭해져 언어 폭력을 쓰며 물건을 집어던진다고 한다. 이에 놀란 아내가 이런 상태로 계속 결혼생활할 자신이 없어 상담을 온 것이다. 남편도 자기의 연약함을 알고 미안한 마음을 갖고 있었지만 진심으로 사과하지 못했다. 아내에게 창피하기도 하고 자신이 없었던 것이다. 그래서 상담 시간을 통해 아내에게 진심으로 사과하고 용서를 구했다. 아내는 남편을 사랑하는 마음으로 기꺼이 용서하며 남편의 분노장애 치유를 위해 함께 도와주겠다고 약속을 했다.

부부는 서로 돕는 배필이다. 자신이 잘하는 것은 배우자를 위해 기꺼이 해주어야 하고, 못하는 부분은 배우자의 도움을 받아야 한다. 부부 서로가 갖고 있는 장점이 잘 살아날 때 그 부부는 풍성한 결혼생활을 할 수 있다. 그러기 위해서는 서로의 연약함에 대해 용납하고 용서해야 한다.

혹시 지금 내 배우자에게 진심으로 용서를 구할 것이 있는데 마음속에서만 하고 입으로 용서를 구하지 않았는가? 용기를 내어 진심으로 사과하기 바란다. 또는 배우자가 용서를 구하는데 아직도 용서하지 못한 것이 있는가? 기꺼이 용서할 수 있는 용기를 내시기 바란다. 내 힘이 부족하면 후히 주시는 주님의 능력에 힘입어 예수님처럼 무조건적인 용서를 하면서 자유를 누리고 부부가 하나 됨의 비밀을 이루어가기 바란다.

10. 유머 사용으로 즐거운 대화하기

뇌는 때로 멍청해서 이유 없이 그냥 웃기만 해도 건강이 좋아진다고 한다. 그래서 웃음 전도사들은 가능하면 크게 마음껏 소리 내어 자주 웃는 것을 강조한다. 그렇지만 혼자 있을 때 실없이 웃을 수 없기에 함께하는 가족끼리 웃는 시간을 많이 갖는 것은 정말 중요한 일이다.

사실 부부는 함께 웃는 것보다 심각하게 무엇인가를 함께해야 할 때가 더 많다. 일정한 수입을 벌어야 하고, 자녀들을 건강하게 잘 양육해야 하며, 가정의 많은 일들을 서로 잘 협력해서 해야 하기에 할 일 없이 웃고 있을 시간이 없다고 생각할 수도 있다. 그렇지만 해야 하는 모든 일들, 즉 삶의 전 과정에서 좀 더 여유 있게 웃으며 할 수 있다면 참 좋겠다.

내 남편은 젊었을 때 유머가 참 많은 사람이었다. 그래서 청년 시절 교회 공동체의 담당 목사님께서 "여 선생은 방송국으로 가지 왜 여기 있어요?" 하며 놀릴 때도 있었다. 나도 결혼 전에는 남편의 유머가 신기하고 즐거웠다. 그러나 결혼 후 함께 부부로 살면서 남편이 농담을 하면 그것이 싫고 실없는 사람처럼 보였다. 남편은 텔레비전의 개그 프로그램을 즐겨봤는데 그것 또한 싫었다. 내 경우 농담이나 유머를 잘 사용할 줄 모르고 늘 진지한 스타일이어서 나와 다른 남편을 이해하고 유머가 우리의 부부 관계를 풍성하게 하는 것을 아는 데는 많은 시간이 걸렸다.

어느 날 문득 남편이 소파에 누워 심각한 표정을 짓고 있는 것을 보면서 많이 미안했다.

'내가 저 사람의 밝음을 많이 죽여놨구나.'

그러면서 우리의 관계는 왠지 서로가 어색하고 힘들었을 때가 많았던 것 같았다. 그 뒤로 남편이 개그 프로그램을 볼 때 함께 앉아 유행어를 익히고 그것을 일상생활에 적용하게 되었다.

예를 들어 남편에게 무엇인가 미안한 일이 있을 때는 "음매 기죽어" 하며 사과를 하고, 서로에게 궁금한 것이 있으면 "궁금해요? 그러면 오백원!" 하고, 저녁 때 만나면 "반갑구만, 반가워요" 등 시대적으로 유행하는 유머들을 우리 부부의 일상생활에 적절하게 사용하며 부부 대화를 즐겁게 이끌고 있다.

유머를 적절하게 사용하여 부부 대화를 하면 심각한 문제에 대해서도 회피하지 않고 직면할 수 있는 힘이 생긴다. 서로의 마음에 여유가 생기고 배우자의 순수한 마음이나 사랑까지도 알 수 있기 때문이다. '나는 원래 내 방식대로의 삶이 있어' 하고 고집스럽게 자기 것만 주장하지 말고 유연성을 갖고 배우자와 함께하는 시간을 즐겁게 하기 위해 작은 것이라도 노력하면 참 좋겠다.

삶은 이벤트가 아니고 진솔하게 살아내는 여정이다. 매 순간 상황에 주눅 들지 않고 즐길 수 있다면 얼마나 좋을까? 그러면 "항상 기뻐하라"라는 주님의 말씀을 자연스럽게 순종하는 삶이 될 것이라는 기대가 있다.

chapter 6
함께 만들어가는 비전

 최근 중년기 이후의 결혼생활에서 '졸혼'(卒婚: 결혼을 졸업한다)이라는 것이 빠르게 유행하고 있다. 그러나 이것은 젊어서 만난 부부가 오랜 시간 서로에게 헌신하고 사랑했던 결혼생활의 열매를 맛보며 누리고 살아야 할 시점인 중년기 이후 노년기의 삶을 외롭고 슬프게 만드는 함정과도 같다.
 통계청에 따르면 2016년도 우리나라 이혼 건수는 10만 7천 3백 건이며, 이중 결혼한 지 20년이 넘는 중년기 또는 노년기 부부의 이혼율이 30.1%로, 놀라울 정도로 높은 수치이다. 반면 5년 미만인 신혼부부의 이혼율은 22.9%인데, 이 둘을 합하면 절반이 넘는다. 이것을 통해 알 수 있는 것은 결혼한 부부에게는 어느 시기든 갈등과 위기가 올 수 있으며, 이는 시간이 흐른다고 저절로 해결되는 것이 아니라는 사실이다.
 우리 부부가 어느 시점에 있던지 간에, 다시 한 번 행복한 가정을 위한 부부의 비전을 세우고 실천한다면 지금까지의 수고가 헛되지 않고 풍성한 열매를 맺을 수 있다. 이런 소망을 갖고 날마다 좀 더 나은 선택을 하며 노력하길 바란다.

행복한 가정을 위한 부부 비전 원칙

행복한 부부 비전을 세우기 위해서는 부부가 갖고 있는 자원을 활용하는 것이 매우 중요하다.

1. 우리 부부 자원은 무엇인가?

결혼생활주기에 따라 부부가 좀 더 중심을 가지고 노력해야 하는 중요 미션은 가족생활주기나 부부의 여건에 따라 다를 수 있다. 그러나 부부가 어느 시기에 있던지 건강하고 행복한 결혼생활을 하려면 부부 각자가 갖고 있는 자원을 잘 찾아 그것을 활용해야 한다.

자원은 한 사람이 가지고 있는 강점과 약점을 다 포함한다. 이것은 마치 성경에 나오는 달란트 비유와 같은데 하나님께서 각 사람에게 은사를 주셨듯 모든 부부에게도 각자에게 주어진 자원이 있는데, 그것은 서로 다르다. 이 자원이 씨앗이 되어 열매를 맺을 때까지 꾸준하게 노력해야 하는 것이다.

자원은 유형이나 무형 모든 것에서 찾을 수 있다. 예를 들어 눈에 보이는 물질, 건강, 직장, 자녀 등과 같이 겉으로 알 수 있는 유형의 자원과 눈으로는 보이지 않지만 마음속에 갖고 있는 비전이나 좋은 성품, 인내심, 책임감 등 무형의 자원들이 무수히 많다.

중요한 것은 그동안 내 삶의 모든 경험들이 모두 나와 가정을 회복하는 자원이 될 수 있다는 점이다. 그것이 비록 아픈 경험이라 할지라도 지금의 나를 성장시킬 수 있는 자원이기 때문이다. 부부 각자가 갖고 있는 자원을 잘 사용하면 그 가정은 풍성할 수 있지만, 자기가 받은 자원을 잘 쓰지 않으면서 상대방에게 없는 자원을 비난하며 요구한다면 그 가정은 원하는 열매를 맺기가 힘들다.

/**우리 이야기** / 내가 잘하는 부분(자원)은 내가 하기

우리 가정의 예를 하나 들겠다. 우리는 2002년부터 6년 동안 청소년기 두 자녀와 함께 미국에서 유학 생활을 했다. 많은 꿈을 안고 간 유학 생활이었지만 아주 작은 것에서 부부 갈등이 생겼고, 그것이 가족의 갈등으로 이어졌다. 먼 이국에서의 삶은 고국에서의 생활과 다른 점이 너무도 많았는데, 그중 하나가 화장실 문화였다. 미국에서는 화장실 바닥에 물을 뿌릴 수 없어 불편했는데, 이 부분이 문제가 되었던 것이다.

남편이 화장실을 쓰고 난 뒤에 내가 쓰려고 들어갔을 때 변기에 오물이 묻어 있으면 나는 매우 불쾌하고 화가 났다. 그래서 나는 남편에게 짜증 섞인 목소리로 "제발 화장실 좀 깨끗하게 쓰세요" 하며 잔소리를 했다. 남편은 눈이 나빠 안경을 쓰지 않으면 잘 보이지 않고, 또 바닥에 샤워기로 물을 뿌릴 수 없어서 그것을 어떻게 처리해야 할지 몰라 아내인 나에게 일방적으로 당하기 일쑤였다. 그런데 문제는 거기서 끝나지 않았다.

아내에게 스트레스 받은 남편은 큰아들을 잡기 시작했다. 남편은 큰아들이 쓰는 화장실 앞에서 기다리고 있다가 큰아들이 화장실에

서 나오면 아내에게 들었던 잔소리의 몇 배 더 높은 강도로 큰아들을 야단쳤다. "야, 화장실 깨끗하게 해 놓고 나와. 다시 해!" 하며 긴장감을 높였다. 그러면 큰아들은 동생에게 은근히 트집을 잡아 둘째 아들을 괴롭혔고, 둘째 아들은 자기가 제일 좋아하는 강아지에게 화풀이를 했다.

꼭 동물 세계의 먹이사슬과 같이 부정적 감정의 갈등이 반복되고 있었다. 그렇지 않아도 새로운 미국생활이 힘든데, 아침마다 이런 갈등으로 온 가족의 마음이 상하니 뭐가 잘못 되어도 한참 잘못된 것 같은데 어떻게 해야 좋을지 몰랐다. 그냥 자기가 화장실을 깨끗하게 사용하면 될 문제를 크게 키우는 것 같아 남편에게 화가 났다. 아침부터 너무나 사소한 문제로 신경을 곤두세우고 나면 탈진해서 아무것도 하고 싶지 않아 한참을 멍하게 있어야 했다. 그러기를 꽤 여러 달 한 것 같다.

어느 날도 가족이 긴장 상태에서 각자의 학교로 등교하고 나는 멍하게 책상 앞에 말씀을 펴놓고 앉았다. 이 문제가 너무 심각하게 느껴져 주님의 지혜를 구하고 있는데, 아주 간단하고 분명하게 내 마음을 건드리는 것이 있었다.

'은혜야, 왜 사소한 것으로 아침마다 가족을 힘들게 하니? 너는 정리를 잘하니 그냥 네가 해라!'

이 한마디 울림으로 내 마음은 뭔가에 한 대 크게 얻어맞은 느낌이었다. 그리고 분명한 것을 깨닫게 되었다.

'그래, 나는 이런 것을 잘하지. 남편은 눈이 나빠 보이지 않지. 그래

서 내 피부병을 신경 쓰지 않고 결혼했는데….'

이런 생각이 드니 남편에게 매우 미안했다. 그날 이후 나는 내가 잘하는 것에 있어서 남편도 잘할 것을 강요하지 않고, 그냥 내가 즐겁게 하는 습관을 가지려고 노력했다. 사실 결혼생활 하는 동안 남편은 아내가 못하는 것을 비난하지 않고 자기가 잘하는 것으로 기꺼이 도와주었다. 아내인 나는 그것을 당연하게 여기며 더 많은 것을 요구했던 것이다. 이런 어리석은 행동을 깨닫게 하신 하나님께 감사드리며, 남편에게도 새삼 감사한 마음이 들었다.

결혼생활에서의 작고 소소한 경험들에서부터 중요하고 큰일들에 이르기까지 하나님이 부부가 서로 돕는 배필로 살라고 하신 말씀을 풍성하게 누리며 살고 있음에 감사드린다.

다음은 우리 부부의 자원이다. 이 글을 읽는 분들도 자신의 자원이 무엇인지 찾고, 그 자원을 주님이 주신 복된 가정을 이루는 데 유용하게 사용하기 바란다.

1) 남편의 자원

아내가 비교적 자기주장이 강하고 매사에 리드하기를 좋아하는 편이라 많은 부분을 맡기고 살지만 남편으로서 놓지 않는 부분이 있다. 아내와 나는 상당 부분 기질이 정반대여서 결혼생활이 힘들었던 부분이 있지만 주 안에서 믿음으로 살았기에 오늘까지 부부사랑을 굳건하게 지킬 수 있었다.

첫째, 남편은 가정의 리더로 전적 부양의 책임과 가정교육과 가족체계의 최종 결정권을 갖는다. 남자는 가정의 선장으로서 아내와 자녀를 보호할 의무가 있고, 자녀들이 주 안에서 올바르게 자라도록 기준을 세우는 역할을 해야 한다고 생각한다. 나는 남편으로서 책임감이 강하고 자상하므로 이 부분을 굳건하게 잘 할 수 있는 자원이 있다.

둘째, 신앙적으로 가족의 리더십을 가져야 한다. 하나님은 남자에게 영적으로 가정의 리더십을 발휘하기를 원하신다. 남편이 타락하여 스스로 자신의 자리를 포기하지 않는 한 이 우선권은 영적으로 늘 유효하다. 나는 남편과 아버지로서 이 부분을 지키려 애썼고, 위기 때마다 하나님의 즉각적 도움을 경험했다.

셋째, 창의력과 넘치는 에너지가 내 자원이다. 남편의 일과 아버지의 일, 그리고 교회와 직장의 일을 할 때 포기하지 않고 30년 동안 꾸준하고 일정하게 봉사했다. 그렇지만 어느 해에도 과거에 했던 프로그램이나 지루한 일상(plane routine)을 따라 살았던 기억이 없다. 주님 안에서 늘 창의적이고 새로운 일에 도전해왔다. 이것이 내 또 다른 자원이었다.

마지막으로, 아내에 대한 무한 확신이 있다. 비록 사랑하는 아내가 고집이 세어 남편으로서 가정의 리더십을 발휘하는 데 힘들었지만, 아내는 정직하고 순수하고 믿음이 변하지 않고 정이 많다. 하나님은 내 부족한 부분을 모두 아내를 통해 채워주셨다. 아내의 무한 인정이 사랑보다도 더 큰 내 자원이 되었다.

2) 아내의 자원

그동안 결혼생활하면서 나를 이 자리에 있게 한 내 자원들을 한번 되돌아본다.

첫째, 하나님을 향한 순수한 믿음이다. 나는 모태신앙인으로 하나님의 존재를 한 번도 의심해본 적이 없다. 모태신앙인들이 하나님에 대한 믿음이 미지근한 상태에 있다고들 하는데, 어머니께서 나를 임신하셨을 때 성령 충만의 경험을 많이 하셔서인지는 모르지만 내 경우는 조금 달랐다. 하나님께서 계신 것만은 확실한데 내가 무엇인가 잘못되어 하나님의 은혜를 받지 못한 것 같아 어릴 때부터 하늘을 바라보며 하나님께 기도하곤 했다. 어린 시절의 기도는 대부분 힘든 상황들을 회복시켜달라는 어린아이의 수준에 맞는 간구 기도가 전부였지만 하나님께서는 어린아이의 순수한 기도에 당신의 방법대로 다 응답하셨음을 나는 잘 알고 있다.

그리고 20대 초반에 거듭남의 체험을 한 후로는 좀 더 분명하게 그분과 동행하려는 마음이 컸고 결혼생활 전반에서 이 믿음은 내 큰 자원이 되었다. 남편과 부부 싸움을 했을 때 부정적인 감정을 주님께 토로(기도)하면 주님께서는 야단치지 않으면서도 위로해주셨고, 그 위로에서 먼저 남편에게 다가갈 수 있는 힘을 얻었다.

아이들이 부모의 말을 거역하고 눈물 흘리게 할 때는 혼자 울지 않고 주님 안에서 울었고(기도), 그때마다 주님께서는 위로와 지혜를 주셨다. 삶의 모든 과정이 주님 안에서 있다는 것을 알았기에 많은 기독교인들이 힘들어하는 신앙생활(교회생활)과 일상생활(직장, 사회생활, 가정생활 등) 사이에서 경험하는 갈등들에서 좀 더 자유로울 수 있었고 소신을 가질 수 있었다.

둘째, 남편의 적극적인 지지와 사랑이다. 아내의 입장에서 남편이 내편이 되어주는 것은 매우 큰 축복이다. 내 남편은 남편의 권위를 매우 중요하게 여기지만 아내나 가족에 대한 지지와 사랑, 책임은 특별하다. 아내가 한 작은 일에도 지지하며 격려해준다. 결혼하고 나서 지금까지 아내가 궁금해서 물어본 것에 대해서는 한 번도 귀찮아하지 않고 대답해주었다. 공부를 다시 시작할 때 나는 모르는 것이 너무도 많았다. 그리고 과제를 위한 레포트 쓰는 것도 매우 서툴렀다. 그럼에도 잘 해낼 수 있었던 것은 남편이 늘 내가 부족한 부분을 알려주고 지도해주었기 때문이다.

같은 것을 반복해서 물어도 화내지 않고 알려주는 남편이 신기하기도 했지만 한결같은 마음으로 그렇게 해주는 것에 익숙해졌고 당연하게 받아들여졌다. 미국에서 공부할 때 영어가 부족한 아내를 위해 기러기 생활하면서도 낮과 밤을 가리지 않고 아내를 도와준 남편이 고맙기만 하다. 열등감이 많던 내가 당당하게 내 모습을 찾을 수 있었던 것은 무엇보다 남편의 적극적인 지지와 사랑 덕분임을 나는 안다.

셋째, 꾸준하게 실천하는 성실함이다. 감사하게도 나는 성격적으로나 기질적으로 꾸준하게 실천하는 성실함을 하나님께로부터 강하게 선물로 받았다. 그래서 마음에서 중요하게 여겨지고 꼭 해야 할 일이라고 생각되면 꾸준하게 하는 습관이 있다.

그중 하나가 아침마다 일어나서 말씀 보고 기도하는 것이다. 20대

초반에 대학 진학을 위해 혼자 서울생활을 하게 됐을 때 마음속의 두려움과 불안을 어떻게 해야 좋을지 몰라 시작했던 것이 지금까지 꾸준하게 이어지고 있고, 이 땅에 사는 날 동안은 계속될 것이다. 이는 내 믿음이 좋아서라기보다 육신의 건강과 정상적인 활동을 위해 날마다 밥을 먹는 것처럼 일상에서 주님과 동행하기 위해 날마다 하나님의 말씀을 묵상하고 기도하는 것이다. 그 시간에 나는 하나님 앞에서 내 삶과 마음의 모든 것을 노트에 기록하는 습관이 생겼고, 지금 쓰고 있는 노트가 31번째 노트이다. 이 노트와 함께 내 삶의 여정을 주님 앞에서 보내고 있다.

넷째, 오뚝이같이 다시 일어나는 끈기와 고집이다. 나는 아버지께 고집이 세다는 이유로 다른 형제보다 더 많이 맞았다. 그리고 결혼하고 나서도 남편에게서 쓸데없는 고집이 세다는 핀잔을 듣기도 했다.

그런데 고집은 잘 쓰면 참 좋다. 내 경우 어려서부터 하고 싶었던 공부를 마음껏 하지 못한 열등감이 컸는데, 이 고집스러움 덕분에 지금의 내가 있게 된 것 같다. 어릴 때부터 공부를 잘하지 못해 기본적인 기초지식이 많이 부족해 방송통신대를 시작으로 대학원 과정들을 공부하면서 참으로 힘든 일이 많았다. 그렇지만 '공부는 머리로 하는 것이 아니고 엉덩이로 한다'라는 신념을 가지고 아무리 힘들어도 다시 일어나는 오뚜기와 같은 끈기와 고집을 발휘했다. 일반적인 사람이 두세 번이면 이해할 내용들을 나는 최소한 다섯 번 이상, 어떨 때는 열 번 정도를 익혀야만 이해가 된 적도 많았다. 중요한 것은 포기하지 않고 한다는 것이었다.

다섯 번째, 마음의 열망을 탐색하며 이루는 열정이다. 심리와 상담을 공부하면서 건강한 삶을 살기 위해 중요하게 탐색되어야 하는 것이 자신의 마음임을 알게 되었다. 그래서 늘 나 자신에게 질문을 한다. '나는 누구인가?', '나는 지금 어디로 가고 있는가?', '지금 내가 가장 중요하게 해야 할 것은 무엇인가?', '지금의 갈등은(다른 사람과의 관계에서) 무엇을 위한 것인가?' 등 본질적인 질문을 하면서 하나님이 주신 열망을 찾으려는 노력을 계속하고 있다.

이것은 예수님의 자녀로서 삶의 여정을 가면서 좀 더 나 자신을 성장시키며 살아가는 성화의 과정이라고 해도 좋을 것 같다. 한 개인의 삶을 잘 살아내면서도 어디에 있든지 예수님의 향기가 나기를 소망하며 나아가고 있다. 예수님은 십자가의 사랑으로 모든 죄와 악에서 승리하시고 영원한 생명을 주신 분이심을 믿기에 어떠한 어려운 일이 있어도 낙망하지 않고 그분을 바라보며 선한 마음을 갖고 오늘 하루도 살아갈 수 있음에 감사하다.

이외에도 내가 가지고 있는 자원은 참 많다. 긍정적인 마음, 나누려는 마음, 건강, 경제적 안정, 부모님, 형제자매, 더불어 숲을 이루는 아름다운 공동체 등 헤아릴 수 없이 많은 것들을 주님으로부터 받았다. 이런 장점들을 가지고 주님이 주신 가정을 행복하게 가꾸고 또 다른 가정들에게도 생명을 나누어줄 수 있으니 나는 참으로 복된 사람이다.

2. 행복한 가정을 위한 부부 비전 세우기

우리 가정이 행복하고 건강하게 살려면 부부가 원하는 것을 얻기 위해 구체적인 계획을 세우고 조율하며 실천해야 한다. 우선, 부부가 함께 가정에 대한 비전을 멋진 표어로 써보기 바란다. 그리고 각자가 함께하기 원하는 것을 중요한 것부터 구체적으로 써보라. 각자가 쓴 것을 가지고 대화하면서 함께할 수 있는 것을 합의해서 다시 부부 공통의 상호 관계 비전에 적고 꾸준히 함께 실천하면 좋겠다.

이런 작업은 새해 계획을 세울 때나 부부가 필요하다고 느낄 때 유연하게 하면 좋겠다. 부부가 함께 살면서 일상에서 잘 이루고 있는 것들은 꾸준하게 하면 되고, 조금 더 원하는 것에 대해서는 서로 대화하고 계획을 세워 실천하다 보면 부부만의 하나 됨의 비밀을 찾게 될 것이다. 다음은 우리 가정의 최근의 것을 예로 든 것이다.

• 부부 비전 세우기 •

【우리 가정 비전 표어】 "즐겁게 천국을 경험하는 멋진 가정"

• 부부 관계에 대한 내 비전은?(남편)

우선순위	이상적인 부부 관계에 대한 비전	중요도 (1-5)	성취가능성 (1-5)
1	계절별로 함께 여행하기	5	5
2	교회에서 함께 부부 사역 하기	5	5
3	성경 읽고 하브루타식 나눔하기	4	4
4	날마다 함께 운동하기	4	4
5	자녀, 손녀들과 함께하는 시간	3	3

- 부부 관계에 대한 내 비전은?(아내)

우선순위	이상적인 부부 관계에 대한 비전	중요도 (1-5)	성취가능성 (1-5)
1	일주일에 한 번 가정 예배드리기	5	3
2	평일 30분, 주말 2시간 함께 산책하며 대화하기	5	5
3	한 달에 한 번 문화감상 (영화, 연극, 뮤지컬 등)	3	4
4	2주에 한 번 부모님 찾아뵙기	5	3
5	일주일에 한 번 멋진 곳에 가서 저녁 먹으며 마음 나누기	4	4

부부 각자가 작성한 것을 가지고 대화를 나눈 후 다음과 같이 조율하여 부부가 함께하는 상호 관계 비전을 만들고 실천하라.

- 우리 부부의 상호관계 비전 만들기

우선순위	이상적인 부부 관계에 대한 비전	남편의 우선순위	아내의 우선순위	성취가능성 (1-5)
1	계절별로 함께 여행하고 날마다 함께 운동 또는 산책하기	1, 4	2	5
2	일주일에 한 번 가정예배 드리고 성경 토론하기	3	1	4
3	젊은 부부 사역 함께하기	2		3
4	정기적으로 부모님 찾아뵙기		4	3
5	계절별 문화행사 (연극, 뮤지컬, 영화, 전시회 등)		3	4

1 정종진, 《나를 찾아 떠나는 심리여행》 (서울: 시그마북스, 2005), p. 113.
2 통계청, 2011년 자료.
3 Botwin, M. D., Buss, D. M., & Shakedford, T. K. *Personality and mate preferences: Five factors in mate selection and marital satisfaction*, Journal of Personality, 1997, pp. 65, 107-136; Robins, R. W., Caspi, A., & Motiffiitt, T. E. *Two personalities, one relationship: Both partners' personality traits shape the quality of their relationship*, Journal of Personality and Social Psychology, 2000. pp. 79, 251-259; 김경미, 〈부부의 성격특성과 갈등의 상호작용이 결혼만족도와 이혼의도에 미치는 영향〉, 충북대학교대학원, pp. 11-12 재인용.
4 노안영, 강영신, 《성격심리학》 (서울: 학지사, 2003), p. 22; 손경구, 《기질학습과 영적 성숙》 (서울: 두란노, 2003), p. 13.
5 Myers, I. B. & McCaulley, M. H., 〈MBTI 프로파일〉, 1993.
6 윤운성 외, 《애니어그램: 이해와 적용》 (서울: 학지사, 2009), pp. 16-21.
7 김덕수, 〈이마고 부부 관계 치료 참가 후 목회자의 목회사역과 하나님이미지 재구성 경험에 관한 현상학적 연구〉, 세종대학교대학원, 2009, p. 32.
8 Brown, R. *Imago Relationship Therapy: AnIntroduction to Theory and Practice* (NY: John Wiley & Sons, 1999); 릭 브라운, 《이마고 부부 관계 치료: 이론과 실제》, 오제은 역 (서울: 학지사, 2009); 김덕수 〈이마고 부부 관계 치료 참가 후 목회자의 목회사역과 하나님이미지 재구성 경험에 관한 현상학적 연구〉, p. 34.
9 David J. Wallin, 《애착과 심리치료》, 김진숙 외 역 (학지사, 2010), pp. 47-70.
10 〈HUPE 은혜로 힘을 주는 부모(지도자용)〉, pp. 100-101.
11 릭 브라운, 《이마고 부부 관계 치료》; 윤선자, 〈부부 관계 세미나〉, pp. 20-24 재인용.
12 〈인구보건신문〉 JANUARY Vol. 02.

아버지의 자리 찾기, 가정의 영적 제사장으로서
아버지의 권위 회복이 필요하다

PART 3

부부,
가정의 리더를 세우라

chapter 7

알고 시작하는 게 낫다

아일랜드 속담에 이런 말이 있다.

"Anything is better than a bad marriage."

우리말로 하면 "잘못된 결혼보다 못한 것은 없다"라는 말이다. 또 얼마 전에 미국의 유명한 릭 워렌(Rick Warren) 목사가 강의 중에 비슷한 말을 하는 것을 들었다.

"Bad marriage is thousand times worse than none."

즉, "잘못된 결혼은 안 하는 것보다 천 배나 더 잘못된 일이다"라는 말이다. 상처받은(broken hearted) 두 사람이 결혼하면 이후에는 당연히 상처(hurt)를 다시 주고받는 일이 일어나지 않겠냐는 것이다.

성경에도 역시 결혼에 대해 그리 긍정적이지 않은 묘사가 있다.

"다투는 여인과 함께 큰 집에서 사는 것보다 움막에서 혼자 사는 것이 나으니라"(잠 25:24).

아내와 다투고 집을 나오는 남편에게 감동을 주는 말이다. 남자답지 못하고 속 좁은 남편과 싸우고 난 후의 아내에게도 동일한 감동이 있을 것이다. 결혼식 날, 수백 명의 친척과 친구들로부터 부러움과 축하를 받고 해외로 신혼여행을 떠나며 멋지게 시작한 아름다운 커플에게 도무지 상상할 수 없는 격언과 말씀이기도 하다. 이러한 교훈의 핵심은 '준비되어 있지 않은 결혼은 재앙'이라는 말이다.

"풍문으로 들었소~"라는 노래 가사처럼, 학교에서는 결혼과 부부생활에 관하여 아무도 우리에게 가르쳐주지 않았다. 어떻게 부부가 되고, 어떻게 아이를 낳아 기르며, 어떻게 살아가야 하는지…. 그래서 아이들 떡 반죽 하듯 결혼생활을 해나간다. 아니 좀 더 정확히 말하자면, 근근이 버텨나간다.

결혼보다 중요한 결혼식?

요즈음 청년들과 함께 사역하고 아내와 함께 부부 상담에 임하면서 접하게 된 새로운 사실이 있다. 예쁜 신부와 잘생긴 신랑이 복잡하고 신경 쓰이는 결혼 준비 과정과 결혼식을 멋지게 마무리해서 성공적으로 신혼가정을 시작한다. 이들은 어떻게든 남들과 다른, 아니 남보다 눈에 띄고 멋진 결혼 퍼포먼스(wedding performance)를 준비하느라 막상 결혼 후의 기본적인 일상생활에는 어색하다. 열대의 깊은 밤 바닷가에서 불태운 로맨스를 기억하지만, 전세방에서 서로의 어스름한 실루엣을 바라볼 때 느껴지는 외롭고도 그늘진 시간도 기다리고 있다는 현실을 간과하고 있다는 것이다.

모든 에너지를 멋진 결혼식과 혼수, 배우자의 외모와 재정 능력과 학벌을 맞추는 데 사용한다면 정작 결혼식 이후의 결혼생활에서는 길거리에서 우연히 마주친 미국 사람과 영어로 대화해야 하는 것만큼 당황스러운 일이 전개될 것이다. 그러므로 나는 중고등학교에서부터 대학교까지 우리나라 청소년들에게 가정과 학교, 그리고 교회에서 '부부학개론'을 가르치고 교육해야 함이 마땅하다고 생각한다. 작금의 높은 이혼율과 파괴되어가는 가정 질서와 결혼 제도는 이러한 가르침이 없이 청소년과 청년 시기를 보낸 젊은이들에게 어쩌면 당연히 예상된 결과라고 여겨진다.

결혼과 자녀 양육 비용을 감당하기 어려워서 결혼을 미루는 젊은이들도 안타깝다. 하지만 결혼은 돈으로 하는 것이 아니다. 혼자 살기도 버거운 세상에서 내 마음도 내가 모르는 인생이 배우자를, 그것도 꿈에 그리던 이성과 마주했음에도 정작 결혼에 관해서는 아무것도 알지도, 배우지도 못한 채 살아갈 것인가? 그것은 생각보다 훨씬 무겁고 버거운 일이다. 전쟁터에 나가서 총 쏘는 법을 배우는 군인, 혹은 시험 당일 날 학교에 가서야 시험 준비를 시작하는 학생처럼 결혼 후에 혹은 직전에 급히 결혼학교에 등록하거나 결혼교육을 받는 것은, 안 하는 것보다는 낫지만 바람직한 일은 아니다.

예측 가능한 결혼의 문제들

사람들은 무슨 일을 시작할 때 혹시라도 발생할 문제에 대해 예측하고 대비하려고 한다. 그런데 결혼은 거의 예외적이다. 결혼만큼 이후에 일어날 일들에 대해 무방비 상태로 접근하는 일도 없을 것이다. 때로는 결혼을 서두르는 젊은이들이 무모해보이기도 한다. 결혼을 준비하기 위해 혼수와 결혼식, 신혼여행을 준비하는 것은 기본으로 여기면서 앞으로 일어날 난관과 갈등에 대해서는 예측조차 하려고 하지 않는다. 미리 예상한 문제도 막상 당하면 당황스러운 법인데, 하물며 예측도 못한 채 당하는 부부 간의 갈등이 파경을 불러오기 쉽지 않겠는가? 그렇다면 우리의 결혼생활에서 충분히 예측 가능한 문제에는 어떤 것들이 있을까?

1. 누가 경제권을 쥘 것인가

과거 남성 중심의 가정과 사회에서는 남성의 경제적 기여도가 높았다. 그러나 이제는 많이 달라졌다. 여성의 경제 기여도가 높아지면서 더 이상 남성 위주의 경제권이 통하지 않는 시대가 되었다. 가정 경제에서도 여성의 목소리가 커지고 있다. 더 이상은 남자이기 때문에 가정의 경제권을 독점하려는 시도를 해서는 안 되는 시대가 된 것이다. 우리 가정에서는 가정 경제를 나 혼자 책임지고 있기에 남성인 나에게 경제권이 있지만, 나는 스스로 이를 포기했다.

경제적 주도권은 가정 내의 결정권 역할을 하기에 매우 중요하다. 이 부분에서 부부 간에 서로 헌신하고 억울함이 없어야 한다. 사랑하는 가족을 위해 경제를 공유하려면 충분한 소통을 거쳐야 한다. 부부 간의 경제권뿐 아니라 자녀에 대한 경제적 지원의 한계를 미리 그어 놓는 일도 필요하다. 이런 일은 어떤 일이 닥쳤을 때가 아니라 평상시 사랑이 무르익었을 때 부부 간에, 가족 간에 미리 소통해야 할 부분이기도 하다.

2. 집안 vs. 집안

결혼 직후의 갈등은 신혼의 단꿈에 젖어 있는 두 사람에게서 비롯되는 것보다 양쪽 집안의 불협화음에서 생겨나는 경우가 많다. 로미오와 줄리엣처럼 서로 사랑해서 만난 사람들이 결국에는 양쪽 집안의 대리 전쟁에 휘말릴 수 있다는 것이다. 부부는 서로 다른 부모와 문화적 배경을 깔고 있다. 한국 신부와 미국 신랑이 아니더라도 각자의 성장 배경을 가진 부부는 둘 사이에 갈등이 없어도 양가의 갈등과 불협화음의 희생양이 되곤 한다.

이때에는 남편의 태도가 중요하다. 독립된 가정의 가장으로서 주도권을 가지고 나를 믿고 자기 사람이 된 아내를 보호해야 한다. 아내도 마찬가지이다. 결혼 후에는 원가족에 기대서 편하게 살겠다는 마음을 포기하고, 남편과 새로운 보금자리를 만들어가는 일에 전적으로 힘써야 한다.

3. 다르게 살아온 습관

양말을 아무 데나 벗어 던지는 남편, 밥을 먹은 후에 그대로 몸만 빠져나가는 남편, 방귀를 너무 자주 끼고도 미안한 줄 모르는 남편, 목욕을 너무 안 하는 지저분한 남편, 발 냄새 관리를 안 하는 남편, 식사 후에 설거지도 안 하고 며칠이고 물속에 담가 놓는 아내, 청소를 안 하는 아내, 치약을 마구 짜서 낭비하는 배우자…. 서로가 끝도 없이 싸울거리를 제공하는 이들이 부부다.

혼자서 오래 살았거나 방임적인 가족 문화에서 성장한 남자나 여자는 결혼 후에 사사로운 일상생활에서 큰 벽에 부딪힌다. 결론부터 말하자면, 서로 고쳐야 한다. 결혼은 혼자 살다가 둘이 살아가는 공동 생활의 시작이다. 그러므로 상대방이 힘들어하는 일은 고치도록 노력이라도 해야 한다. 노력해도 안 되는 부분이 물론 있다. 그때마다 우리는 합숙할 룸메이트를 구한 것이 아니라 영혼과 몸을 공유할 이와 결혼했다는 사실을 기억하라. 안 되는 부분은 될 때까지 참아주고 서로 도와주는 것이 결혼의 참된 정신이다. 그까짓 청소 때문에 소중한 결혼을 후회스럽게 만든다면 심각한 오류가 아닐 수 없다.

4. 주도권 싸움

가정의 선장은 한 명이다. 우리는 동업을 좋아한다. 동업을 시도한 동료들이 많이 있었고, 지금도 동업을 한다. 그런데 동업할 때의 문제점 중 하나는 책임지는 사람이 없다는 것이다. 가정도 부부 간에 동업 체제로 가면 시끄럽고 망하기 쉽다. 가족 내의 문제를 책임질 사람이 필요하다. 부통령을 뽑으면 나라가 수월하게 돌아가지만 대통령을 두 명 뽑아 놓으면 그 나라는 갈라지고 곧 전쟁이 일어날 것이다.

그렇다면 누가 주도권을 갖는 것이 좋은가? 부부 간의 주도권은 남자가 가지는 것이 지극히 성경적이다. 남자가 여자보다 우월하다는 것이 아니라 책임자가 되어야 한다는 말이다. 책임자에게는 권리도 있지만 책임도 크다. 무슨 일이 잘못되면 가족 내 다른 구성원에게 책임을 돌려서는 안 된다. 책임자가 책임자(리더)다운 행동을 보일 때 팀 구성원들은 그의 말에 따라 일사분란하게 움직인다. 책임을 지고 가정을 이끌어갈 남편이 살아 있는 가정이 하나님께서 원하시는 아름다운 가정이다(엡 5:22-28).

5. 자녀 교육의 갈등

누가 뭐래도 자녀 교육의 방향에 대한 이견(異見)이 부부 싸움의 제일가는 먹거리를 제공한다. "아이들은 놀게 내버려 두어라"라고 방임하는 남편과 엄마의 정보력과 끊임없는 잔소리가 자녀들을 일류대학으로 가게 한다고 믿는 아내와의 의견 충돌도 있다. 반대로 아이들을 윽박지르며 일방적으로 이끌고가려는 아버지와 자녀들과 애착(愛着)을 넘어 집착에 가깝도록 밀접하게 연합된 엄마와의 사이에 갈등이 일어나기도 한다.

이것은 자녀 교육에 관한 남편과 아내의 역할 차이를 이해하지 못한 결과이다. 남편은 가정의 리더로서 자녀 교육의 큰 울타리와 방향성을 제시해야 하고, 아내는 자녀에게 지나친 친절과 편의를 제공하지 말고 자녀가 자발적으로 도와달라는 것만을 도와주어서 공부에 대한 즐거움과 욕구를 꺾지 않도록 해야 한다.

6. 함께하는 시간이 필요하다

아내들은 보통 남편과 함께하는 시간 자체를 즐거워한다. 그에 반해 남편들은 함께하는 시간도 좋지만 자기만의 시간을 갖기 원한다. 남편이 아내를 덩그러니 집에 혼자 두고 자기만의 오락과 취미를 위해 자리를 비우면 아내는 외로움과 버림받은 느낌을 갖게 된다. 남편이 자기 충전을 위해 혼자 떠돌기 좋아하는 숫사자처럼 동네를 돌고 오면 아내는 몹시 서운해진다.

부부가 함께하는 시간은 혼자 있고 싶어 하는 남편의 욕구에 우선한다. 아내가 충분하다고 느낄 때까지 부부는 함께하는 일과 여가시간이 필요한 것이다. 이를 위해 친구 관계에서도 절제할 필요가 있다. 결혼을 얻었으면 당연히 잃는 것도 있어야 한다. 요즘 결혼하는 것이 어렵다고 해서 결혼을 장려하는 분위기라고는 하지만, 그렇다고 책임감 없는 결혼, 자기만족을 위한 결혼, 희생할 마음이 없는 결혼은 절대 반대이다. 결혼은 최고의 즐거움이지만 동시에 최고의 책임과 희생이 따르는 일이기 때문이다. 사랑도 책임보다 앞서지 않는다.

안 싸우고 살 수는 없다

한마디로 요약하면, 부부는 싸워야 한다. 그 대신 잘 싸워야 한다. 자주 싸우면 좋다. 다만 말을 조심해라. 상대방을 비난하기보다 자기의 심정을 호소하는 편을 택하라. 부부가 싸우지도 않고 사랑한다고 입바른 말만 하면 도리어 어색하고 위험하다. 어느 부부나 서로 사랑도 하고, 미워도 하고, 자랑스러워하기도 하고, 후회하기도 한다. 비가 자주 오면 긴 가뭄 후에 큰 장마의 위험이 적어진다고 한다. 그처럼 자연스러운 결혼은 늘 가까이에서 말하고, 싸우고, 화해하고, 더 사랑스러운 쳇바퀴를 돌며 앞으로 나아간다.

부부 싸움에 제3자나 양쪽 부모가 난입해서는 안 된다. 프로 레슬링 경기에서 재미는 있지만 추한 모습 중 하나는 경기자가 아닌 구경꾼의 난입이다. 그 순간, 타이틀 매치는 난장판이 되고 만다. 우리의 신성한 결혼이 그 꼴이 되어서는 안 되리라. 힘들지만 부부의 갈등기를 부부만의 아픔으로 오롯이 겪어나가야 더욱 견고한 부부 사이가 만들어진다.

chapter 8
잘 싸워야 잘 산다

상담자의 남편 혹은 아내는 여러 가지 이유로 힘들다. 집안 사정과 부부 간의 비밀스런 이야기가 집 밖으로 떠다닌다. 마음의 아픈 상처를 가지고 강의를 들으러 오는 사람들에게 상담자 부부의 좋은 이야기나 자랑질 같은 이야기는 상처 위에 상처를 더할 뿐이다. 그래서 상담자의 배우자는 쉽게 강의자의 먹잇감이 되어 도마 위에 오른다.

내 배우자가 아니라면 명예훼손으로 고소라도 하겠지만 마음이 넓어야 하는 상담자의 남편은 타들어가는 속을 붙들고 그저 속절없이 웃을 뿐이다. '다 사랑하는 아내의 직업 특성과 내담자들의 행복을 위해서'라는 거룩한 목적을 이루기 위한 것이라는 말을 혼자 되뇌며 말이다. 그래서 아내가 유명해질수록 남편은 억울하다.

억울할 뿐 아니라 섭섭한 일도 있다. 속 좁은 말이지만, 아내가 하는 강의 내용을 가만히 들어보면 언젠가 내가 아내를 설득하며 설명했던 내 이론과 주장일 때가 있다. 남의 이야기를 자기 것처럼 자연스럽게 내뱉는 강의는 자칭 아내의 멘토임에도 유쾌하지만은 않다. 손을 들고 "저건 내가 가르친 내 주장이에요"라고 소리치고 싶기도 하다.

하지만 자리를 박차고 나가고 싶은 일은 정작 따로 있다. 내 가까운 식구와 고마운 친구들이 내가 유능한 치과의사가 되기까지 내 연습 대상으로 기꺼이 희생해주었다. 나도 마찬가지로 아내의 온갖 상담기법과 심리조사에 있어서 늘 첫 번째 대상이자 희생자가 된다. 특히 가족치료 이론가 사티어의 '건강하지 못한 의사소통 방식'을 강의할 때에는 정말 억울한 경험을 했다.

건강하지 못한 의사소통은 회유형, 비난형, 초이성형, 산만형의 대화 형태로 나타나는데, 아내는 나를 비난형 유형의 인간이라고 굳게 믿고 내 단점을 먹잇감으로 삼아 강의를 이어갔다. 비난형 인간은 완고하고 독선적이며 명령적으로 군림하는 형태를 가진다. 자신의 힘과 우월성을 과시하려는 욕구가 강하고, 무조건 자기의 생각이 옳다는 식의 흑백논리가 강하며, 상대방을 무시한다고 하니 긍정적인 점이 하나도 없어 보인다. 하지만 강의장 분위기는 나로 인해 유쾌해지고 편안해보였다.

그렇지만 설문 결과를 보면 나에게는 초이성형과 일치형이 공존한다. 일치형은 건강하지 못하고 부적응적인 다른 의사소통에 비해 적응적이며 효율적인 의사소통의 방식이다. 언어적, 비언어적으로 일치한 형태로 의사소통을 한다는 것이다. 이들은 자신이 중심이 되어 다른 사람과 관계를 맺고 접촉하며 자신, 타인, 상황을 모두 고려하여 반응한다.

사실 우리에게는 여러 형태의 의사소통 방식이 중첩하여 나타난다. 그렇기에 사람의 의사소통 방식을 건강하지 못한 유형과 한 가지 바람직한 유형으로 구분하려는 시도는 스마트한 발상이지만 지극히 억지스럽다고 본다. 치료자와 연구자 입장에서는 분류가 필요하겠지만, 사티어의 의사소통 체계는 솔직히 그 어떤 유형도 내 성격과 일치된다고 동의하기에 너무도 부족한 카테고리(category)이다.

이렇게 생각하는 상담자의 남편에게 공개적인 강의에서 비난형이라고 몰아붙이는 것이 억울해 강의 후에 부부 싸움을 했고, 아내로부터 사과를 받아냈지만 이미 내뱉어진 강의 내용을 취소할 수는 없는 일이다. 앞으로는 그런 억울함이 있다면 강의 도중이라도 반론을 제기할 것이라 혼자 웃음 지으며 다짐해본다.

아내는 가족치료의 필수 코스인 부부 간의 친밀도와 부부의 성(性)에 대해 강의할 때도 머뭇거림이 없어 보인다. 강의를 듣노라면 성에 대해 무척 개방적이라고 생각하는 남자라도 몹시 당황스러운 내용이 더러 있다. 아내에게 강의를 듣고 깊은 감동을 받았다는 분들의 눈빛에서는 '당신의 감추어진 모든 것들을 알고 있습니다'라는 의미가 담겨 있을 법한 야릇한 미소가 감지된다. 내가 너무 예민하기 때문일까?

이유 있는 부부 싸움

신혼 시절에 우리는 잉꼬부부였다. 늘 같이 붙어 다녔고, 함께 아이들을 양육했으며, 거의 30여 년 동안 교회에서 함께 중고등부 교사로 봉사했다. 그러나 아내가 공부를 하면서 자기주장이 더욱 강해졌고, 사내아이들을 키우면서 곱던 아내의 목소리는 거의 남자가 되었다. 게다가 미국 유학 시절을 거치며 미국의 강한 여성상의 영향을 받아 항상 순종적이고 여성스런 이미지를 가지고 있던 아내는 점차 여전사의 모습으로 변해갔다.

이후로 우리 부부는 자주 싸웠다. 아내는 갈수록 고집이 세졌고, 나는 결혼할 때 가지고 있던 고정관념, 즉 남자가 여자보다 우월하며 지도력을 발휘하고 여자와 아이들은 무조건 남자에게 순종하고 따라야 한다는 전통적이고 유교적인 가부장적(Patriarchy) 사고를 여전히 가지고 있었기 때문이다. 신혼기에도 자주 다투었으나 그때는 대개 사랑 싸움이었다. 그러나 아내가 내 품에서 점차 벗어나 독립하고 자신의 목소리를 내면서 우리의 싸움은 점차 심각해졌다.

그 싸움의 원인과 먹거리 재료는 무엇이었나? 우리는 서로의 출신 가정을 존중했다. 아내는 시부모님을 챙겼고, 심지어 나보다 더 시댁의 모든 일에 적극적으로 헌신했기에 전혀 불만이 없었다. 나 또한 아내의 친정에 대한 너그러움이 있어 처갓집에서 한없는 사랑을 받았다. 그러므로 남들처럼 본가와 처가 간의 갈등이나 서운함은 존재하지 않았다. 그러면 우리 싸움의 주된 이유는 무엇이었을까?

첫째, 사회적인 여성 권위의 상승이 한 원인이었다. 아내가 남편에게 완전히 속해 있고 결혼 초에 가졌던 존경심을 그대로 유지하는 한 분쟁거리는 별로 없을 것이다. 우리 때 남자는 여자가 처녀 때의 모습으로 순종하며 남자를 따르기를 바랐고, 또 실제로 평생 남자가 가정의 지휘권을 가지고 살아가는 가정이 많았다. 그러나 세월이 가면서 눌려만 있던 여자의 자존감이 살아나고 무조건적인 순종은 없어졌다. 일방적으로 지휘권을 발휘하던 결혼 초의 가정에서 아내와 50:50으로 동등하게 가사 결정권을 공유하는 권력분산형의 가정으로 옮겨가면서 자연 싸움이 많아졌다.

둘째, 재산권의 공유로 변화가 일어났다. 결혼 초에는 남편이 홀로 경제적 수입을 창출하고 아내가 전적으로 재정부 장관으로 가정 살림을 맡았다. 물론 재산도 거의 남편 명의였다. 그런데 언제부턴가 사회가 아내의 가정 경제 공헌을 인정하기 시작했고, 자연스레 부동산과 재산 명의를 아내와 공동명의로 바꾸어나가기 시작했다.

이런 경제적인 자립은 곧 아내의 입지를 강화했고 강력한 주장과 큰 목소리를 만들어내기 시작했다. 아내의 경제적 권리의 회복과 독립은 우리 부부에게 힘의 균형의 변화를 가져왔고, 부부 싸움의 또 하나의 이유가 되었다.

셋째, 환경의 변화가 원인이 되었다. 아내 성격의 키워드는 '성실'과 '근면'이다. 우리 가족이 미국 보스턴으로 유학길에 올랐던 시기는 911테러 직후였다. 우리나라에 있을 때는 몰랐던 사실이지만 우리나라는 서비스의 천국이다. 하지만 미국은 다르다. 모든 것이 돈(dollar)이다. 그러니 많이 움직이고 부지런해야 산다. 아내는 이런 곳에 적응하는 것을 힘들어하면서도 한편으론 물 만난 고기처럼 부지런히 움직였다. 영어도 잘 못하면서 대학원도 다니고 부지런히 사람들을 만나러 다녔다. 강해지고 독립적이 될 수밖에 없다. 물론 나도 나름 학위 과정도 열심히 하고, 전문의 수련과정도 마치고, 집안일도 부지런히 했지만 아내의 성에 찰 리가 없다.

또한 미국은 전통적으로 여성의 파워가 강하다. 오래된 이민 가정을 제외한 한인 해외교포 2, 3세대에게 있어서 가부장적 사고나 남녀 차별 의식은 이미 경계의 담을 넘은 지 오래이다. 그러므로 환경적인 변화는 아내를 강하게 만들었고, 부부 간에 충돌은 불가피해졌다.

넷째, 자녀 교육에 대한 상이한 관점이었다. 우리 부부의 경우 신앙관과 가치관에 대해서는 공감대를 형성하고 있었지만 자녀 교육에 관해서는 의견을 달리하는 부분이 많았다. 아내는 자녀와 정서적으로 깊은 애착을 보였다. 상대적으로 남편인 나는 더욱 냉정한 태도를 보이며 자녀를 남자답게 키우려 했다. 또한 내가 학교 공부보다 인생 공부를 가르치려고 자녀에게 다가가면, 아내는 그것을 자녀에게 잔소리한다고 여겨서 방해했다. 자녀들은 당연히 자신들을 훈육하는 아버지보다 품어주는 어머니 쪽으로 기울었다.

그러나 사춘기를 지나서 성인이 되고 난 후에는 어머니의 잔소리를 무시하려는 힘이 생겼고, 오히려 아버지의 훈육을 따르려 했다. 자연스럽게 자녀 교육의 중심이 아내에게서 남편인 나에게로 넘어왔고, 자녀 교육에 대한 이견으로 인한 부부 간의 다툼이 정리가 되었다.

사실 자녀 교육으로 인한 부부 싸움은 비단 우리 부부만의 문제는 아니었을 것이다. 우리 부부가 부부 세미나를 인도할 때 만났던 많은 중년 부부들도 자녀 교육에 대한 주도권 싸움이 종종 부부 싸움의 소재가 되곤 했다고 한다.

부부 갈등의 세 가지 감정 키워드

부부 세미나를 인도하면서, 뜨거운 사랑과 확신으로 결혼했음에도 치열하게 싸우는 젊은 부부들을 여럿 만났다. 이들에게서 자주 느껴지는 감정이 있었다. 부부의 마음속 깊은 곳에 이런 불편한 감정들을 그대로 내버려 둔다면 아무리 사랑의 이벤트와 애정 어린 대화를 나누는 프로그램을 참여하더라도 쌓인 앙금이 좀처럼 사라지지 않을 것이다. 먼저 부부 간에 직접 말하거나 호소하지 못했던 아픈 감정을 내어놓고 공감해주고 이해해주는 과정이 없다면 부부 간의 진정한 화해는 어렵다는 말이기도 하다. 그러므로 부부 간에 생기기 쉬운 갈등의 세 가지 감정을 이해하고 나누는 일은 매우 중요하다고 생각한다.

1. 억울함

억울한 감정은 자신만이 불공정한 대우를 받는다고 생각하거나, 본인이 수고한 만큼 대가를 받지 못하고 있다고 여겨질 때 일어나는 마음의 상태이다. 아내의 억울함은 보통 자녀 교육과 집안 청소 및 정리 과정에서 발생한다.

특히 요즘 젊은 부부들은 맞벌이로 아침에 함께 출근하고 저녁에 같이 퇴근하는 경우가 많다. 남자 혼자 경제를 책임지던 옛날에도 집안일이 여자만의 일은 아니었다. 하물며 여성이 가정 경제의 일부분 혹은 절반을 담당하는 마당에 남자가 퇴근 후에 소파에 누워 나 홀로 휴식을 취하려 한다면 아내는 몹시 억울하다는 감정을 갖게 될 것이다. 아내가 '좀 누워 있다가 알아서 가사 일을 하겠지' 하는 마음으로 기다렸다면 더 큰 억울함과 재앙으로 나아가기도 한다.

아내의 억울함은 비단 노동력을 착취당한다고 느끼는 데서 그치지 않는다. 자녀를 임신했을 때에는 남편의 무관심, 출생할 때의 고통을 남편이 몰라줄 때, 맛있게 밥을 차리고 집안을 청소해놓아도 시큰둥한 표정의 남편 얼굴을 쳐다볼라치면 억울함을 넘어 분노가 치민다고 말하는 아내도 있다. 남편이 말 한마디만 따뜻하게 해주어도 풀려버릴 가벼운 포장 같던 억울함이 시간이 지날수록 풀기 힘든 견고한 억울함으로 변질되어간다.

이에 비하면 남편들의 억울함은 비교적 단순하다. 나름 열심히 아내의 고충에 공감하고 도와주며 자신을 희생했다고 생각했는데, 아내로부터 좋은 소리를 못 들으면 억울하다. 이것을 깨닫고 더욱 열심히 가사 일을 돕고 아내를 사랑한다고 입바른 말을 쏟아놓아도 아내의 마음에 여전히 만족함이 없을 때 젊은 남편들은 절망한다. 남편의 최선이 아내가 보기에는 여전히 눈가림에 불과하다는 것이다.

천성적으로 남자는 두 가지 일을 못한다. 일할 때는 전력질주하지만 긴장이 끝나면 나무늘보처럼 소파에 퍼져 있다. 30대가 되고 가장이 되었어도 여전히 오락을 좋아하고, 친구를 좋아하고, 술을 좋아한다. 게다가 남자는 혼자 있는 시간을 즐긴다. 결혼 후에 아내가 함께 있고 싶어할 때에도 혼자 나가서 동네를 배회하다가 돌아오곤 한다. 이것이 어쩌면 남편들이 살아가는 오래된 방식이기도 하다. 게다가 아내는 사랑한다고 말하면 행동으로 보이라 하고, 사랑한다 말하지 않으면 변했다고 한다. 이래서 남편은 억울하다.

2. 분노

억울함의 단계가 지나면 밀려오는 분노를 경험하게 된다. 분노(anger)란 자신의 욕구와 상반되는 일에 대한 내면 감정의 폭발 현상이다. 분노는 심리적인 현상이지만, 뇌 속에 있는 화학물질들이 반응하면서 생기는 생리학적인 현상이기도 하다.

분노는 소뇌의 편도체와 시상하부에 이어서 자율신경계의 교감신경에서 주관하는 위기관리체계의 일부이기도 하다. 그렇기에 이런 감정을 부신에서 분비하는 아드레날린의 증가로 심박수가 증가하고 눈동자가 커지며 근육의 힘이 증가하는 등, 자기방어를 위한 짧은 순간의 생리현상이어야 마땅하다. 그런데 위기관리 방식으로 체력 소모와 독성이 강한 생체반응인 분노가 장기간 이어진다면, 나 자신과 이웃에게 피해를 끼칠 수 있다. 부부 간의 억울함이 누적되면 분노의 감정을 컨트롤하기 어려운 상태가 되기도 한다. 특히 어렸을 때부터 모든 것을 참고 견디도록 교육받아 평소에 말수가 적고 착해보이는 남자나 여자에게 있어서 분노 조절이란 더욱 어려운 과제이기도 하다.

아담 쉰들러 주연의 영화 〈앵거 매니지먼트〉를 보면, 주인공 아담은 주눅들었던 어릴 때의 성장 환경으로 인해 자신을 표현하지 못하고 수치와 분노를 마음속에 묻어놓고 살아간다. 표현되지 못한 마음속의 분노는 아담의 직장생활이나 약혼자와의 관계마저 힘들게 한다. 그는 치료사인 잭 니콜슨과 어린 시절에 수치를 주었던 친구를 찾아가 복수하고, 뉴욕의 번화한 맨해튼 브릿지에 차를 세우고는 남들의 불평에도 아랑곳하지 않고 노래를 불러댄다. 통쾌하게 분노를 다스

려가는 그의 모습을 보면서 분노와 수치감은 어떤 방법으로든 반드시 표현되고, 그렇게 표출되어야 치료되는 특수한 감정이라고 생각했다.

3. 열등감

열등감은 어릴 때부터 남들과 비교당하며 살아온 우리에게 흔히 다가오는 감정이다. 만일 남자에게 열등감이 내재되어 있다면 그 어떤 말도 위로가 되지 않는다. 왜냐하면 남자라는 존재 자체가 자존심이라는 기초 위에 만들어져 있기 때문이다. 아무리 착해보이고 순해보이는 남자라 할지라도 자기만의 세계가 존재한다. 그것이 남자이다. 여자는 어떠한가? 여성에게도 남성처럼 열등감이 존재한다. 다만 남성의 열등감은 표현되지 않고 여성의 경우는 잘 드러나는 편이라서 그 심각성에 있어서 남자가 더욱 문제가 되는 경향이 있다.

특히 어릴 때부터 외모와 학습능력에 대해 비교당하며 성장하는 경우 남녀를 불문하고 열등감은 심각해진다. 결혼 전까지는 다른 누구와 그토록 가깝게 살아갈 기회가 없으므로 큰 문제가 없지만, 일단 환상 속에 아름다운 결혼식을 마친 커플에게는 자존심을 건드리는 일들이 예상하지 못했던 폭탄이 되어 행복한 결혼을 방해하는 걸림돌이 되곤 한다.

열등감을 가지고 있는 배우자에게는 무슨 말을 해줄 수 있을까? 어차피 어떤 위로의 말을 해도 열등감을 덮어줄 수 있는 방법은 없다. 배우자가 열등감을 가지려고 맘먹고 달려들면 당할 재간이 없다. 그렇기에 능력이 없어 보이고 그리 잘생기지 못해도 근거 없는 자신감이라도 가진 남편이 열등감을 가진 재벌보다 낫다는 사실을 자매들은 잘 모른다.

서로 다른 사랑법

나에게는 나이가 들어도 여전히 잘 안 되는 것이 있다. 아내와 TV 드라마를 함께 보며 눈시울을 적시거나, 쇼핑을 하며 희희낙락하거나, 아내와 눈을 맞추며 사랑한다고 속삭이는 일이 어렵다. 공복에 물을 마시는 것이 건강에 좋다고 하지만, 나는 목이 말라야 물이 넘어간다. 아내는 몸에 좋다고 하면 시간을 정해놓고 따른다. 그런 아내가 존경스럽다. 그렇다고 아내를 사랑하지 않는 것은 아니다. 여전히 내 방식대로 사랑한다.

첫째, 아내가 할 수 있는 일은 절대로 간섭하지 않고, 아내가 힘들어하는 일은 무조건 내가 한다.

둘째, 어떠한 결과가 나와도 우리 집에서 생긴 일은 내가 책임진다.

셋째, 자녀교육에 있어서 아이들이 절대로 어머니를 맘놓고 대하지 못하게 든든한 배경이 되어준다.

넷째, 아내의 정직성과 감성을 믿고 지지한다.

마지막으로, 아내가 원하는 방식은 아니지만 남편으로서 목숨을 걸고 책임감과 성실함 또한 영적인 지도자의 권리와 책임을 다한다.

입으로 사랑한다고 자주 말하지 못해서 미안하지만, 이런 것들이 나름 남편으로서 아내를 사랑하는 방식이다. 남자는 입으로 사랑하지 않고 온몸으로 사랑한다.

chapter 9

아버지의 자리를 회복하라

남성이 남성 됨을 향유하던 시절은 지나갔고, 사회나 가정에서 남성의 설자리가 적어지고 있다. 우리의 고전적인 아버지상은 사실 사랑방 아버지이다. 극단적인 가부장적 유교 사회에서는 아이들이 아버지의 얼굴을 볼 수 있는 날이 없었다. 그저 사랑채를 지나다 보면 아버지가 글 읽는 소리나 손님과 담소하는 가운데 호탕하게 껄껄거리며 웃는 소리를 스치는 것이 아버지를 느낄 수 있는 유일한 접촉점이기도 했다. 그럼에도 당시 아버지의 존재에는 말 그대로 살아 있는 정신적 지주로서 자녀들을 압도하는 그 무엇이 있었다.

수년 간 경험한 미국 사회에는 마약과 왜곡된 성적 욕구가 알게 모르게 만연되어 있었는데, 청소년들에게서 유독 심했다. 선진국의 중산층 이상의 자녀들이 무엇 때문에 마약과 일탈로 청소년기의 허무감을 달래는가 생각해본다.

먼저 미국 가정이 한국 가정과 다른 점을 찾는다면, 중산층 특히 백인 가정의 많은 아버지가 겉모습만 보아서는 천사 같다는 점을 들 수 있을 것이다. 그들은 여성보다 사회적으로나 가정적으로 우월하다는 생각을 버린 지 오래이다. 이런 성적 평등은 이제 미국과 서구뿐 아니라 우리 사회의 모습이 되기도 했지만, 미국에서는 자녀들이 유독 아버지를 편하게 생각한다. 미국의 중산층 아이들은 학교에 다녀오면 친구보다 아버지를 찾는다. 4시면 퇴근하고 돌아오는 아버지와 운동과 놀이를 즐기기도 한다. 너무 편한 아버지, 자녀를 때리면 경찰이 와서 잡아가는 사회의 아버지는 왠지 아이들에게 정신적인 기준이나 안정감을 주지 못하는 것 같다.

우리는 어린 시절 아버지께 심하게 혼이 나면서 사람이 되었다. 훈육이 없으면 자녀를 망친다. 부모에게 떠받들여지고 아버지를 친구처럼 편하게 느끼고 자란 아이들이 청소년과 청년이 되면 갑작스럽게 다가오는 유혹과 자유 앞에서 방종과 무절제로 나아가게 되는 경향을 발견했다. 이것이 오늘날 문명사회, 즉 남성의 권위가 무너진 사회의 청소년들이 방황하게 되는 한 가지 중요한 이유가 될 것이다. 이런 남성의 권위는 남성의 책임을 다하고 난 후에야 자신의 권리를 찾을 수 있는 과정을 요구한다.

서구 사회나 우리 사회가 남성의 권위를 잃어가는 것은 경제적인 자립과 깊은 관계가 있어 보인다. 요즘은 여성의 수입이 남성을 능가하는 경우가 많다. 그렇다고 남성이 자신의 적은 수입 때문에 기죽을 필요는 없다고 본다. 그 수입이 얼마가 되었건 남자에게는 가정을 인솔할 책임이 있기 때문이다. 그 책임을 다한 후에 아버지로서 권위와 권리를 찾아야 가정이 산다.

앞에서 언급했지만 외국 생활을 오래하면 할수록 여성들의 입김이 세지고 남성들은 권위를 잃어가는 경향이 있다. 이제는 우리나라도 남자들 좋은 시절은 다 갔다고 한다. 지나온 시절 남성들의 횡포와 독선은 대단했고, 지금은 선배 남성들이 뿌려놓은 쓴 열매를 거두고 있다. 아버지들은 더 이상 가정에서 큰소리를 내지 않고 찬밥이라도 감지덕지 불평하지 않는다. 자녀 교육에서도 흔히 '나 몰라' 일방노선을 취한다. 아이들은 자연히 아버지에게 더 이상 중요한 것들을 묻지 않는다. 어차피 어머니의 최종 결정이 떨어져야 하고, 아버지의 후한 인심은 몇 분이 안 되어 물거품이 되는 허무한 경험이 있기 때문이다.

    자녀 교육에 무관심하고 뭐든지 OK를 외치는 순한 아버지를 대신해 어머니들의 목소리는 가일층 그 톤(tone)이 높아지는 것이 당연하다. 일종의 보상 심리이다. 어머니와 아이들이 공부를 하네 마네 설전을 벌이는 자리를 조용히 피해 나가는 아버지의 뒷모습이 안타깝다. 아버지가 아버지다운 기품과 권위를 잃어버리면 사랑이 없는 부모가 자녀에게 끼치는 해악보다 오히려 부정적인 결과를 가져오게 된다. 자녀를 더 잘 교육하기 위해서는 아버지로서의 권리와 노력과 책임을 포기하면 안 된다. 그것은 자녀를 포기하는 것과 같다.

    어머니들은 자신과 자녀들을 위해서라도 가정에서 아버지의 권위와 자리를 보호하려고 노력해야 한다. 아버지의 권위는 스스로 세우는 것보다 옆에서 돕는 자에 의해서만 세워질 수 있기 때문이다. 아버지의 권위가 서 있는 집에서 인생을 낭비하는 탕자가 나오는 법은 거의 없다. 설사 일순간 방황한다 해도 자녀의 존경심과 부모의 포용적인 사랑이 상처 입은 자녀를 치유할 수 있는 원동력이 됨은 놀랍다. 직접적으로 자녀 교육에 참가하지 않더라도 아버지는 그 존재만으로도 자녀의 일생에 막대한 영향을 미치는 것이다.

남자 선생님이 사라진다

미국과 한국을 막론하고 학교 선생님들 대부분이 여성이 된 지는 이미 오래이다. 과거에 남자 선생님들이 여자아이들의 섬세한 감정을 무시하는 교육 병폐가 있었듯이 지금은 여자 선생님들이 남자아이들의 난폭하고 거친 모습에 도무지 적응을 못해 꾸지람이 잦아진다. 충분히 이해가 간다. 학교에서 여 선생님이 볼 때 다소곳하고 예쁜 아이들이 사랑받게 되는 것은 당연한 결과이고, 이는 최근 연예계의 트렌드(trend)이기도 하다. 남성의 남성다움은 섬세함과 예민함을 다루는 현대 문명의 이방인적 존재이다. 남자아이들의 남성성의 발달 저해로 요즘 남자아이들은 기가 죽든지 더 난폭해진다. 때로는 고개 숙인 남성이 되어가는 것은 우리 사회의 비극이다. 이것은 문명화도 아니고 선진화된 사회의 특징은 더욱 아니다.

남자아이들을 좀 더 남자답게 키워야 하지 않을까? 가정에서 남자들은 자신의 책임을 다해 자신의 자리를 찾도록 해야 할 것이다. 가정을 풍요롭게 할 수입을 올리지 못한다 해도 부모가 최선을 다하는 모습, 힘들게 살아가는 모습을 보여야 효자, 효녀가 나온다. 뙤약볕에서 일하시는 아버지가 안쓰러워 차마 그늘에서 쉴 수 없어 아버지를 돕는 기특한 초등학생을 본 적이 있다.

고생도 없이, 힘든 것 없이 자라난 아이들이 부모의 고마움과 삶의 희열을 느끼기란 실로 어렵다. 잘사는 집에서 편하게 자란 자녀들은 자신만의 안락한 세계를 갖는 것을 좋아해 부모의 힘겨운 속사정이나 다른 사람의 어려움에 동참하는 모습을 갖기 어렵다. 우리의 자녀를 허무함과 타락의 늪에서 구하고 예방하는 길은 아버지가 가정에서 아버지의 위치를 회복하고 남자아이들을 더욱 자신감 있는 남자답게, 여자아이들은 더욱 여성스럽고 스스럼없이 키우는 것이라고 믿는다.

독립적인 공간이 필요하다

우리가 살아가는 도시는 인구과밀로 절대공간이 늘 부족한 것이 현실이다. 그럼에도 가족 간에도 거리가 필요하다. 좀 더 구체적으로 말하면 가족 구성원 간에 일정한 공간(optimal distance)이 필요하다. 아버지의 공간은 비교적 넓어야 하고 사색적이고 나머지 가족과 거리가 조금 떨어져 있는 것이 바람직하다. 어머니의 공간은 따로 없다. 사실 공간이 없는 것이 아니라 온 집안이 전부 어머니의 지배하에 있다. 어머니의 손이 필요하지 않은 공간이란 사실상 집안에 존재하지 않는다. 자녀는 부모가 지정해준 공간 안에서 자유롭다. 거실과 식당은 온 가족이 함께하는 소통과 나눔의 공간이 된다.

여기서 유독 남편의 공간은 잘 꾸며져야 한다. 남편은 가장으로서 선장처럼 배의 나아갈 길을 탐구하고 방향 수정을 요하는 사령탑 역할을 해주어야 한다. 물론 사령탑이 없어도 잘 돌아가는 민주적인 회사도 있고 국가도 있다. 그렇지만 가정에서 남편이 씽크 탱크(think tank)로서 가족에게 인정받고, 가족 간 규범의 중심이 되어야 가족의 미래를 설계할 수 있다.

아내와 남편의 공간도 필요하다. 자녀와는 분리된 부부만의 공간이 필요한 것은 부부가 독립적으로 살아가야 하는 당위성과도 일맥상통한다. TV 드라마에서는 문제만 생기면 친구나 친지 등 제3자가 개입해 부부 문제를 상담하고 해결하려 한다. 하지만 가정 안에 부부의 공간이 확보되어 있다면 문제가 커지기 전에 예방할 수 있다.

남편은 아내가 다가가서 따지려 하거나 답답하면 집을 나가서 혼자 있고 싶어 한다. 아내 입장에서 보면 배반이다. 남자가 변했다고 한다. 그러나 수컷의 본능상 남자는 혼자 생각하며 마음을 다스리고, 기억을 더듬어 첫사랑도 회복한다. 아내도 마찬가지라고는 하지만 공간을 벗어나고 싶어 하는 떠돌이 본능은 남자에게 더욱 특징적으로 나타난다.

아내의 입장은 다르다. 문제가 생기면 조근조근 따지며 대화하기를 좋아한다. 함께 있는 시간이나 함께하는 공간 자체를 사랑이라고 느낀다. 남편으로서는 이런 시간이 제일 곤혹스럽다. 많은 부부의 문제나 가족 간의 다툼은 시간과 공간의 전환으로 절반은 저절로 해결된다. 그래도 해결되지 않는 근본적인 마음속 갈등은 입술보다는 행동의 변화와 깊은 대화로 해결된다.

특히 부부 간의 갈등은 서로의 입장 차이와 이해 부족으로 인한 부분이 많다. 함께하는 공간과 혼자 있는 공간의 적절한 활용은 무조건 입을 열고 대화 아닌 끝없는 논쟁을 하는 것보다 쉽고 자연스럽게 문제를 돌아보고 부부 간에 서로를 이해하기 쉬운 환경을 조성해준다.

아내와 남편의 차이를 인정하라

아내에게는 여성 특유의 촉(觸)이 있다. 갑각류의 더듬이처럼 타고난 감각, 혹은 통찰력이 있다는 뜻이다. 남자에겐 그것이 없다. 나는 이것을 전진기어만 있고 후진기어가 없다고 표현한다. 그래서 고맙다거나 미안하다는 말을 잘 못한다. 여성들은 이해하기 힘들겠지만 말로는 해결될 수 없다는 나름대로의 상황 판단 때문이다. 남자는 말로 상황을 해결하기보다 물리적이고 근본적인 해결책을 본능적으로 떠올린다.

아내는 남자의 눈빛과 말투, 손짓만 보아도 남자가 숨기고 있는 여자가 있다는 것을 안다. 굳이 남편의 휴대폰 비밀번호나 잠금장치를 열어볼 필요가 없다. 남편은 증거가 없는 한 자신의 비밀이 안전하다고 착각하며 혼자 즐거워한다. 아내는 남편에게 친구의 험담을 한다. 그러면 남편은 그 친구에 대해 서슴지 않고 욕을 내뱉는다. 하지만 이것은 전혀 아내가 원하는 바가 아니다. 아내는 단지 자신이 얼마나 힘들었는지 위로를 받고 싶었을 뿐인데 남편은 늘 오버(over)한다.

자녀 교육에 관해서도 다르다. 어머니 입장에서 자녀 교육은 정보 싸움이고 관심이고 잔소리 싸움이기도 하다. 아버지들의 입장은 조금 다르다. 아이들을 쪼기보다는 약간 방임적이고 자유롭게 키우고 싶어서 아내가 보기에는 무책임한 아버지로 오해할 소지가 충분하다. 공부 잘하는 철부지를 만들기보다는 참된 인간 하나를 만들어 보겠다는 일념으로 때로는 자녀와 기(氣)싸움을 마다 않는 아버지를 아내 입장에서 그대로 받아들이기란 참 어렵다. 특히 아내와 자녀 간의 끈끈한 애착(愛着) 관계가 형성되어 있는 경우에는 어림없는 이야기가 된다.

자녀 입장에서는 자신을 불편하게 하는 아버지를 피해 감싸주는 어머니 품으로 들어가 안주하기를 좋아하는 것은 너무도 당연하다. 실제로 공부를 하는 것도 아닌데 어머니의 기대와 아버지의 엄한 감시가 무서워서 공부하는 체하며 가족의 규칙을 어기고 살아가는 불쌍한 청소년 아이들이 많다. 이러한 문제로 부부가 다투면 아무에게도 이득이 없다. 아버지는 좀 더 포용적인 자세로 가족을 이해하고 품어야 하며 가정의 리더답게 행동해야 한다.

나는 자녀 교육 문제로 다툼이 있을 때 하나님이 회개하는 가장의 편을 들어주시는 것을 체험했다. 아내는 다시 생각해보아야 한다. 자녀를 보호한다고 오히려 아버지와 자녀와의 관계를 멀어지게 할 수도 있기 때문이다. 재미있는 일은 어머니가 끼어들지 않으면 아버지의 훈계는 오버하지 않게 되고 오히려 생각보다 싱겁게 끝나곤 한다는 사실이다.

TV, 형광등을 없애라

미국 유학 시절 재미있는 것을 발견했다. 내가 살던 보스턴 인근의 타운에서는 날이 어두워지면 집집마다 백열등으로 창가를 밝힌다. 그리고 조용히 식탁에서 대화를 나누거나 거실 소파에 앉아 책을 보는 모습이 자주 보인다. 조명은 유독 노란색 백열등이 많고, TV 소리가 나는 집을 찾아보기가 쉽지 않다.

사람이 TV나 형광등 불빛 아래 있으면 산만해지고 불안정해진다고 한다. 컴퓨터 모니터나 TV에서 나오는 감마선의 영향과 형광등에서 나오는 자극적인 깜박임 때문이다. 저녁시간이 되면 차분하게 대화하고 청색선이나 자극적인 감마선을 줄이고 잠자리를 준비해야 하건만, 우리나라의 저녁 문화는 오히려 불타는 밤을 준비하느라 바쁜 경향이 있다. 이러한 문화는 가족 간의 대화가 줄어들게 하고, 친밀감을 방해하며, 자연히 부부 간의 사랑과 대화도 사무적으로 바뀌게 한다.

우리도 따뜻한 가족 문화를 위해 가정의 조명과 TV 시청에 변화를 줄 필요가 있다. 우리나라도 점차 집안 조명을 은은하고 분위기 있게 바꾸어 나가는 추세이다. 여기에 TV를 끄고 오디오를 켜 아름다운 음악을 곁들인다면 금상첨화가 아닐까. 우리에게 가족 간의 대화가 적은 이유 중 하나가 이러한 조명과 TV, 컴퓨터, 개별적 핸드폰 문화에 있다고 본다. 과감하게 바꾸자. 저녁시간에 거실에서 흐르는 음악과 달빛 같은 실내조명만으로도 가족 간의 대화가 한결 자연스러워짐을 느낄 수 있을 것이다. 가족 간에 대화를 나눌 때에는 핸드폰을 아예 꺼버리는 습관이 절대 필요하다.

아버지 권위의 회복을 도우라

아버지의 자리는 진정 고귀한 자리이다. 나는 하나님이 내게 허락하신 아버지의 자리를 정말 좋아하고 감사한다. 그래서 우리 가정의 아버지로서 꼭 해야 할 사명과 책임감에 몹시 민감하다. 자녀들의 모든 행동을 용납하려 하지만 만나는 어른들께 90도 고개 숙여 인사하는 것은 꼭 가르쳤고 함께 실천했다. 그랬더니 자녀들이 다른 것은 몰라도 인사 잘하고 인성이 좋다는 칭찬을 많이 들었다. 큰아들은 사회생활에서 그 교육의 덕을 많이 보는 것 같아 기쁘다.

우리 집 식탁에는 언제부턴가 아버지의 자리가 생겼다. 아버지가 안 계셔도 그 자리에는 습관적으로 아무도 앉지 않는다. 그곳은 상징적인 아버지의 자리로, 자녀들에게 기억되는 우리 집의 독특한 문화이기도 하다.

세상이 아무리 바뀌어도 가정 안에서 아내와 남편의 역할과 사명은 다르다. 남자의 책임감과 여자의 따뜻함은 내가 추구하는 우리 집의 부부 목표이다. 진정 가족을 사랑하고 자녀의 정신 세계를 지키고 싶다면 잃어버린 아버지의 자리 찾기, 즉 가정의 영적 제사장적으로서 아버지의 권위 회복이 필요하다. 이 일은 모든 면에서 남자보다 우월한 종족으로 창조된 여자의 능력과 몫이기도 하다.

에필로그, 남편

결혼,
그 미지의 길로 초대하며

이 책을 쓰면서 처음으로 30년 넘는 내 결혼을 돌아보게 되었다. 앞만 바라보고 달려온 결혼생활이었다. 이 시대의 남성들이 그러하듯 책임감 하나로 버텨온 남자의 일생이었다. 이제 아들들이 결혼하여 예쁜 며느리와 다섯 살, 세 살의 귀여운 공주도 얻었다.

누구에게나 결혼은 미지(未知)의 여행지를 향해 가는 나그네의 길이다. 눈앞의 산을 넘어가야 비로소 다음 목표점이 주어진다. 배우자는 이 여행길에 처음부터 함께하는 동반자이다. 팀원은 한 명의 책임 있는 팀 리더(team leader)인 아버지의 인솔 하에 도전적이고 때로는 모험적인 가정생활을 함께한다. 이 긴 인생 여정, 즉 결혼생활을 걸어오며 나름 배운 점이 있다.

첫째, 가정은 하나님이 설계하셨다는 것이다. 설계자는 설계만 하신 것이 아니라 그 가정을 건축하는 데 필요한 모든 건축 재료와 돕는 사람들을 공급하신다. 이 가정 건축은 설계자이신 하나님이 책임을 지시는 공사이다. 남편과 아내에게는 다음 건축 과정을 완벽히 이해하지 못할 때라도 순종하고 인내해야 하는 시기가 있다. 공사 기간은 설계자이고 감독자이신 하나님이 결정하시는 부분이기 때문이다. 우리 집도 아직 한창 공사중이다.

둘째, 가정에서 남편과 아내는 리더와 협력자의 역할을 한다는 것이다. 남편은 결혼생활의 모든 결정권을 가지고 있지만, 동시에 가정에서 일어나는 모든 일에 책임을 진다. 책임자에게는 권한과 함께 일이 잘못되었을 때의 책임도 주어지기 때문이다. 아내로 인해 어려움이 발생했을 때라도 일단 남편은 이를 자신의 책임으로 인정하고 받아들여야 한다. 그것이 책임자, 곧 리더의 기본 자세이기 때문이다.

셋째, 가정 내의 문제를 대화로만 푸는 데는 한계가 있다. 부부 사이에 혹은 부모자녀 간에 대화를 할 정도면 이미 큰 문제는 없는 가족이다. 부부 간에 진짜 문제가 생기면 부부 대화는 어불성설이고 설사 대화를 하더라도 진정성이 떨어진다. 가족은, 더욱이 부부는 말로 설득하는 대상이 아니라 감정과 신체 접촉으로 이루어진 공동체이다. 이들이 영적으로 하나가 되려면 대화로 접근하기보다는 각자 결혼생활을 돌아보며 하나님과의 관계를 먼저 재정립하는 시간이 필요하다. 조급한 마음에 대화를 시도하다가 하나님의 만지심을 체험할 수 있는 영적 회복의 타이밍을 놓쳐버리는 경우가 비일비재하다.

앞에서도 언급했듯이 우리의 결혼생활도 한창 공사중이다. 손주가 둘이나 태어나고 나이가 60세를 바라보고 있지만, 해결해야 할 부부 갈등과 부부 관계 재정립을 위한 노력이 날마다 치열하다. 하나님은 처음부터 우리의 결혼에 작은 일에도 개입하시고 도우셨다. 우리 가정에서의 실패와 다툼은 언제나 하나님의 인도하심의 증거가 되었다. 그래서 사람들에게 내세우거나 자랑할 것이 없다. 자랑할 것은 오직 우리 가정에 주어진 주님의 인도하심이 크고 놀랍다는 사실뿐이다.

거기서도 주의 손이 나를 인도하시며
주의 오른손이 나를 붙드시리이다

시 139:10

에필로그, 아내

8월의 할머니

2013년 8월의 어느 날, 둘째 며느리가 미국 뉴저지에 있는 한 병원에서 소중한 생명을 탄생시키기 위해 온 힘을 다하고 있었다. 옆에서 아내의 출산을 돕고 있는 아들을 보니 대견하기도 하고 눈물이 나서 어찌해야 좋을지 몰라 나는 서성대기만 했다.

많은 시간이 흐르고 산모가 지쳐 기운이 다 빠진 것 같을 때 간호사가 "이제 곧 아기가 나올 것 같으니 두 분만 남고 한 분은 나가주세요"라고 했다. 병원 규정상 두 명의 보호자만 분만실에 함께 있을 수 있었던 것이다. 남편과 친정어머니가 우선순위로 남게 되는 것을 알기에 시어미 된 나는 떨어지지 않는 발걸음을 겨우 추스르며 병실 밖으로 나왔다. 조금 후에 며느리는 예쁜 손녀딸을 낳았고, 우리는 그렇게 할머니, 할아버지가 되었다. 그때의 감동은 무어라 말로 표현하기 힘든 신기함이었다.

아직 어린 나이에 결혼한 우리 부부는 하루하루 최선을 다해 살았지만 미래에 할머니, 할아버지가 된다는 것에 대해서는 한 번도 상상해보지 못했다. 열심히 살다보니 어느덧 세월이 흘렀고, 그 열매의 하나로 할머니, 할아버지가 된 것이다. 삶의 모든 여정이 새로운 경험이며 신기하듯이 할머니, 할아버지가 되는 일은 또 다른 삶의 맛을 경험하게 해주었다.

결혼생활 동안 재미있는 일들도 많았는데, 조부모가 되니 그동안 아무 재미도 없이 살아온 사람들마냥 오직 손녀딸들에게만 마음이 갔다. 그래서 우리는 가끔 "우리 그동안 무슨 맛으로 살았냐?", "세상에 하나님께서 어떻게 이렇게 예쁜 아이들을 우리에게 주셨냐?!" 하며 감탄한다. 특히 할아버지의 손녀딸들 사랑은 대단하다. 남편은 모든 상황에서 손녀딸 이야기를 한다.

"슬은이 아까 표정 봤지? 할아버지에게 무엇인가 보여주려는 모습이 너무 예쁘지? 예술이다."

"슬비는 노래를 하는 건지 고성방가를 하는 건지, 하하하, 당신 닮았어~."

"와우~, 할비가 슬은이, 슬비 많이 사랑해요~."

아들 가족과 멀리 떨어져 살기에 손녀딸들을 일주일에 한 번 정도 영상으로 만나지만 우리는 아이들에게서 긍정의 에너지를 많이 받는다. 또한 우리는 교회공동체에서 젊은 부부들을 섬기고 있는데 그곳에는 더 많은 손주들이 있다. 매주일 어린아이들을 보며 얼마나 행복한지!

결혼하는 부부들은 누구나 아름다운 가정을 꿈꾸며 열심히 최선을 다한다. 그러나 그 열심과 최선이 내가 원하는 열매를 맺지 못하고 자꾸만 부부 관계가 힘들어지고 가정의 여러 가지 상황이 안 좋아지면 실망하고 좌절한다. 그래서 결혼 초에 가졌던 가정에 대한 순수하고 아름다운 소망을 버리고 그냥 세상의 흐름에 휩싸이게 된다. 나는 그런 분들에게 새로운 희망을 주고 싶다.

인생에서 가장 귀하고 소중한 내 가정을 어떻게 가꾸어야 하는지 모르면서도 배우지 않고 습관처럼 내 방식만 고집했던 옛 모습을 버리고 새로운 마음으로 희망을 가져보기 바란다. 하나님께서는 우리 가정들이 아름다운 삶의 모습을 잘 살아내도록 성경의 많은 말씀들로 우리에게 방향성을 알려주셨다. 또한 이것을 가정의 일상생활에 좀 더 잘 적용시키고자 많은 전문가들이 연구해 놓은 것들이 있다. 나도 이런 마음으로 부족하나마 그동안 배우고 경험한 것을 한 권의 책으로 묶어낸 것이다.

며칠 전 남편과 함께 산책하다가 두 자녀를 둔 젊은 부부를 만났다. 우리 부부의 여유 있음을 부러워하는 그 부부에게 확실하게 해줄 수 있었던 말은 "그날이 속히 오니 어린 자녀와 함께 오늘을 마음껏 즐기세요"라는 것이었다.

그렇다. 인생이 얼마나 짧은지, 그 시절을 지나고 나면 알게 된다. 그래서 인생에서 가장 큰 자원은 '젊음'인 것 같다.

우리 부부는 지나온 삶의 여정에서 많은 것들을 경험했으며, 그것들을 통해 오늘을 더 풍성하게 살려고 노력한다. 20대 후반이 된 두 아들은 조금 늦기는 했지만 자기의 정체성을 건강하게 찾기 위해 부단히 애쓰고 있다. 부모 눈에는 아직 철부지처럼 보이지만 사회에 나가 자기 몫을 하면서 노력하는 모습을 보면 대견하다. 두 손녀딸들이 건강하게 자라는 모습에서 믿음의 가문을 이어가는 축복된 가정의 모습을 소망한다.

이 책을 읽는 모든 독자들과 내 깊은 마음의 소원을 함께 나눈다.

"하나님께서 주신 가정 안에서 오늘 하루 최선을 다해 살고, 부부 하나 됨의 비밀을 잘 이루어 믿음의 가문을 이어가다 영원한 천국에서 만납시다!"

부록 1

건강의 정의 (Definition of Health / WHO, 1997)

"Health is dynamic state of complete physical, mental, spiritual and social well-being and not merely the absence of disease or infirmity."
(건강이란 육체적, 정신적, 사회적, 영적으로 좋은 상태여야 한다. 단지 질병이나 장애가 없는 것을 말하지 않는다.)

∗ 하나님께서 원하시는 경건하고 행복한 가정을 이루기 위해서는 균형 잡힌 건강한 모습을 가져야 한다. 가족 구성원 한 명 한 명의 균형 잡힌 건강을 확인하고 더불어 아름다운 가정 공동체를 이루면 좋겠다.

∗ 다음의 8개 영역에 각 영역의 건강 정도에 따라 1에서 10까지 숫자를 매겨 보라. 어느 부분이 건강하고 어느 부분이 건강하지 못한지 확인해서 균형 잡히고 건강한 나와 가족이 되도록 서로 도우면 좋겠다.

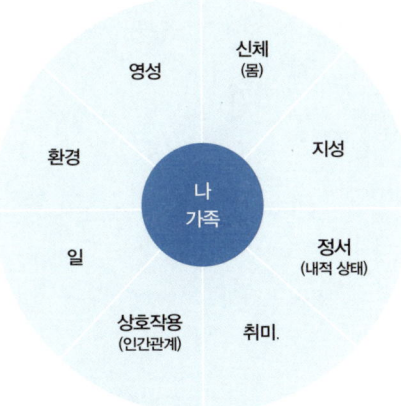

부록 2
나와 가족에 대한 이해 분석표

이름	나	가족 1	가족 2	가족 3
기질				
MBTI 유형				
사랑의 언어				
의사소통 방법				
장점과 강점				
단점과 보완점				
기타				
통합적 이해	나는			
행복한 가정을 위한 목표와 실천	목표 : 실천 :			

부록 3

행복하고 성숙한 삶을 위해 읽으면 좋은 책들

* 나는 누구일까요?(Who am I ?)
나에 대한 이해는 모든 관계 회복의 시작이다.

1. 《자기사랑 노트》 오제은, 샨티
2. 《30년만의 휴식》, 《친밀함》, 《자존감》, 《마음》 이무석, 비전과리더십
3. 《천 개의 문제, 하나의 해답》 문요한, 북하우스
4. 《미움 받을 용기》 기시미 이치로·고가 후미타케, 인플루엔셜
5. 《가짜 감정》 김용태, 덴스토리

* 둘이 하나 되는 즐거움(부부, 자녀, 가정)
서로를 알고 배려하는 기쁨을 가지라.

1. 《사랑과 행복에의 초대》 양은순, 도서출판 홈
2. 《한 몸 이룬 부부》 이순자, 두란노
3. 《가정을 지켜야 하는 11가지 이유》 김양재, 두란노
4. 《서로를 이해하기 위하여》 폴 투르니에, IVP
5. 《행복수업》 최성애, 해냄
6. 《남편 성격만 알아도 행복해진다》 이백용·송지혜, 비전과리더십
7. 《이기복 교수의 성경적 부모교실》 이기복, 두란노

* 신앙과 영적 성장
내 마음의 영성을 키우자.

1. 《새신자반》 이재철, 홍성사
2. 《내면 세계의 질서와 영적 성장》 고든 맥도날드, IVP
3. 《두려움에서 사랑으로》, 《상처 입은 치유자》 헨리 나우웬, 두란노
4. 《한 번에 한 걸음씩 희망을 선택하라》 베브 스몰우드, 위즈덤로드
5. 《내려놓음》, 《더 내려놓음》 이용규, 규장

은혜로 사는 부부

초판 1쇄 발행	2017년 12월 18일
지은이	박은혜, 여선구
펴낸이	여진구
책임편집	김수미
편집	김아진, 안수경, 최현수, 이영주, 김윤향
책임디자인	유주아, 마영애 │ 이혜영
기획 · 홍보	김영하
마케팅	김상순, 강성민, 허병용
제작	조영석, 정도봉
해외저작권	기은혜
마케팅지원	최영배, 정나영
경영지원	김혜경, 김경희
이슬비전도학교	최경식
303비전장학회 & 303비전꿈나무장학회	여운학
303비전성경암송학교	박정숙

펴낸곳 규장

주소 06770 서울시 서초구 매헌로 16길 20(양재2동) 규장선교센터
전화 02)578-0003   팩스 02)578-7332
이메일 kyujang0691@gmail.com
페이스북 facebook.com/kyujangbook
카카오스토리 story.kakao.com/kyujangbook
홈페이지 www.kyujang.com
인스타그램 instagram.com/kyujang_com
등록일 1978.8.14. 제1-22

ⓒ저자와의 협약 아래 인지는 생략되었습니다.
이 출판물은 저작권법에 의해 보호를 받는 저작물이므로 무단 전재와 무단 복제를 할 수 없습니다.

책값 뒤표지에 있습니다.
ISBN 978-89-6097-521-7 03230

규│장│수│칙

1. 기도로 기획하고 기도로 제작한다.
2. 오직 그리스도의 성품을 사모하는 독자가 원하고 필요로 하는 책만을 출판한다.
3. 한 활자 한 문장에 온 정성을 쏟는다.
4. 성실과 정확을 생명으로 삼고 일한다.
5. 긍정적이며 적극적인 신앙과 신행일치에의 안내자의 사명을 다한다.
6. 충고와 조언을 항상 감사로 경청한다.
7. 지상목표는 문서선교에 있다.

· 하나님을 사랑하는 자 곧 그의 뜻대로 부르심을 입은 자들에게는 모든 것이 合力하여 善을 이루느니라(롬 8:28)

규장은 문서를 통해 복음전파와 신앙교육에 주력하는 국제적 출판사들의 협의체인 복음주의출판협회(E.C.P.A:Evangelical Christian Publishers Association)의 출판정신에 동참하는 회원(Associate Member)입니다.